인문학 글쓰기를 위하여

기초교양교육 시리즈 14

인문학 글쓰기를 위하여

김동식

서울대학교출판문화원

| 머 리 말 |

이 책은 인문학 글쓰기에 관심을 갖고 있는 대학생 및 일반인들을 대상으로 집필되었다. 처음에는 서울대학교 기초교육원에서 개설하는 인문학 글쓰기 강좌를 위한 부교재를 만드는 일이 목적이었는데, 책을 만드는 과정에서 인문학 글쓰기에 관심을 가진 사람들이 두루 볼 수 있도록 몇 가지 측면에서 보완했다.

인문학의 다양성과 심오함을 생각할 때 통합적인 글쓰기 교재를 마련하기란 결코 쉬운 일이 아니다. 아마도 불가능에 가까운 꿈이 아닐까 한다. 그렇기는 하지만 인문학의 통합적인 글쓰기 교재는 아니라고 하더라도, 인문학에 관심을 가지고 있는 사람들이 '글쓰기'의 측면을 통해서 인문학적 사고에 접근할 수 있는 작은 디딤돌은 어떻게든 마련해 볼 수 있을 것이라고 생각했다. 그래서 '글쓰기의 다양한 주제와 방법을 보여줄 수 있는 20매 분량의 글'들을 통해서 인문학적 사고가 글쓰기와 어떠한 관련을 맺고 있는지를 직접 느낄 수 있도록 책의 전반적인 체재를 구성했다.

이 책의 어느 곳에서도 인문학 글쓰기를 위한 별도의 방법이나 규범이 존재한다고 말하지 않는다. 다만 인문학 글쓰기가 인문학적 사고 및 독서와 불가분의 관계를 맺고 있다는 것을 직접 읽고 생각하며 확인할 수 있도록 다양한 주제의 글들을 배치해 놓았을 따름이다. 이 작은 책을 만들어가면서 가장 중요하게 생각한 것은 다음과 같은 내용들이었다.

첫째, 글쓰기와 글읽기는 상호 연계되어야 한다.
둘째, 인문학과 관련된 일반적 교양을 습득할 수 있는 글을 선정한다.
셋째, 글쓰기에 대한 다양한 관심을 충족시킬 수 있는 글을 선정한다.

20매 정도의 분량에 책의 핵심적인 내용을 담고 있으면서 글쓰기의 모범으로 삼을 수 있는 대목을 찾는 작업은 성과는 작지만 시간이 매우 오래 걸리는 일이었다. 그 과정에서 예상보다 많은 시간과 인력이 소요될 수밖에 없었다. 글쓰기의 교재이면서 동시에 인문학적 소양을 위한 앤솔로지의 성격을 동시에 추구했기 때문에 어려움은 충분히 예견할 수 있는 것이었지만, 실제 작업 과정에서 느끼는 그 어려움은 당초의 예상보다 훨씬 더 심대한 것이었다. 대학생들이 읽고 이해하기에는 내용이 너무 어려운 경우, 20매 분량으로는 주제 전달이 곤란한 경우, 번역의 상태나 문장의 정확성에 문제가 있어서 글쓰기 모델로 제시할 수 없는 경우에는 다른 도서들로 대체해야 했다. 그동안 몇 번의 검토를 거치며 소홀하게 다루어진 부분에 대해서 보완을 거듭했지만, 여전히 불만족스러운 부분이 많다. 앞으로 인문학 글쓰기에 관심을 가진 많은 분들의 의견을 들어 수정과 보완을 해 나간다면 보다 나은 책이 만들어질 수 있을 것으로 생각한다. 지금으로서는 이 작은 책이 인문학에 관심을 가지고 있는 사람들에게 작은 도움이라도 될 수 있기를 조심스럽게 소망할 따름이다.

그동안 도와주신 분들이 너무나도 많다. 소중한 글이 수록될 수 있도록 허락해 주시고 격려를 아끼지 않으신 저자, 역자, 출판사 관계자 분들께 감사의 말씀을 전한다. 또한 글쓰기 부교재가 만들어질 수 있도록 지원을 아끼지 않았고 인내심을 가지고 기다려준 서울대학교 기초교육원에도 심심한 사의를 표한다. 책의 전반적인 방향을 제시해

주신 전형준 선생님과 임홍배 선생님, 좋은 글을 선정하기 위해 함께 노력해 준 이승원, 정여울 동학, 그리고 빠듯한 일정 속에서도 출판과정 전반에 걸쳐 세심하게 마음을 써 주신 서울대학교출판문화원에도 감사의 마음을 전하고 싶다.

2009년 봄

김 동 식

목차

V. 문제의 핵심으로

일러두기

1. 인용된 제시문들은 현재의 표기법과 맞춤법에 따라 일부 수정하였고, 절제목, 소제목 등은 독서의 편의상 생략하였다.
2. 인용문에 달린 주석들은 생략하였고, 일부 도표도 생략하였다.
3. 인용문의 한자는 한글로 바꾸었다.
4. 고유명사는 외국어 표기법에 따라 통일하였으나, 일부 책 이름에 쓰인 경우 고치지 않았다.
5. 인용된 책의 원서명은 본문의 끝에 별도로 정리해두었다.

I. 두루 살피고 주제에 접근하자

1. 서사시의 시대 : 게오르그 루카치
2. 나이프로 이를 쑤시지 마라 : 주경철
3. 아동의 탄생 : 필립 아리에스
4. 은유로서의 질병 : 수전 손택
5. 〈독립신문〉의 사회역사적 의미 : 전인권
6. 철도여행과 독서 : 볼프강 쉬벨부쉬
7. 철도로 돌아본 근대의 풍경 : 박천홍

“

글을 쓰자면 먼저 다루고자 하는 문제를 찾아야 한다. 이를 소위 착상이라 한다. 착상의 핵심은 남이 다루지 않은 새로운 문제를 찾아내는 일이다. 그러나 기발하고 새로운 착상이라고 생각하지만 참고문헌을 찾아보면 하늘 아래 새로운 것은 없다는 말을 실감하게 된다. 모든 분야에는 전통적으로 다루어지는 대표적인 문제가 있으며, 많은 학자들은 보통 이 문제를 제 나름대로 새롭게 해결하고자 시도하게 된다. 자신이 관심을 갖고 있는 분야에서 대표적으로 다루어지는 문제를 파악하고 앞선 견해들을 익히며 새롭게 도전하라!

”

서사시의 시대 : 게오르그 루카치

제시문

① 별이 빛나는 창공을 보고, 갈 수가 있고 또 가야만 하는 길의 지도를 읽을 수 있던 시대는 얼마나 행복했던가? 그리고 별빛이 그 길을 훤히 밝혀주던 시대는 얼마나 행복했던가? 이런 시대에 있어서 모든 것은 새로우면서도 친숙하며, 또 모험으로 가득 차 있으면서도 결국은 자신의 소유로 되는 것이다. 그리고 세계는 무한히 광대하지만 마치 자기 집에 있는 것처럼 아늑한데, 왜냐하면 영혼 속에서 타오르는 불꽃은 별들이 발하고 있는 빛과 본질적으로 동일하기 때문이다. 다시 말해서, 세계와 자아, 천공(天空)의 불빛과 내면의 불꽃은 서로 뚜렷이 구분되지만 서로에 대해 결코 낯설어지는 법이 없다. 그 까닭은 불이 모든 빛의 영혼이며, 또 모든 불은 빛 속에 감싸여져 있기 때문이다. 이렇게 해서 영혼의 모든 행위는 의미로 가득 차게 되고, 또 이러한 이원성(二元性) 속에서도 원환적 성격을 띠게 된다. 다시 말해 영혼의 모든 행위는 하나같이 의미 속에서, 또 의미를 위해서 완결되는 것이다. 영혼의 행위가 이처럼 원환적 성격을 띠는 이유는 행동을 하고 있는 동안에도, 영혼은 자기 자신 속에서 편안히 쉬고 있기 때문이고, 또 영혼의 모든 행위는 영혼 그 자체로부터 분리되는 과정에서 독립적으로 되면서 자기 자신의 중심점을 발견하고서는, 이로부터 자신의 둘레에 하나의 완결된 원을 그리기 때문이다. 철학이란 본래 "고향을 향한 향수"이자, "어디서나 자기 집에 머물고자 하는 충동"이라고 노발리스는 말한 바 있다.

그렇기 때문에 삶의 형식으로서뿐만 아니라, 문학의 형식을 규정하고 또 그 내용을 부여하는 것으로서의 철학이란, 언제나 내부와 외부 사이의 균열을 말해 주는 하나의 징후이며, 또 자아와 세계가 본질적으로 서로 다르고 영혼과 행위는 서로 일치하지 않음을 말해주는 하나의 표지(標識)이다. 행복한 시대가 아무런 철학도 갖지 않는 이유는 바로 그러한 까닭에서이다. 이를 달리 표현하면, 이러한 시대에는 모든 사람이 철학자이자 또 모든 사람이 각각의 철학이 지니는 유토피아적 목표의 소유자라고 할 수 있을지도 모른다. 왜냐하면 이때에는 행복한 시대의 지도를 그리는 일 이외에 참된 철학의 과제란 달리 있을 수가 없기 때문이다. 또한 가장 깊은 내면으로부터 솟아나오는 충동이, 그 자신은 알지 못하지만 영겁의 시간 이래로 자신에게 주어진 형식, 즉 구원을 가져다주는 상징으로서 자신을 감싸고 있는 형식에 대해 어떤 관계를 맺고 있는가를 규정해 보는 일이 아니라면 선험적 좌표(transzendentaler Ort)라는 철학의 원초적 문제는 아무런 의미가 없을 것이기 때문이다. 이렇게 되면 정열은 이성에 의해 미리 정해지고 또 완결된 자기 자신에게로 나아가는 길이며, 그리고 광기(狂氣)로부터는, 그렇지 않았더라면 침묵하게끔 운명 지워진 수수께끼 같긴 하지만 해명이 가능한 초월적 힘의 메시지를 읽을 수가 있는 것이다. 또 이때는 내면성이라는 것도 아직 존재하지 않는데, 왜냐하면 이때는 아직 일체의 외부적 세계라는 것도 존재하지 않을 뿐만 아니라 영혼에 대립되는 타자(他者)도 전혀 존재하지 않기 때문이다. ② 영혼은 모험을 찾아 길을 떠나고 또 갖가지 모험을 끝까지 헤쳐 나가지만, 정작 찾는 일에 수반되는 참된 고통과 발견의 진정한 위험을 알지는 못하고 있다. 이러한 영혼은 결코 자신을 운명의 장난에 내맡기는 법이 없다. 다시 말해 영혼은 자신을 잃을 수도 있고, 또 그럴 경우에 자기 자신을 다시 찾지 않으면 안 된다는 사실을 미처 알지 못하거나 아니면 그러한 생각을 하지 않는다. 우리가 서사시의 시대라고 말하는 것은 바로 이러한 상황을 두고 일컫는 것이다.

이런 시대에 인간과 인간의 행위를 명랑하면서도 엄격한 윤곽으로 감싸고 있는 것은, 고통의 부재(不在)나 아니면 존재의 안전성이 아니라(왜냐하면 유사 이래로 세상사의 무의미함과 슬픔의 양은 증가하지 않았고, 다만 위로의 노래만이 어떤 때는 더 커지기도 하고 어떤 때는 보다 약해지기도 했을 뿐이기 때문이다) 위대함과 전개(展開) 그리고 전체성과 같은 영혼의 내적인 요구에 대한 여러 행동의 적절한 대응이다. 만약 영혼이, 그 자신을 나락(奈落)으로 유혹하든가 아니면 길도 없는 정상을 향해 몰고 갈 수도 있는 심연(深淵)을 자각하지 못하고 있다면, 또 만일 세계를 지배하고 있으면서도 운명이라는 미지(未知)의 불공평한 선물을 분배하는 신성(神性)이 아직 인간에 의해 이해되지 않은 채 마치 어린 자식 앞에 서 있는 아버지처럼 친근한 모습으로 인간 가까이에 마주 서 있다면, 모든 행동은 영혼에 썩 잘 어울리는 의상에 지나지 않을 것이다. 그렇게 되면 존재와 운명, 모험과 완성, 삶과 본질은 동일한 개념이 된다. 왜냐하면 서사시의 형식적 대답을 낳게 하는 물음은 바로 어떻게 하면 삶이 본질적으로 될 수 있는가 하는 물음이기 때문이고, 또 우리가 도저히 접근할 수도 없는 호메로스의 시—엄밀한 의미에서 그의 서사시만이 이에 해당한다—의 위대성은 그가, 역사를 통해 진보해온 정신이 이러한 물음을 떠들썩하게 논의하기도 전에 이미 그 해답을 찾았다는 데 있기 때문이다.

원한다면 우리는 바로 여기에서 그리스 문화의 비밀, 즉 우리로서는 도저히 상상할 수도 없는 그리스 문화의 완결성과 또 도저히 뛰어넘을 수도 없이 우리 앞에 서 있는 그리스 문화의 생소함에 한 발자국

다가설 수 있을 것이다. ③ 다시 말하면 그리스인들은 단지 대답만을 알았을 뿐 물음은 알지 못했고, (그것이 비록 수수께끼 같은 성격을 띠긴 하지만) 해답만을 알았을 뿐 일체의 수수께끼는 알지 못했으며, 또 형식만 알았을 뿐 혼돈은 알지 못했던 것이다. 형식이라는 형상적 원을 그릴 때에도 그들은 아직 패러독스의 이쪽 편에서 그렸고, 또 패러독스가 하나의 현실이 된 오늘날의 시대에서 어쩔 수 없이 피상적이고 평범한 것이 될 수밖에 없는 모든 것들은 그리스인들을 완결성으로 이끌었던 것이다.

(출전: 게오르그 루카치, 『소설의 이론』, 반성완 역, 심설당, 1998, 25-28쪽)

생각해볼 문제

제시문은 은유적 표현의 아름다움이 글 전체를 감싸고 있는 글이다. 물론 ①과 같은 부분이 글의 맨 처음에 제시되면 지나치게 난해하다는 인상을 줄 수도 있다. 하지만 이 글을 끝까지 따라가면서 읽어보면 ①과 같은 부분이 '그리스 문화'의 다양한 특징을 압축적으로 제시하고 있는 표현이라는 사실을 깨닫게 된다. 달리 말하면 "별이 빛나는 창공을 보고, 갈 수가 있고 또 가야만 하는 길의 지도를 읽을 수 있던 시대"라는 표현은 그리스 문화의 성격을 탁월하게 제시하고 있는 은유인 것이다.

②와 같은 부분은 의인법을 효과적으로 활용한 사례에 해당한다. 이 문장의 주인공은 '영혼'이다. 영혼을 의인화하여 영혼의 활동을 일목요연하게 정리함으로써, 철학의 존재 의의를 서정적이면서도 역동적인 언어로 전달하고 있는 부분이다. ③을 통해서 독자는 고대 그리스 문화와 근대적 문화 사이의 단절과 차이를 정확히 알 수 있게 된

다. 이 부분은 그리스 문화를 인류의 노스탤지아적인 공간으로 이상화함으로써 역설과 혼돈의 시대인 근대의 모습을 자연스럽게 제시하고 있는데, 글 전체의 논리적 구도가 스스로 모습을 드러내고 있는 장면이기도 하다. 이 지점에 이르면 글의 초반부에 제시된 은유적 표현의 의미들이 보다 구체적인 질감을 가지고서 우리에게 다가오게 된다.

나이프로 이를 쑤시지 마라 : 주경철

제시문

① 식사 중 헛기침을 하는 사람과 식탁보에다가 코를 푸는 사람은 둘 다 버릇이 없다; 일부 사람들이 그렇듯이 나이프로 이를 쑤셔서는 안 된다; 손가락으로 귀나 눈을 후비는 것이나 식사 중 코를 쑤시는 것은 점잖지 못하다.(13세기)

소변이나 대변을 보고 있는 사람에게 인사를 하는 것은 무례한 짓이다; 양갓집에서 자란 사람은 [……] 신체 부분을 필요 없이 노출시키지 않도록 항상 조심해야 한다. 하물며 사람들이 그것을 손으로 만지도록 해서는 안 된다; 방귀는 남이 없을 때 혼자 뀌어야 한다. 그러나 이것도 여의치 않을 경우 옛날 속담을 따라 기침 소리로 방귀 소리를 은폐해야 한다.(1530년)

중세 이래의 예절 교육서들의 내용을 보면 예전에 사람들이 가지고 있던 생활 방식, 감수성 등이 오늘날과는 아주 다르다는 것을 알게 된다. 식사 중에 나이프로 이를 쑤시지 말라는 충고는 바꾸어 말하면 중세인들이 흔히 그런 식의 행동을 하였다는 것을 알려준다. 대변을 보는 사람에게 인사하지 말고 그냥 지나치라는 말이 자주 나온다는 것은 곧 이 시대에 이런 자세로 있는 사람과 만날 기회가 오늘날에 비하면 훨씬 많다는 것을 말해준다. 오늘날의 세련된 사람 같으면 차마 그렇게 하지 못할—내지는 입에 담는 것도 거북할 정도의—여러 행동들을 그 당시 사람들은 아주 자연스럽게 행했다. 저 먼 과거의 조상들은 이런 관점에서 보면 '야만스럽다'는 느낌이 들고 우리 시대에 가까워 올수록 사람들은 '문명화'되어 가는 것으로 보인다. 엘리아스의 『문명화 과정』은 매너의 세련화라는 의미에서의 문명화를 다루고 있다. ② 즉 식사, 생리적 기능으로부터 성 관계에 이르기까지 사람들 사이의 관계가 장기적으로 어떻게 변화했는가, 그리고 그것이 어떤 의미를 가지는가에 대해 사회적·심리적 설명을 제시하고자 하는 것이 이 책의 목적이다.

③ 엘리아스의 설명을 정리하면 매너의 변화는 크게 다음 몇 단계로 나누어볼 수 있다.

④ 중세는 봉건적 궁정 예절(courtoisie)이 가장 큰 존중의 대상이 되었던 시대이다. 이 단계에서는 본능적 충동에 대한 제재가 대단히 미약했고, 좋은 매너와 나쁜 매너 사이의 구분 기준은 아주 소박했다. 이 시대 사람들은 오늘날 시골 사람 혹은 차라리 어린애를 연상시킬 정도로 순박했다. 이 사람들에게는 콤플렉스도 없었고 자기 규제라는 것도 거의 없는 형편이었다. 이런 점을 가장 잘 보여주는 것은 사람들의 몸에 대한 태도일 것이다(사실 훌륭한 매너라는 것이 의미하는 바는 결국 남에 대해서 자기 몸의 움직임을 어떻게 잘 통제하느냐이기 때문이다). 중세에는 우선 알몸을 남에게 보이는 것 자체가 그렇게 큰 흉허물이 아니었던 것 같다. 적어도 도시에서는 목욕탕에 가기 전에 집에서 옷을 벗고 가는 것이 예사였다. "아버지는 짧은 바지만 걸치고 아내와 자식들은 발가벗은 채 집에서부터 목욕탕까지 거리를 가로질러 달려가는 것이 얼마나 흔한 일인가." 이런 태연함이 16세기에는 서서히, 그리고 17~19세기에는 빠른 속도로 사라져갔다. 그리고 상류층에서부터 먼저 이런 태도가 사라지고 하층으로 갈수록 훨씬 더 오래까지 남아 있었다.

⑤ 다음 단계는 절대주의 시대의 궁정 예절(civilité) 단계이다. 이 단계는 세련된 모델 형성 및 규제 등에서 최초의 절정기이다. 본능에 대한 제재, 상스러운 것에 대한 수치 등이 점차 모습을 드러낸다. 이제 이 시대의 사람들은 이미 중세인의 천진난만함과는 거리가 멀어져 있다. 늘 세련된 행동을 요구받는 분위기에서 사람들은 무엇엔가 쫓기는 듯한 생활을 하게 된다: "발걸음이 너무 늦어도, 또 너무 빨라서도 안 된다." 이러한 규제는 개인 내면으로부터 스스로 자신을 속박하게 된다. 동시에 이런 준칙은 계급간 차별 수단으로서 기능하게 되었다. 예컨대 에라스무스가 이야기한 위의 준칙은 다른 곳에서는 "귀족은 하인처럼 빨리 걸어서도 안 되고 부인네처럼 느릿느릿 걸어서도 안 되는" 것으로 변하였다. 세련미라는 것은 억압이면서 동시에 사회적 차별이 되었다.

⑥ 세 번째 단계는 18~19세기 부르주아 사회 이후의 시대이다. 성장한 부르주아는 왕궁의 귀족들과의 경쟁에서 승리를 거두고 드디어 귀족들의 세련된 예절을 탈취하였다. 이제 일부 귀족만이 아니라 모든 교육받은 신사들은 다 세련된 매너를 갖출 수 있고 또 갖추어야만 했다는 점에서 매너는 민주화되기에 이른다. 이때가 바로 매너 발전의 절정기이다. 그것은 사람들에게 고도의 자제력을 요구하게 되어서, 말하자면 초자아(superego)에 상감(象嵌)됨으로써 인간을 무의식의 수준으로부터 규제하기에 이른다. 현대인은 자기가 원하거나 싫어하는 것을 자연스레 만지고 냄새 맡고 하는 행위를 할 수가 없다. 다만 수영장과 해수욕장 등 사회의 인가를 받은 곳에서만 예외적으로 수치의 경계가 낮아질 뿐이다.

손으로 먹으면 야만스럽고 포크를 쓰면 세련되었다고 사람들이 생각한다는 것은 도대체 무슨 의미를 가지는 것일까? 얼른 보면 사사로운 작은 문제로 보이는 이런 변화의 배후에서 엘리아스는 사회적·정치적 대변화의 흐름을 읽어낸다.

세련된 매너는 먼저 궁정 귀족이 자신을 좇아오는 부르주아지들을 멀리 떨궈 놓으려는 방어 수단이었다. 일반 민중과 부르주아들이 손가락을 이용해서 코를 풀 때 귀족들이 격조 높게 손수건으로 코를 푸는 것은 "너희들이 혹시 돈은 많이 가지고 있을지 몰라도 진짜 우아한 상류 사회 사람들은 바로 우리다" 하는 메시지가 될 수 있었다. 그러니 귀족들은 일부러라도 일상의 모든 행위에 대해 복잡하기 이를 데 없는 예절들을 만들었음직하다. 그러나 적어도 프랑스의 경우에서는 부르주아들이 조만간 사회적 장벽을 넘어서 귀족들과 합쳐지고 문화적으로 동질화되어갔다. 즉 부르주아들이 문명화된 것이다. 그러나 독일의 경우에는 사정이 다르다. 우리는 이것을 프랑스적인 '문명'과 독일적인 '문화'의 차이로서 정리할 수 있다. 프랑스의 계몽주의적 문명은 민족을 초월한 세계 시민적인 성격을 띠고 있어서 자연히 팽창주의적이 되었다. 누구든 그것을 배우고 받아들이면 문명화되어 간다. 그러나 독일의 문화는 민족과 함께 그곳에서 태어나 그곳에 뿌리박고 있다. 그것은 프랑스 문명의 팽창에 맞선 독일의 민족적 대응물로서 발전한 개념이다. 프랑스와 달리 독일에서는 중산층 인텔리겐치아가 지배 귀족과 합류하지 못하였으며 따라서 정치적 현실에서도 배제되었다. 이들이 자신의 정체성을 확보하기 위한 움직임은 따라서 정치 운동이 아니라 문화 운동으로 시작되었다. 독일의 지배 계급인 궁정 귀족이 프랑스식 궁정 예절을 수입하고 모방하여 유럽의 상류 사회에 끼어들려고 할 때 독일 중산층은 이에 대해 강한 비판을 가하였다. 이들이 볼 때 궁정 예절(즉, 문명의 표상)은 표피적인 것이며, 겉치레이다; 이에 비해 그들 자신의 문화 운동은 더 높은 정신적 가치를 가진다고 주장한다. 이것은 봉쇄당한 중산층이 내세우는 정신적 자긍심의 결과이다. 그들의 무기는 세련된 매너가 아니라 책·교양(Bildung)·문화였다. 마침내 독일 부르주아 중산층이 독일 민족의식의 담지자로 그리고 종국적으로는 지배 계급으로 상승하게 되자 문명과 문화의 대립 관계는 계급 관계로부터 민족 관계로 바뀌게 되었다.

예절은 이처럼 궁정의 지배 귀족에게서 탄생하였다가 부르주아에게로 전파되어 급기야는 국민 전체로 퍼지는 과정을 거치면서 국가마다 상이한 특질을 가지게 되었다.

(출전: 주경철, 『역사의 기억, 역사의 상상』, 문학과지성사, 1999, 32-41쪽)

생각해볼 문제

흥미로운 인용문만큼 독자의 시선을 첫눈에 끌어당기는 요소도 드물다. 이 글은 시작부터 독자의 눈을 확연히 사로잡는 '명령형'의 인용문을 전진 배치함으로써 적극적인 구성 전략을 보여주고 있다. ①에서 볼 수 있듯이 "~해서는 안 된다", "~하지 말라"는 식의 공격적인 명령형을 사용한 인용문은 독자의 시선을 집중시키는 효과를 거두고 있다. 또한 헛기침, 코 풀기, 이쑤시개, 눈 후비기, 코 쑤시기, 배변, 방귀 등등 흥미롭고도 일상적인, 그러면서도 '논리적 글쓰기'의 주제로는 은근히 터부시되는 소재들을 거리낌 없이 노출하면서 독자의 호기심을 가중시키고 있다. ②에서는 "~하는 것이 이 책의 목적이다"라는 명시적인 표현을 활용함으로써 독자의 명징한 이해를 돕고 있다. 즉 앞으로 이 책의 방향이 어떤 쪽으로 진행될 것인가를 미리 암시함으로써 독자들에게 독서의 지침을 제공해주는 것이다.

③과 같은 설명 방식 또한 독자에게 앞으로의 논리 전개 방향을 명확하게 암시해주는 글쓰기 전략이다. ("엘리아스의 설명을 정리하면

매너의 변화는 크게 다음 몇 단계로 나누어볼 수 있다.") 어렵고 방대한 원저의 내용을 몇 단계로 간략히 요약하여 정리하는 글쓰기 방식을 통해 ④, ⑤, ⑥의 과정을 풀어내고 있다. 이렇듯 논리적 순서와 시간적 순서가 일치할 때 독자는 쉽게 논의의 맥락을 따라잡을 수 있다. 자신의 주장을 논리적으로 설명하고 독자의 설득을 유도하는 일도 중요하지만, 때로는 다른 저자의 논의를 명확하게 이해하고 독자에게 전달하는 역할도 능숙하게 해낼 수 있어야 한다. 글쓰기의 전략을 배우는 일은 곧 글읽기의 태도를 배우는 일과 겹쳐진다. 타인의 글을 정확하게 이해하고 요약하고 정서적으로 감응하는 능력, 즉 타인의 글을 최대한 이해하고 소화하는 능력에서부터 글쓰기의 능력도 자연스럽게 배가될 수 있을 것이다.

아동의 탄생 : 필립 아리에스

제시문

약 12세기까지 중세 예술은 아동기에 무관심하거나 아니면 아동기를 묘사하려고 시도하지 않았다. 실수나 무능력 때문에 아동기를 제쳐놓았다고 믿기는 어렵다. 오히려 이 시대에는 아동기를 위한 자리가 없었다고 생각하는 편이 낫다. 11세기 오토 3세 시대의 한 세밀화는 당시 화가들이 사람들의 감정이나 시각과는 거리가 멀게 느껴지도록 아이들의 신체를 변형시켰음을 보여준다. 이 그림은 예수가 어린 아이들이 자신의 곁에 오는 것을 막지 말라고 말하고 있는 복음서 장면을 담고 있는데, 라틴어 성경 원문은 이 대목에서 분명하게 '아주 어린(parvuli)'이라고 명기하고 있다. 그런데 세밀화 속의 예수 옆에 모여 있는 8명의 남자들은 아동기의 특징을 갖고 있지 않다. 단순히 축소되기만 했을 뿐으로, 크기로만 성인 남자와 구별될 뿐이다. ① 11세기 말 성 니콜라스의 부활 장면을 담은 프랑스의 한 세밀화도, 성인 남자와 크게 구분되지 않고 단지 몸집만 작아졌을 뿐인 3명의 아이들이 소생하는 장면을 묘사하고 있다. 화가는 성인 남자의 근육을 가진 벌거벗은 아이의 모습을 주저 없이 그리고 있다. 12세기 말 혹은 13세기 초에 제작된 것으로 보이는 성 루이 드 레드의 시편을 보면 막 태어난 이스마엘이 성인 남자처럼 복부와 흉부에 근육을 갖고 있다. 많은 감정과 의식을 불어넣기는 했지만 13세기에도 아동기에 대한 묘사는 여전히 이러한 전통적인 방식에 충실했다. 그리고 성 루이의 교화성서 속에도 아이들이 자주 출현하나 이 아이들도 크기 외에는 어른들과 특별히 다른 점이 없다. 야고보의 일생을 담은 삽화에서 이삭은 두 부인과 자식들로 보이는 15명의 작은 남자들에 둘러싸여 있는데, 이 남자들은 키가 어른들의 허리 높이 정도 된다. 욥은 깊은 신앙심 덕분에 부자가 되었는데, 삽화가는 욥의 왼쪽에는 가축을, 오른쪽에는 많은 자식들을 그려놓음으로써 부와 밀접한 다산(多産)의 전통적 이미지를 통해 욥이 누렸던 복을 환기시킨다. 그런데 「욥기」의 다른 삽화에는 아이들이 키 순서에 따라 배열되어 있다.

13세기 생트-샤펠의 미사용 복음서 초록에는 그리스도가 행한 오병이어(五餠二魚)의 기적을 묘사한 삽화가 있다. 이 삽화에서 그리스도와 한 사도는 허리춤밖에 오지 않는 한 작은 남자를 둘러싸고 있다. 이 작은 남자가 물고기를 가져온 아이임에는 의심의 여지가 없다. 13세기 말까지 계속된 로마네스크 양식 속에서 아이들은 특정한 표현 방식 없이 단지 축소된 어른으로만 묘사되었다. 그 밖에 대부분의 고대 문명에서도 아이의 체형 묘사는 거부되었다. 기원전 9세기 사르디니아의 아름다운 청동 조각은 한 어머니가 몸집이 큰 아들을 가슴에 안고 있는 일종의 피에타(Pietà) 상을 보여주고 있다. 그러나 설명서에 적혀 있는 내용을 보면 분명 아이에 관한 것임에 틀림없다. "작은 남자상은 고대의 다른 민족들이 채택한 양식에 따라 성인으로 묘사된 아이일 수 있다." 아이에 대한 사실주의적 묘사, 또는 포동포동하고 매력적인 아이를 이상화한 것은 그리스 미술의 특징이었다. 작은 사랑의 신인 에로스(Eros)를 통통한 체형으로 묘사하는 것은 헬레니즘 시대에 더욱 확산되었다. 그러나 아동기는 헬레니즘 시대의 다른 주제들과 함께 도상에서 사라졌고, 로마네스크 미술은 헬레니즘 시대 이전의 그리스 미술을 특징지었던 아동기의 특수한 용모에 대한 거부로 돌아갔다. 여기에는 단순한 우연의 일치라고는 보기 어려운 또 다른 이유가 있었다. 우리는 이 책에서 아동기가 미지의 상태에 있었던 표상의 세계로부터 출발하려고 한다. 칼베 대주교 예하와 같은 문학사가들은 용감하고 튼튼한 체력을 가지고 행동하는 경이로운 아이들이 등장하는 서사시의 경우에도 이는 마찬가지라고 지적한 바 있다. 그것은 10~11세기의 사람들에게 아동기의 이미지는 논의와 관심의 대상이 되지 못했고, 현실감도 없었다는 것을 의미한다. 이것은 당시 아동기는 실생활 영역과 심미적 영역에서 빨리 지나가고 그만큼 빨리 잊혀지는 전환의 시기였다는 점을 암시하고 있다.

② 이것이 우리의 출발점이다. 어떻게 해서 여기에서 베르사이유의 아이들에까지, 나아가 가족 앨범 속의 다양한 연령층의 아이들의 사진에까지 이르게 되었을까?

13세기경에는 아동기에 대한 근대적 의식에 좀더 가까워 보이는 몇몇 유형의 아이들이 발견된다.

콜롱비에 신부가 '성가대 아이'라고 부르고 있는, 매우 젊은 남자의 모습으로 묘사된 천사가 있다. ③ 그런데 이 '성가대 아이'는 몇 살이었을까? 신학교는 없고 라틴어 학교만이 성직자의 양성을 전담하고 있던 시대에 성무일과를 담당하기 위해 양성되거나 수도회에 들어갈 운명에 놓여 있던 이들의 나이는 아주 다양했다. 『성모의 기적』은 "여기에는 글자도 모르고 미사를 돕는 것보다는 엄마 품이 더 어울릴 법한 아주 어린 아이들이 있다"고 말하고 있다. 예를 들어 랭스 대성당의 천사는 아이라기보다는 이미 다 자란 소년이다. 그러나 예술가들은 약간은 여성적이며 통통하고 귀여운 아이들 특유의 외모를 강조해왔다. 이러한 묘사는 오토 3세 시대의 세밀화에서 아이들을 몸집이 작은 어른들처럼 묘사했던 것과는 전혀 다르다. 청소년의 모습을 한 이러한 천사상은 14세기에 아주 흔해지고, 15세기 말까지도 이탈리아 미술에 등장한다. 프라 안젤리코, 보티첼리, 기를란다조의 작품에 나오는 천사들이 여기에 속한다.

두 번째 유형의 아이는 미술사에 나타나는 모든 아기들의 모델이자 선조격인 '아기 예수(enfant Jésus)'이다. 왜냐하면 여기서 아동기는 모성의 신비 및 성모 숭배와 관련되어 있기 때문이다. 초기에 예수는 테오토코스가 묘사한 작은 영위(靈位)의 위엄 있는 그리스도상에서 볼 수 있듯이, 다른 아이들과 마찬가지로 몸집이 작은 어른 모습을 취했다. 회화에서 아동기에 대한 좀더 사실적이고 감성적인 묘사를 향한 진화는 비교적 일찍이 시작되었다. (중략)

세 번째 유형의 아이는 중세 고딕 시기에 나타나는 벌거벗은 아이이다. 아기 예수가 벌거벗고 있는 모습은 거의 찾아볼 수 없다. 아기 예수는 이 나이의 다른 아기들처럼 단정하게 포대기에 싸여 있거나 헐렁한 유아복을 걸치고 있다. 아기 예수는 중세 말까지 옷을 걸치고 있었다. 몇몇 교화성서 속의 세밀화에는 헤롯왕이 학살을 명령했을 때의 죄 없는 아기들, 혹은 솔로몬 왕의 심판 속에 나오는 죽은 아기만 제외하고 모든 아기들이 옷을 걸치고 있다. 벌거벗은 아이의 이미지는 죽음과 영혼의 알레고리를 묘사할 때만 표현 양식으로 도입되었다. (중략)

13세기에 이미 징조가 나타난 이러한 중세적 유형들은 14~15세기를 거치면서 한층 더 발전한다. 우리는 이미 앞에서 '천사-성가대 아이'라는 유형은 큰 변화 없이 15세기 종교화를 이끌어간 반면, 신성한 아동기에 관한 주제는 14세기부터 계속 확대되고 다양해졌음을 살펴보았다. 11세기에는 전혀 존재하지 않았던 특별한 관심이 13세기에 들어와 생겨나면서 이러한 그림이 많이 제작되고 성공했다는 것은, 사람들의 집단의식 속에서 아동기에 대한 의식이 진보했음을 입증한

다. (중략)

15~16세기에 마침내 아동기를 묘사한 세속화가 이러한 종교화로부터 분리된다. 물론 그렇다고 해서 이러한 세속화가 아이 하나만 묘사한 것은 아니다. 이 시기에 풍속화는 인생의 여러 시기, 사계절, 오감, 자연의 요소들과 같이 고·중세적 자연관에서 영향을 받은 관습적이고 우화적인 도상(학)을 변형시키는 것을 통해 발전하고 있었다. 풍속화와 일화(逸話)가 상징적 인물에 대한 정태적 묘사를 대신하기 시작했다. (중략)

이 풍속화들은 보통 아동기만을 절대적으로 묘사하거나 신성화하지 않았으며 대부분의 경우 다른 인물들과 함께, 주연이나 조연으로 그려졌다. 이것은 두 가지 측면을 설명해준다. 첫 번째는 아이들이 일상생활 속에서 어른들과 섞여 있었으며, 일, 산책, 놀이를 위한 모임에서 어른들과 함께 어울렸다는 것이다. 두 번째는 특히 아이가 갖는 매력 혹은 생동감으로 인해 미술가들이 아동기의 묘사에 열중했고, 무리나 군중 속에서 아이를 부각시키는 것은 선호했다는 것이다. 이 두 가지 측면 가운데서 전자는 시대에 뒤떨어진 것처럼 보인다. 오늘날에는 19세기 말에 그러했듯이 아이들의 세계와 어른들의 세계를 분리시키려는 경향을 보이고 있기 때문이다. 반면 후자는 아동기에 대한 근대적 의식의 전조를 보여준다.

(출전: 필립 아리에스, 『아동의 탄생』, 문지영 옮김, 새물결, 2003, 89-96쪽(발췌))

생각해볼 문제

①은 다양한 시공간을 종횡무진하면서 자신이 주장하고자 하는 내용을 입증해주는 사례들을 제시하고 있다. 이것은 자신이 쓰고 있는 글에 필요한 여러 가지 자료를 정확하게 장악하고 있을 때 가능하다.

예시는 한 가지 사례를 자세하게 제시하는 방법도 있고, 다양한 사례를 입체적으로 제시하는 방법도 있다. 이 글은 후자의 방법을 이용하면서 글쓴이의 전공분야에 대한 해박한 지식을 적극적으로 활용하고 있다.

②는 앞에서 다양한 사례를 제시한 후에, 열거된 자료들을 통해서 자신이 원하는 질문을 도출하고 있다. ③은 문제제기형 문장(그런데 이 '성가대 아이'는 몇 살이었을까?), 적절한 인용(『성모의 기적』은 "여기에는 글자도 모르고 미사를 돕는 것보다는 엄마 품이 더 어울릴 법한 아주 어린 아이들이 있다"고 말하고 있다), 예시형 문장(예를 들어 랭스 대성당의 천사는 아이라기보다는 이미 다 자란 소년이다)을 적절하게 배합함으로써 설득력 있게 주제에 다가서고 있다.

이 글은 구체적인 역사적 사례들을 열거하거나 제시하는 차원에 머물지 않는다. 질문과 대답의 대화적 관련성을 역사적 사례들에 부여하고 있다. 역사적 자료 제시를 통한 확산의 움직임과, 질문과 대답을 통한 집중의 움직임이 매우 정교하게 배치되어 있기 때문에 글을 읽는 동안 우리는 역사의 비밀에 접근해 들어가는 탐정이 된 듯한 느낌을 받는다.

은유로서의 질병 : 수전 손택

제시문

골드스미스의 희곡을 보러오는 관객들도 바로 런던 사람들이었다. 골드스미스는 결핵을 둘러싼 사회적 통념—말하자면 결핵에 걸렸다는 것은 소양이 없다는 것이라는 통념이 이미 광범위하게 퍼져 있다고 가정했던 것이다. 그러나 속물이나 졸부, 출세를 노리는 야심가들이 보기에는 결핵에 걸렸다는 것이야말로 품위 있고 우아하며 섬세하다는 지표였다. 18세기에 가능해진 새로운 인구 이동(사회적이고 지리적인) 덕택에, 재산과 신분은 그냥 주어지지 않게 됐다. 그것들은 드러내야만 하는 무엇인가가 됐다. 즉, 사람들은 의복('패션')을 둘러싼 새로운 관념, 질병을 대하는 새로운 태도를 통해 자신의 재산과 신분을 드러냈던 것이다, 의복(신체 밖을 둘러싸는 외피)과 질병(신체의 내부를 감싸는 일종의 장식)은 자아를 대하는 새로운 태도의 비유가 되기 시작했다.

1820년 7월 27일, 셸리는 마치 결핵 환자들끼리 서로서로 동정하듯이, 키츠에게 다음과 같은 편지를 써 보냈다. "나는 자네가 늘 폐병 환자 같은 얼굴을 하고 있었다고 알고 있네." 이것은 단순한 전환이 아니다. 이제 폐병은 외양을 드러내는 태도로 이해됐고, 외양은 19세기 풍습의 주요 산물이 됐다. 마음 내키는 대로 음식을 먹는 행위가 조잡한 행위가 됐고, 병을 앓고 있는 듯한 모습이 매력적인 모습이 됐다. 1913년, 생-상스는 이렇게 적었다. "좋은 건강이 세련된 스타일이 아니었던 당시에 쇼팽은 결핵 환자였다." "그 당시에는 창백하고 핏기 없는 모습이 유행이었다. 벨지오조소 공주는…… 죽어가는 사람처럼 창백한 얼굴로 한가로이 거리를 산책하곤 했다." 결핵 환자 같은 얼굴을 유행시키는 데 가장 크게 기여한 당대 최고의 유명한 요부(femme fatales)를 이 예술가, 즉 쇼팽과 연관시켰다는 점에서 생-상스는 옳았다. 결핵이 이런 식으로 신체에 대한 관념에 영향을 끼치자, 그리고 귀족이 권력을 잃어가며 주로 이미지로만 중요해지자마자, 귀족적인 용모의 새로운 모델이 등장하게 됐다. (한때 원저 공의 부인은 "그 누구라도 지나치게 부유해질 수 없으며, 그 누구라도 지나치게 가난해질 수도 없다"고 말한 바 있다.) 사실상 이처럼 결핵이 낭만화됐다는 사실은 자아를 하나의 이미지로 드러내는 독특한 현대적 행위가 만연하게 됐음을 알려주는 최초의 사례이다. 결핵 환자 같은 용모가 혈통을 구별해주는 표식이라고 여겨지게 되자, 결핵 환자의 용모도 매력적이라고 여겨지게 됐다. 1887년 24세의 나이로 죽은 마리 바쉬커체프가 남긴 『일기』는 그녀 사후에 출간되어 한때 널리 읽혔는데, 거기에서 그녀는 이렇게 말했다. "나는 계속 기침을 내뱉는다! 그런데 이상하게도, 기침 때문에 내 모습이 추해지기는커녕 내게 매우 잘 어울리는 우수 어린 분위기가 생겼다." 한때 귀족적인 요부나 젊고 열정적인 예술가들의 생김새였던 이 모습은, 결국 그런 모양새를 하고 다니는 일종의 패션이 됐다. 20세기 여성들의 패션(마른 체형에 대한 숭배)은 18세기 말과 19세기 초에 결핵이 낭만화되면서 생겨난 은유의 마지막 보루였다.

'낭만적 고뇌'로 알려진 문학적이고 성적인 태도는 대부분 결핵 그 자체, 또는 은유로 변형된 결핵의 모습에서 연유한다. 이 질병의 직접적인 증세를 보여주는 양식화된 묘사 속에서, 고뇌는 낭만적인 것으로 변했으며(요컨대, 쇠약함이 번민으로 변했다.), 실제의 고통은 간단히 은폐됐다. 병색이 완연하고 가슴팍이 좁은 젊은 여성들, 창백하고 왜소한 젊은 청년들은 (그 당시로서는) 치료가 거의 불가능할 뿐만 아니라, 실제로 사람을 무력하게 만드는 이 무시무시한 질병에 걸리려 앞 다퉈 싸우는 듯했다. 테오필 고티에는 이렇게 썼다. “나는 어렸을 적에, 99파운드[약 45kg] 이상 몸무게가 나가는 사람이 서정 시인이라는 사실을 받아들일 수 없었다.”(고티에의 말에 따르자면, 천박하고 몸집이 큰 종자들일 뿐인 소설가처럼 되고 싶어하지 않는 사람들이 바로 서정 시인이라는 점을 언급하고 넘어가야겠다.) 결핵 환자 같은 용모가 사람의 마음을 끌어당기는 연약함이나 뛰어난 감수성의 상징이 되어가자―19세기 중엽과 말엽에 산업제국을 건설했고, 수백 권의 소설을 써냈으며, 전쟁을 일으켜 대륙을 약탈했던 위인들이 점차 뚱뚱해진 것과는 대조적으로, 이런 용모는 점차 여성이 갖춰야 할 이상적인 용모가 되어갔다.

우리는 이와 같은 결핵의 낭만화가 이 질병을 그저 문학적으로 변용한 것에 불과할 뿐이며, 그 피해가 아주 막심했던 시기에는 결핵이 아주 넌더리나는 것으로―오늘날의 암처럼―여겨졌으리라고 무리 없이 가정할 수도 있다. 요컨대, 19세기 사람들은 폐병 걸린 사람이 숨을 쉴 때에는 악취가 풍긴다는 사실을 틀림없이 모두 알고 있었을 것이다. (죽어 가는 뮈르제를 방문한 일을 묘사하면서, 공쿠르 형제는 이렇게 적어 놓았다. “그의 침대에서는 썩어가는 육체의 악취가 났다.”) 그렇지만 모든 증거들을 살펴보건대, 결핵에 대한 숭배는 그저 낭만주의 시인이나 오페라 작사가의 발명품이었던 것이 아니라 널리 퍼져 있던 태도였으며, 실제로도 사람들은 결핵으로 죽어 가는 (젊은) 사람들을 낭만적인 사람이라고 이해했다. 우리는 이 끔찍한 질병의 실제 모습이 새로운 주요 관념, 특히 개성이라는 관념과 전혀 어울리지 않는다는 점을 알아야만 한다. 그러나 결핵이 등장하고 난 이후에야 죽음에 직면했을 때에 사람들이 훨씬 의식적이 된다는 관념과 더불어 개성의 질병이라는 관념이 뚜렷해졌듯이, 우리는 이 질병을 둘러싼 이미지를 통해서만 개성이라는 현대적인 관념, 즉 20세기에 들어와 자기도취적이라는 관념이라기보다는 좀 더 적극적인 형태로 받아들여졌던 개성이라는 관념이 등장했음을 볼 수 있다. 질병은 어떤 사람을 '흥미롭게' 만들어주는 방식이었다. '낭만적'이라는 정의가 원래 그랬듯이 말이다. 슐레겔은 자신이 쓴 에세이 「그리스 시 연구에 관하여」에서 '흥미로움'을 현대시, 즉 낭만주의 시의 전형으로 지적한 바 있다. 1799년부터 1800년 사이에 쓴 어느 단편에서 노발리스는 이렇게 썼다. "완벽한 건강이라는 관념은 과학적으로만 흥미로울 뿐이다." 즉 실제로 흥미로운 것은 질병이 "개성에 관여한다"는 관념인 것이다. 이런 관념—병든 사람들이 흥미로운 이유를 둘러싼 관념—은 니체가 『권력에의 의지』와 그 외의 다른 글에서 제시한 가장 대담하고도 모호한 정식화를 통해서 나왔는데, 니체는 특정 질병을 언급하지는 않았지만 개인의 허약함, 문화적 결핍이나 타락을 비판한 그의 유명한 언급들은 결핵을 둘러싼 상투어를 구체화하고 확장했다.

낭만주의가 죽음을 대하는 방식을 따르자면, 사람들은 둘도 없는 단 하나의 개체로 태어나며, 각자가 지닌 질병으로 인해 흥미로운 대상이 된다. 언젠가 바이런은 거울을 쳐다보면서 이렇게 말한 적이 있다. "창백해 보이는군. 나는 틀림없이 폐병으로 죽을 것 같아." 1808년 2월 바이런을 만나러 파트라스로 찾아온 톰 무어(그는 당시에 결핵에 걸려 있었다.)는 바이런에게 그 이유를 물어봤다. "왜냐하면 숙녀들이 모두 이렇게 말하기 때문이지." "저 가엾은 바이런을 좀 봐. 죽어가는 모습이 흥미롭기도 하지." 낭만주의자들이 우리의 감수성에 뭔가 중요한 선물을 해준 것이 있다면, 그 선물은 잔인함의 미학이나 병적인 것의 아름다움(마리오 프라츠가 자신의 유명한 책에서 주장했듯이) 그도 아니면 개인의 무제한적인 자유를 위한 요구라기보다는, 흥미로움을 둘러싼 이처럼 허무적이고 감상적인 관념이었을 것이다.

(출전 : 수전 손택, 『은유로서의 질병』, 이재원 역, 이후, 2002, 45-52쪽)

생각해볼 문제

이 글은 '역설'의 효과를 잘 보여주는 글이다. 이 글이 의도적으로 역설법이라는 수사학적 기법을 사용한 것은 아니지만, 상황 자체가 역설적이라는 점이 독자의 흥미를 자극한다. 질병에 걸릴수록 더욱 매력적으로 보이는 신체, 결핵환자에게서는 시체가 부패해가는 듯한 지독한 냄새가 나는 것을 알면서도 결핵환자들에게서 일종의 성적/문화적 매혹을 느끼는 사람들, '결핵'이라는 전혀 낭만적이지 않은 실제 상황이 최대의 낭만적 코드로 이해되는 상황, 일종의 병리적 사회상(결핵에 걸린 신체를 가장 매력적이고 예술적인 존재로 평가하는 세태)이 그 시대의 유행이자 정설로 굳어지는 상황 등등. 이 모든 '역설적 상황'들이 글의 긴장감과 재미를 더하고 있다.

역설은 표면적으로는 이치에 맞지 않는 듯하지만, 그 논리적 모순성으로 인해 더욱 절실하고 더욱 풍요로운 뜻을 담아내는 수사법이다. 우리가 익히 들어 알고 있는 서정시의 역설적 기법("차가울사록 사모치는 정화(情火)", "아아, 님은 갔지마는 나는 님을 보내지 아니하얏습니다", "찬란한 슬픔의 봄을", "이것은 소리 없는 아우성", "나는 향기로운 님의 말소리에 귀먹고, 꽃다운 님의 얼굴에 눈멀었습니다", "두 볼에 흐르는 빛이 정작으로 고와서 서러워라" 등등의 전형적인 역설의 사례들을 기억해보자) 말고도 역설을 일상적 글쓰기에서 활용할 수 있는 방법은 여러 가지다. 그 논리적 모순성 때문에 더더욱 매력을 발산하는 역설적 글쓰기는, 언어의 축자적 의미와 논리적 연관성을 뛰어넘는 효과를 모색하는 글쓰기 방식이다.

『독립신문』의 사회역사적 의미 : 전인권

제시문

①『독립신문』의 출현은 여러 가지 측면에서 조선사회에 커다란 충격을 주었다. 신용하 교수는 『독립신문』의 영향을 '계몽활동'으로 요약하고, 그 구체적인 내용을 7가지로 정리했다. 즉, 『독립신문』은 1) 국민의 개명진보를 위한 계몽적 활동, 2) 자주독립과 국가이익의 수호, 3) 민권수호운동, 4)한글발전에의 공헌, 5) 부정부패의 고발, 6) 독립협회의 사상형성과 기관지 역할, 7) 세계와 한국의 연결과 한국인 시야의 세계적 확대 등의 기여를 하였다고 했다.

그러나 『독립신문』은 이처럼 몇 가지 제한된 영역으로 나누어 설명하는 것으로 요약될 수 없는 총체적 영향을 미쳤다. 단적인 예를 들자면, 『독립신문』은 정치공동체를 구성하는 인적 구성의 원리에 대해 조선시대 또는 당시 정부와는 근본적으로 다른 태도를 취했다. 그 같은 태도는 『독립신문』이 한글전용을 채택한 데서 잘 드러난다. 그때 정부가 발행하는 순한문 신문인 『한성순보』가 있었지만, 순한글로 기사를 작성하고 상업광고를 게재하며 시골에 사는 평민과 여성까지 독자로 여기는 대중적 신문은 『독립신문』이 처음이었다.

> 우리 신문이 한문은 아니 쓰고 다만 국문으로만 쓰는 것은 상하귀천이 다 보게 함이라. 또 국문을 이렇게 구절을 띄워 쓴즉 아무라도 이 신문 보기가 쉽고 신문 속에 있는 말을 자세히 알아보게 함이라. […] 우리 신문은 빈부귀천을 막론하고 이 신문을 보고 외국 물정과 내지 사정을 알게 하라는 뜻이니 남녀노소 상하귀천 간에 우리 신문을 하

루걸러 몇 달간 보면 새 지각과 새 학문이 생길 걸 미리 아노라.

『독립신문』이 한글을 채택한 표면적 이유는 상하귀천을 막론하고 민중이 읽기 쉬운 신문을 만들어 민중을 계몽하기 위한 것이었다. 또 한글전용은 그 당시 '야만의 언어로 전락한 한자'를 버리고 '문명의 언어인 한글'을 채택해야 한다는, 청나라는 타자화(他者化)하는 오리엔탈리즘적 사고도 한몫했다. 그러나 기본적으로는 한자가 배우는 데 여러 해가 걸리고 늙어 죽도록 다 배울 수 없는 양반과 기득권층의 언어이며, 모든 인민이 주인인 문명국가에는 모든 국민이 소통할 수 있는 하나의 언어가 존재해야 한다는 근대적인 국민국가 사상을 바탕으로 한다.

그런 의미에서 『독립신문』이 국어를 발견한 것은 마르틴 루터가 귀족이나 성직자의 고급언어였던 라틴어로 된 성경을 일반 평민들의 저속한 언어였던 독일어로 번역한 것과 똑같은 의미를 갖는다. 그리고 독일어의 발견이 종교개혁과 근대의 시작을 알리는 사건이었음은 주지의 사실이다. 다시 말해, 『독립신문』의 한글채택 역시 '국어의 발견' 또는 '국민의 발견' 나아가 '근대적 국가의 발견'이라고 할 만큼 획기적인 사건이며, 국민국가를 바탕으로 하는 근대국가의 건설이 국어의 발견을 통해 나타난 것이었다.

> 우리가 『독립신문』을 오늘 처음 출판하는데, 조선 속에 있는 내외국 인민에게 우리의 주의를 미리 말씀하여 아시게 하노라. 우리는, 첫째 편벽되지 아니한고로 무슨 당에도 상관이 없고, 상하귀천을 달리 대접 아니 하고, 모두 조선 사람으로만 알고, 조선만을 위하며, 공평히 인민에게 말할 터인데, 우리가 서울 백성만 위할 것이 아니라 조선 전국 인민을 위하여 무슨 일이든지 예언하여 주려 함.

'국어의 발견' 그리고 '국민의 발견'은 『독립신문』이 독자를 바라보는 관점에서 일관되게 나타난다. 서재필은 『독립신문』이 특정한 정파나 조정에 귀속되어서는 안 된다고 생각했다. 그리고 정치와 개혁의 주체는 양반과 정치인들이 아니라 민중이라는 인식을 분명히 했다. 바로 여기에 당시의 상식과 정치의식을 완전히 뒤집는 획기적인 사상의 전환이 존재한다. 물론 『독립신문』이 상정한 민중과 국민이 어떤 성격의 민중과 국민이었는가에 대해서는 진지한 연구가 요구되지만, 그것이 사농공상의 신분제를 철저하게 부정한 토대 위에 프랑스혁명이 상정했던 민중과 다르지 않음은 분명하다. 그런 의미에서 『독립신문』은 한반도에서 본격적인 근대사회가 출현했음을 알리는 것이며, 『독립신문』의 창립취지는 근대적 가치에 바탕을 둔 근대적 신문의 취지에 꼭 맞았다.

『독립신문』이 미친 또 다른 결정적 영향은 '근대적 공론장의 형성과 민주주의의 도입'이다. 『독립신문』은 비록 일본에 의해 추진된 개혁이지만 갑오개혁과 을미개혁의 토대 위에 말과 글, 그리고 대중에 의한 정치적 의사 형성이란 새로운 유형의 공론장을 만들었다. 그런 의미에서 『독립신문』이 한국 최초의 근대적 언론매체이자 대중매체라는 기존의 평가는 정당하다. 새로운 공론장 형성은 『독립신문』을 읽는 독자들의 태도에서 명확히 드러난다. 이에 대한 전형적인 사례를 당시 강원도 양구군 우망리 장에 사는 시민 김기서, 조성룡, 김리선 등 3인이 『독립신문』에 보낸 편지를 통해 살펴볼 수 있다.

> ② 요사이 본 군수가 한 장시를 설립하고 친히 장에 와서 상고(商賈: 장사치)와 인민이 많이 모인 후에 당세 형편을 일통 연설하고, 국문과 한문번역 잘 하는 사람으로 하여금 소리를 크게 질러 『독립신문』을

읽히니, **오는 사람과 가는 손이며 장사하는 사람과 촌백성들이 어깨를 비비고 둘러서서 재미를 붙여 함께 듣고 모두 찬탄(원문에는 차탄)하는지라. 이다음부터는 물건 매매하는 장시 인민뿐 아니라 『독립신문』 들으러 오는 백성들이 길이 멀고 가까운 것을 헤아리지 않고 귀를 기울이고 다투어 모여들어 서로 말하여 가로되**, 오직 우리 대한 전국에 크고 작은 일과 천하만국의 아침과 저녁 일이 환연히 눈앞에 벌여 있고, 학식과 법률을 가히 자식과 손자 가르쳐 깨닫겠노라고 말들을 하기에, 기쁘고 다행함을 이기지 못하여, 본시(本始)에 사는 백성들이 서로 의론하고 앙포하오니, 『독립신문』을 본군(本郡)에 보낼 때에 일체로 한 장을 더 붙여 보내시면 신문 값은 또한 본군 군수에게로 붙여 보내오리니, 조량하심을 엎드려 바라노라고 하였더라.(강조는 인용자)

다시 말해, 강원도 양구군 군수, 옛날로 치면 고을 원님이 시장에 나와 『독립신문』을 읽고, 시장에 나온 많은 사람들이 둘러서서 그 이야기를 들었다는 것이다. 이 같은 광경은 일반 민중 사이, 민중과 관원 사이의 커뮤니케이션에 혁명적인 변화가 일어나고 있었음을 보여주는 증거이다. 또 『독립신문』은 한 사람이 한 부의 신문을 읽고 휴지통에 버리는 신문이 아니라, 여러 사람이 돌려 읽고, 글을 아는 사람이 글을 모르는 사람에게 읽어주는 식으로 열독률(熱讀率)이 매우 높은 신문이었다. 새로운 지식과 정보에 대한 욕구가 폭발하던 격동의 시기에 『독립신문』 한 부의 실제 독자가 대략 200~300명이었다는 추정은 틀린 말이 아니다.

또 『독립신문』은 발간되자 국내외적으로 많은 관심을 모았다. 처음에는 300부 정도밖에 발행되지 못했으나, 3,000부까지 발행하는 데 그리 오랜 시간이 걸리지 않았다. 당시 한국을 유심히 관찰하고 돌아간 비숍 여사도 『독립신문』에 대해 다음과 같이 회상한다.

> 일단 신문이 나와 사회의 진상을 알게 되자 국민들은 미몽(迷夢)에서 벗어나 관리의 악정과 재판의 부당함에 엄정한 비판을 가해서 여론을 일으킬 수 있게 되었다. 신문이 나오자 뒤가 컴컴한 부정을 태양 앞에 내세워 사회에 경종을 울리는 동시에 한편으로는 합리적인 교육과 정당한 개혁을 장려하여 인지(人智)의 개발에 큰 도움을 주었다. 이에 부정한 관리와 불량한 관원들은 모두 혀를 내두르면서 놀라고 두려워하였다. ③ 국문신문을 옆구리에 끼고 거리를 다니고 있는 풍경과 또한 각 점포마다 이 신문을 펴놓고 읽고 있는 광경이란 참으로 1896년 이래의 새로운 현상이었다.

이처럼 새로운 공론장의 형성은 결국 한반도 최초의 근대적 시민사회의 출현이란 결과를 낳는다. 시민사회의 출현은 1898년 3월부터 12월까지 3차에 걸쳐 열린 만민공동회를 말한다.

(출전: 서울대학교 정치학과 독립신문강독회, 『독립신문, 다시 읽기』, 김홍우 감수, 전인권 편집·교열, 푸른역사, 2004, 441~447쪽. (전인권의 해제 부분 중 일부)

생각해볼 문제

첫 단락인 ①에서는 대표적인 기존 연구의 성과를 요약하여 제시하고 있다. 『독립신문』을 '계몽활동'의 범주에서 『독립신문』을 바라보았던 기존연구의 성과를 제시함으로써, 독자들에게 『독립신문』과 관련된 일반적인 지식을 제공하는 동시에 이 글이 제시하게 될 새로운 관점에 대해서 기대감을 갖게 하는 효과를 거두고 있다. 학술적인 글에서 기존연구의 검토가 중요한 부분으로 다루어져야 하는 이유가 여기에 있다. 기존연구 검토는 자신의 연구에 연구사적 맥락을 부여하며, 자신의 글에서 밝혀지게 될 새로운 발견이나 주장의 의미를 입증할 수 있는 발판이 되기 때문이다.

그렇다면 이 글에서 주목하고 있는 『독립신문』의 역사적 의미는 무엇일까. 하나는 한글전용을 통해서 국어의 발견, 국민의 발견, 근대 국민국가의 발견으로 이어진다는 것이고, 다른 하나는 근대적 공론장의 형성이다. 단순히 한글을 사용했다는 차원이 아니라, 한글의 사용이 갖는 사회역사적 의미를 심화시키고 있는 것이다. ③에서 보듯이 근대적 공론장 형성과 관련된 적절한 예시를 통해서 역사적 사실에 대한 풍요로운 해석을 제시하고 있다.

또한 『독립신문』의 주장을 그대로 소개하는 것이 아니라 그 당시에 『독립신문』과 관련된 사회적 변화를 관찰하고 있던 외국인의 시선을 함께 제시함으로써 글 전체에 객관성을 부여하고 있다. 이 글은 근대적 공론장이라는 해석의 틀과 『독립신문』에 근거한 실증적 작업이 잘 어우러져 있다. 학술적인 글쓰기는 지루하거나 무미건조할 것이라는 우리의 통념을 통쾌하게 배반하고 있는 글이다.

철도여행과 독서 : 볼프강 쉬벨부쉬

제시문

전통적인 여행에서 실제 공간적으로 전경에 가까이 있던 영역이 열차와 함께 사라지게 되고, 동시에 그 자리에는 그때까지는 존재하지 않던 새로운 영역이 들어오게 된다. 여행 중의 독서는 열차 여행의 표식이 되었다. 현실성이 휘발되어 사라지고 파노라마로 다시 부활하게 된 것은 여행객의 시선이 관통하여 지나쳐가는 풍경으로부터 완전히 해방되어, 가상의 대체 풍경, 즉 문학으로 들어가는 조건이 된다. 19세기 중반 무렵에는 여행 중의 독서가 문화적으로 확고한 자리를 잡는다. "독서는 열차 안에서 일반적으로 몰두할 수 있는 일거리가 되어버렸다"라고 1866년 프랑스 의학 연례회의는 기록하고 있다. "그리고 그것도 여행 출발 전에 소일거리를 위해 필요한 읽을거리를 준비하는 사람이 어떤 특정한 계층에 속해 있다고는 볼 수 없을 정도로 일반화되었다."

여행 중에 기차 안에서 독서를 한다는 생각은 기차만큼이나 오래되었다. ① 1830년 『쿼터리 리뷰』의 한 기사에는, 기차는 "여행자가 신문을 완전히 쾌적한 상태에서 읽을 수 있을 정도로 조용히" 달린다는 언급이 나온다. 1833년 발간된 독일 문헌 하나에는 속도로 인한 외부세계의 사라짐과 객실 안에서 주의를 환기시키는 활동의 개발을 통해 이 사라짐을 상쇄시킬 수 있는 가능성 사이의 연관이 언급되고 있다. 립스Lips는 "그 안에서는 외부의 대상들이 색도 형상도 없이 눈앞을 지나쳐가서는 이들을 더 이상 알아차릴 수 없게 하는 속도"에 대해 언급하고 있다. 그는 계속해서 이렇게 쓴다: "그런데 이 증기 열차의 움직임은 사람들이 그 안에서 다만 완벽하게 독서를 하는 데 머무는 것이 아니라, 심지어 무엇인가를 쓸 수도 있을 만큼 경미하고 부드럽고 또한 쾌적하기도 하다. 따라서 여행은 앞으로는 학자, 관리, 상인 등의 사람들에게 일상적인 사업의 휴식이나 단절을 의미하지 않게 된다. 증기 열차 안에서 이러한 일들을 계속해서 할 수 있게 될 것이다."

영국에서는 1840년대 말에 역 서점과 여행 중 독서에 대한 일반 수요를 충족시켜 줄 수 있는 특이한 도서 대여 거래 조직도 생겨났다. 존 도즈는 이 과정을 다음과 같이 서술한다: "열차의 발전은 모든 종류의 서적 판매를 촉진한다. 1848년까지는 여행자들이 역들에서 책이나 신문을 구하려고 하지는 않았다. 올해 스미스는 버밍엄 노선에서 유일하게 서적들과 신문들의 판매 허가를 받았다. 그가 연 첫 번째 상점은 유스톤 역에 있었다. 이내 그는 런던 주변과 북서쪽 노선망 전체에 대한 허가권을 얻었다. 1849년 패딩턴 역 서점은 천 권의 책, 주로 소설들을 마련해 두고 있었다. 1페니의 수수료를 내고 여행자들은 기차를 기다리는 동안 서점에 들어갔고, 얼마간의 수수료를 더 내면 목적지에서 반납할 수 있는 책을 한 권 대여할 수도 있었다. 이런 새로운 수요를 만족시키기 위해서, 런던의 루트리지 출판사는 쿠퍼, 제미스, 호손, 제임스 그랜트, 뒤마와 또 다른 작가들의 소설들로 구성된 〈철도 총서〉를 발간하기 시작했다. 머레이는 자신의 『열차용 문학』을 제공하였다."

이런 영국의 예가 1852년 루이 아셰트에 의해 프랑스로 전해졌다. 프랑스 철도 회사들에게 쓴 글에서 그는 "철도 회사에게 유리할 뿐 아니라 공공을 위해서 유용하고 쾌적한 대형 서점"을 제안했다. 그렇게도 많은 당대의 사람들이 열차 여행의 특징으로 제시하던 단조로움과 지루함은 여기서는 역 서점 개설을 위한 상업적인 논거가 되고 있다: “형행자가 열차 칸에 들어서자마자, 그는 아무 일도 못한다는 선고를 받게 된다. 여행의 단조로움이 눈에 띈다. 지루함은 그 모습을 나타내고, 더 심하게는 초조감이 기차에 의해 마치 하나의 탁송화물처럼 운반되어 가는 불행한 사람들을 엄습한다.……아셰트와 동료는 장시간의 여행이 가져다주는 이 강요된 무위와 지루함을 모든 이들의 유희와 학습 시간으로 바꾸어놓는 아이디어를 개발하였다. 그들은 편안한 형식과 저렴한 가격으로 제공되는 흥미 위주의 작품을 갖춘 철도역 서점의 건립을 생각하였다.”

총 매상의 30퍼센트를 갖는다는 명목으로 철도 회사도 함께 참여한 최초의 역 서점이 개장된 지 2년 만에 아셰트는 프랑스 전역에 60개의 지점들을 설립 운영하게 되었다. 서적 판매에 신문 판매가 더해지면서, 1864년 총매상은 처음으로 만 프랑을 넘어섰다. 바로 직후에 이 관계는 역전된다. 1866년 서적 판매로 인한 수익이 52만 7,000프랑인 것에 비해, 신문 판매로 인한 수익은 96만 9,000프랑에 달하게 되었다.

영국과 프랑스의 역 서점들이 제공하던 책들을 일별해 보면, 책 읽기에서 신문 읽기로 옮겨가는 경향과는 관계없이 독자층이 거의 전적으로 부르주아 계급이라는 것이 드러난다. 1851년 영국의 한 설문조사는 일반적인 서점들에서 저질의 대중 문학이 주로 공급되는 것과는 달리 런던의 역 서점들과 대여점들에서는 전형적인 부르주아 계급의 교양 소설과 소설 문학, 여행 안내책자 등을 취급했다고 보고한다. 아셰트의 계획에는 다음과 같은 도서 분야들이 나온다: 여행 안내책자, 여행 보고서, 프랑스 문학, 고전 문학, 농경문화와 산업, 아동 서적.

② **여행 중의 독서는 전적으로 부르주아적인 일이다. 열차를 이용했던 하층민들은 재정적으로 그것을 감당할 수 없을 뿐만 아니라, 그**

에 대한 욕구를 가지고 있지 않았기 때문에 독서를 하지 않았다. 그들의 여행 상황은 상류층의 여행 상황과는 아주 달랐다. 3등석과 4등석의 객차들은 객실로 나뉘어 있지 않았고, 1등석과 2등석의 객차들에 비해 낡은 여행 문화를 회고할 수 있는 것이라고는 없었다. 열차로 여행에 처음 발을 딛게 된 하층민들은, 마차에서 열차로 갈아타야만 했던 계급의 사람들이 느꼈던 것처럼 새로운 여행을 기이하게 여길 만한, 이전의 여행에 대한 기억이라고는 갖고 있지 않았다. 노동자 계급 소속의 여행객들이 밀어 넣어진 3·4등석, 덩그러니 커다란 공간 하나로 되어 있는 찻간들은 여행객들 간의 끊임없는 담화로 특징 지워진다. 이러한 담화는 부르주아 계급의 1·2등 객실에서는 늦어도 19세기 말경이면 완전히 소멸해 버린다. 1895년 출간된 피셔의 『독일을 여행하는 한 독일인의 관찰』에는 이렇게 적혀 있다: "……나는……내가 혼자 타고 갈 때나 나의 운명이 나로 하여금 도무지 그들과는 어떤 대화도 시작할 수 없는 사람들과 함께 하도록 만들어졌을 때, 3·4등석으로 여행하는 이들을 얼마나 자주 부러워했던지……. 그들이 가득 차 있는 찻간에서 즐거운 대화와 웃음이 나의 격리된 지루한 독실까지 울려왔다."

여행 독서의 출현은 속도로 인한 외부 세계의 사라짐과 파노라마화의 결과가 아니라, 객차 안에서의 새로운 상황이 만들어낸 결과이다. 열차는 여행자들이 관통하여 지나쳐가는 풍경과의 관계를 방해하는 것과 마찬가지로 여행자 서로서로 간의 관계 역시 방해한다. 18세기의 여행자들은 서로 활발한 관계를 맺는 여행자 사회를 이루고 있었는데, 이는 다시금 이 시기의 여행 소설의 소재가 되는 삽화를 제공해 주었다. 열차 객실에 있는 여행자들은 서로 어떤 대화를 시작할지를 전혀 알지 못한다. 독서는 그들에게 더 이상 나오지 않는 대화를 대체한다. 이런 연관성은 여행 독서에 대해 서술하는 작가들에게 중요한 것이다. 여행 중의 독서를 여행자들의 일반적이고 예외 없는 활동으로 표현한, 앞에서 언급한 1866년에 나온 의학 회의의 자료도 이와 비슷하다: "사람들은 한마디의 말도 나눌 필요 없이 자신의 목적지에 도달하는 일이 자주 일어날 만큼, 요즈음의 여행은 빨라졌다. 긴 여행 중에는 계속해서 새롭게 바뀌는 얼굴들과 마주치게 된다. 특별히 대화를 나눌 기분이 아닐 때, 담소는 단지 아는 사람들 사이에서만 일어난다. 그래서 사람들은 자주 특정한 여행자의 무관심과 부딪히게 된다. 여기서 이런 점에서 열차가 예절과 관습을 완전히 변화시켰다고 확언할 수도 있다. 이전에, 사람들이 몇 시간이든 또 많은 경우 며칠씩이라도 함께 지내게 될 것이 확실해졌을 때, 사람들은 종종 동반자와 여행이 끝나고도 지속되는 관계를 맺었다. 오늘날 사람들은 단지 조바심 나게 기대되는, 그렇게 빨리 도달될 목적지만을 생각한다. 여행을 함께 시작했던 여행자는 벌써 다음 역에서 내리고, 그 자리를 다른 사람이 대신하게 되기도 한다. 이런 이유에서 독서는 하나의 필요가 되었다."

(출전: 볼프강 쉬벨부쉬, 『철도여행의 역사』, 박진희 역, 궁리, 1999, 87-92쪽)

생각해볼 문제

①은 여러 개의 인용문을 물 흐르듯 이어 붙이면서 자신의 논리 안에 포섭하는 글쓰기 전략을 보여주고 있다. 자신이 전달하고자 하는 의도를 명확히 정리하고 정해진 의도에 맞게 자료를 적절하게 절취하고 인용하는 것은 중요한 글쓰기 전략 중 하나다. 직접 인용과 간접 인용을 적절히 오가면서 주어진 자료를 자신의 의도에 맞게 활용하는 방식을 연습해두는 것도 좋은 글쓰기 전략이다. 이 글은 글 전체가 방

대한 자료의 적절한 인용과 예시로 이루어졌다. 그러면서도 저자 자신의 독창적인 관점이 훼손되지 않고 있다. 참신하고 흥미로운 사례라고 하여 무조건 인용하는 것이 아니라, 다양한 자료들 중에서 자신의 관점과 의도를 적절히 살리는 자료의 부분 부분을 적재적소에서 삽입하는 기술을 잘 보여주는 글이다.

②는 부르주아 계급의 기차 여행과 하층민들의 기차여행을 '대조'하면서 보색을 대비하듯 강렬한 시각적 효과를 자아내고 있다. 독자의 머릿속에는 부르주아의 여행 방식과 하층민의 여행방식이 그림을 그린 듯 생생하게 각인되는 것이다. '묘사'와 '대조'의 방식을 적절하게 안배하면서 독자로 하여금 두 가지 상황을 한꺼번에 설명하고 있다.

또한 이 글은 풍속사적인 자료들(사실)과 감성적인 수필(의견, 정서)을 동시에 활용하면서 독자도 저자도 가보지 못한 시공간을 현장감 있게 복원해낸다. 묘사와 대조, 인용과 분석 등의 서술 방식을 익숙하게 구사하면서 독자들에게 풍속적 정보와 이론적 정보를 동시에 선물해주는 글이다.

철도로 돌아본 근대의 풍경 : 박천홍

제시문

1899년(광무 3) 9월 18일 오전 9시. '고요한 아침의 나라' 조선에 철마(鐵馬)가 길고 날카로운 일성을 토해냈다. 노량진과 제물포 사이를 가로지르는 경인철도의 첫 기적소리였다. 이 낯선 문명의 소리는 이 땅에 근대의 새벽을 알리는 소리이면서 동시에 식민지의 어둠을 예고하는 불길한 소리이기도 했다. 철마의 첫울음이 터지던 날 『독립신문』의 한 기자는 경인선 열차에 몸을 싣는다.

> 경인철도회사에서 어저께 개업예식을 거행하는데, 인천에서 화륜거(火輪車)가 떠나 삼개 건너 영등포로 와서 경성에 내외국 빈객들을 수레에 영접해 앉히고 오전 9시에 떠나 인천으로 향하는데, 화륜거 구르는 소리는 우레 같아 천지가 진동하고 기관차의 굴뚝 연기는 반공에 솟아오르더라. […] 수레 속에 앉아 영창(映窓)으로 내다보니 산천초목이 모두 활동하여 달리는 것 같고 나는 새도 미처 따르지 못하더라. 대한 이수(里數)로 팔십 리 되는 인천을 순식간에 당도하였는데, 그곳 정거장에 배포한 범절은 형형색색 황홀 찬란하여 진실로 대한사람의 눈을 놀래더라.

신문기자의 눈에 비친 기차는 찬탄과 외경의 대상이었다. 그에게 기차는 무엇보다 청각으로 압도해온다. 그때만 해도 거의 모든 동력을 자연력에 의존하던 때라, 대지를 찢을 것 같은 증기기관차 소리는 얼마나 낯설고 이질적이었겠는가. 그가 기차소리를 '우레'로 비유한

데서도 놀라움의 정도를 짐작할 수 있다. 당시 사람들에게 우레란 자연이 부리는 조화의 하나였다. 우레는 신의 진노를 일깨울 만큼 두렵고 놀라운 일이었다.

기적소리에서 촉발된 경이감은 속도에 대한 감각에 이르러 절정에 오른다. 얼마나 기차가 빨랐으면 날아다니는 새를 밀쳐버릴 정도였겠는가. 당시 사람들의 상상력에서 볼 때 '나는 새'는 대지에 속박된 인간이 도달할 수 없는 속도를 구현한 존재였다. 그런데 그것과 경쟁해서 기차가 이겨버린 것이다! 이 얼마나 경천동지할 일이었겠는가. 물론 요즘 사람들에게 당시 신문기자의 시승기는 분명 하나의 과장법일 것이다. 당시 기차의 주행속도가 고작해야 시속 20~30킬로미터 정도였으니 말이다.

노량진에서 제물포까지 80리(정확하게는 33.2킬로미터) 길을 기차는 '순식간에' 당도하지도 못했다. 자그마치 1시간 40분이나 걸렸다. 요즘이라면 서울에서 대전까지 가고도 남을 시간이었다. 하지만 개화기 시대를 현재와 수평적으로 비교하는 것은 시대착오적이다. 당시 사람들은 서울에서 인천에 가기 위해 대부분 두 발로 걸었다. 돈깨나 있는 소수의 사람들만이 가마나 말을 탈 수 있었다. 걸어서 대략 12시간 걸리던 길을 1시간 40분에 주파해버렸으니 신문기자의 놀라움이 전혀 과장은 아니었던 셈이다.

당시 경인선은 4대의 증기기관차가 객차 6량, 화차 28량을 싣고 매일 두 번 왕복 운행했다. 최초로 운행된 기차는 객차 3량을 단 350마력짜리 미국제 모걸(mogul) 탱크형이었다. 객실은 3등으로 나뉘어 있었는데, 1등 객실요금은 1원 50전으로 외국인만 이용할 수 있었다. 2등실은 80전을 내고 내국인만 탔다. 여자들은 질 낮은 3등실에서 40전을 내고 탈 수 있었다. 당시 승객의 80퍼센트는 한국인이었고, 그 가운데

80퍼센트는 3등 손님이었다.

기차가 등장함에 따라 이재(理財)에 밝은 장사꾼들이 모습을 드러냈다. 경인철도가 개통하던 날 담배를 파는 점원이 "우리 무라이(村井) 담배회사에서 가져온 히어로(Hero)를 피워보시지요." 하고 외치며 열차를 돌아다니면서 담배를 팔았다고 한다. 철도 영업으로 일약 큰돈을 거머쥔 사람도 나타났다. 제물포에서 구멍가게 약장수를 하던 이경봉(李庚鳳)이란 청년이 일본산 인단(仁丹)과 비슷한 국산 청심보명단(淸心寶明丹)을 기차에서 팔아 큰 이문을 남겼다고 전해진다.

경인선이 개통된 후 영업실적은 예상 밖으로 고전을 면치 못했다. 1899년 9월 18일부터 5일 동안 승객 수는 각각 208, 350, 323, 251, 369명으로 1일 평균 300명 선이었다. 매일 2회 객차 6량으로 운행했으니 객차마다 평균 25명 내외의 승객만을 태우고 다닌 셈이다. 적자가 쌓일 수밖에 없었다. 서민들은 여전히 대부분 걸어서 다녔다. 일반인들에게 아직 철도가 잘 알려지지 않았던 때였고, 오랜 여행관습이 하루아침에 바뀔 리가 없었다. 다만 겨울철 결빙기에만 기차를 이용하는 승객이 많을 뿐이었다. 배일감정도 철도를 멀리 하게 한 배경이 되었다. 일본자객에 의한 민비시해(1895)의 악몽이 아직도 사라지지 않고 있었다.

기찻삯도 적자운영의 한 요인이었다. 1898년 당시 서울물가와 비교해보면 한국산 1등 면포 한 필이 1원 4전으로 1등삯보다 더 쌌다. 2등요금 80전으로는 계란 100개를 살 수 있었다. 조선인들이 가장 많이 이용하던 3등삯은 닭 두 마리 값과 맞먹었다. 결코 헐한 값이 아니었다. 그 무렵 사람들은 하루 40킬로미터쯤 걷는 것은 예사였다고 한다. 당시 여인숙의 밥 한 끼 값은 5전이었다. 하루 세끼를 여관에서 먹는다고 쳐도 15전이면 족했다. 여기에 짚신 한 켤레 10전을 합해서 25전이면 경인 사이를 하루에 갈 수 있었다. 3등 기차로 가는 삯보다 15전이나 싸게 먹힌 셈이었다.

이런 철도 부진에 당황한 경인철도회사는 승객이나 화물을 유치하기 위해 혈안이 되었다. 각 역에는 집하인(集荷人)을 두고 각 화주(貨主)를 순방하게 했다. 인센티브제까지 도입했다. 종업원들이 1개월에 1만 5천 원의 수입을 올릴 경우 지배인이 성대한 연회를 베푼다는 광고까지 했다. 하지만 성과는 보잘것없었다. 현상액을 돌파한 것은 결빙기인 12월 한 달 정도에 불과했다. 급기야 1900년에는 철도 광고문까지 내기에 이르렀다. 이 광고에서 가장 힘주어 강조하는 대목은 기차의 속도와 편리성이다.

> 철도는 증기와 기계의 힘으로 여객과 화물을 장차(裝車)하여 육상을 쾌주(快走)하는 것이니, 경인철도는 즉 경성과 인천 사이 80리간에 놓은 철도요 그 빠름은 비할 것이 없다. 가령 경성에서 마포, 용산에 가고 오는 시각이 있으면 인천에 왕래함이 넉넉하고 그 비용도 불과 몇 푼이니 동대문에서 남대문까지 가마를 탈 삯이 있으면 인천에 왕복하겠다.
>
> 차 안에는 3등 구별이 있으되 유리창으로 바람을 막고 의자는 앉기에 편하고 대소변까지 별도로 방을 마련하니 객실에 타면 눈비바람은 우려할 일이 아니다. 유유히 편히 앉아서 사방 광경을 보면서 담소하는 사이에 이미 인천항에 도착한다. 고로 경성에 사는 사람이 매일 인천에 와서 일을 보며 인천에 사는 사람은 매일 경성의 관직에 나아가며 사무를 보는 것이 해롭지 않을 것이다.

(중략) 경인선 개통 무렵 철도는 웃지 못할 촌극을 연출하는 무대가 되곤 했다. 정거장이나 기찻길 옆에는 기차 탈 손님보다는 신기한

개화문물을 한번 보기 위해 나온 구경꾼들로 북적거렸다. 기차에 양복 입은 미남자가 타기라도 하면 기생들이 뒤따라 타는 일도 있었다. 당시만 해도 엽전을 사용하던 시대라 기찻삯을 지불하기 위해 엽전을 한 닢 두 닢 헤었다. 그동안 기차가 떠나면 손을 흔들고 쫓아가는 광경은 예사였다. 구한국 화폐와 일본 화폐의 가치가 차이가 있어 운임을 계산하는 데 시간을 허비하는 일도 허다했다.

한번은 이런 일도 있었다고 한다. 어느 관리가 기차시간이 가까워 오는데 갑자기 뒤가 마려웠다. 한참 일을 보고 있는데 마침 발차신호가 울렸다. 다급해진 그가 하인을 불러 호령했다. "네 얼른 가서 차 좀 머물렀다 천천히 뜨라고 해라." 이 밖에도 선로에 누워서 낮잠 자는 태평한 사람, 신기하다고 포인트를 슬쩍 돌려놓는 위험한 사람, 바위 덩어리를 들어다 놓고 기차의 위력을 시험하는 대담한 사람, 플랫폼까지 가마를 몰고 들어가겠다고 떼쓰는 어처구니없는 사람 등이 속출했다. 열차 소매치기도 이때부터 판을 치기 시작했다. 신문물이 일으킨 크고 작은 소동들이었다.

(출전 : 박천홍, 『매혹의 질주, 근대의 횡단』, 산처럼, 2003, 19-26쪽(발췌))

생각해볼 문제

한국 최초의 철도인 경인선이 운행하던 시절의 역사적 풍경을 재현한 글이다. 이 글의 장점은 일반적으로 독자가 궁금해할 만한 미시적인 사실들을 충실하게 복원하고 있다는 점이다. 『독립신문』의 기자가 쓴 기사를 통해서 당시에 기차에 탑승했던 조선인들의 놀라움을 감각적 차원에서 되살려내고 있다. 첫 번째가 우레로 대변되는 청각적인 놀라움이라면 두 번째는 기차의 속도감이다. 기차를 바라보았던 조선인들의 감각을 평면적으로 제시하지 않고 그 놀라움의 감각을 세분화해서 제시함으로써, 기차를 둘러싼 역사적 상황을 입체적으로 재구성하고 있으며 독자들에게는 마치 그 자리에 함께 있는 것과 같은 현장감을 제공하고 있다.

또한 이 글은 당시의 객실 풍경, 승차 요금, 기차역을 둘러싼 주변 풍경의 변화 등을 섬세하게 배치하고 있다. 기차에 대해서 신기해하면서도 승차인원은 많지 않았고, 여전히 여성은 3등칸에만 탈 수 있었다는 세부적인 사항들을 놓치지 않는다. 하지만 단순히 초창기 기차에 대한 에피소드에 그치지 않을 수 있었던 것은 기차가 "이 땅에 근대의 새벽을 알리는 소리이면서 동시에 식민지의 어둠을 예고하는 불길한 소리"였다는 역사적인 인식이 뒷받침되어 있기 때문이다. 과거를 지나치게 현재의 감각에 의해서 해석할 위험을 견제하기 위해서 당시 기차 요금과 생필품의 물가를 비교한 것 등은 눈여겨봐 두어야 할 글쓰기 방법 가운데 하나이다. 자료의 평면적인 제시가 아니라 상호실증적인 관련을 확보해가는 방식이 중요하다.

II. 주제를 장악하면 글은 따라온다

1. 텍스트란 무엇인가? : 롤랑 바르트
2. 기호 기의 기표 : 페르디낭 드 소쉬르
3. 종교란 무엇인가? : 정진홍
4. 18·19세기의 '이야기꾼'과 소설의 발달 : 임형택
5. '자연'이라는 번역어 : 야나부 아키라
6. 아동 문학과 이데올로기 : 장경렬
7. SF문학의 유래 : 김성곤

“

다루고자 하는 문제를 낱낱이 파악하는 것이야 말로 글을 쓰는 데 제일 중요한 부분이다. 문제를 파악하고 논점을 제기하고 근거를 제시하며 그 명증성과 타당성을 확보하는 일은 글쓴이가 얼마나 정확하고 상세히 사태를 이해하고 있느냐에 달려 있다. 결국 많이 읽고 깊이 생각하는 것이 글을 잘 쓰는 출발점이다.

”

텍스트란 무엇인가? : 롤랑 바르트

제시문

텍스트론은 불연속성, 단절, 상대성, 불확실성 등으로 특징지어지는 후기 구조주의적 사유의 산물이다. 바르트에 의하면 언어학, 인류학, 마르크스주의, 정신분석학 등의 발전에 따른 상호 학제적 연구의 결과 언어에 대한 사유의 변화—예를 들면 데리다의 경우 '기의(signifié)'는 '기표(signifiant)'와 일대일로 대응하는 게 아니라 무한히 흔들리며 지연된다—가 일어났다. 따라서 언어에 의존하는 문학에도 변화가 요구되었거니와, 텍스트론은 이 변화의 필요성으로부터 비롯된다.

바르트는 다음과 같은 몇 가지 개념에 의존하여 자신의 텍스트론을 정리하고 있다. '방법(méthode), 장르(genre), 기호(signe), 복수태(pluriel), 혈연(filiation), 독서(lecture), 즐거움(plaisir).'

① 첫째, 텍스트는 '실체(substance)'가 아니라 '방법'적 영역이다. 그러므로 텍스트와 '작품(oeuvre)'을 물리적으로 구분하고자 하는 것은 헛된 일이다. 작품은 고전적인 것이고, 텍스트는 전위적인 것이라는 말은 특히 우스꽝스러운 것이다. 왜냐하면 아무리 오래된 글이라 할지라도 거기에는 텍스트가 있을 수 있으며, 오늘날의 문학적 산물 안에서도 텍스트가 아닌 것이 있기 때문이다. 작품은 서점, 서류함, 시험 일정표 안에 보이는 것이지만, 텍스트는 증명되는 것일 뿐이다. ② 요컨대 텍스트는 단지 담론의 움직임 속에서만, 말하자면 글쓰기나 글읽기라

는 '작업' 혹은 '생산' 속에서만 체험될 수 있는 것이다. 그 결과 텍스트는 결코 도서관이나 서재 등 특정한 장소에 붙들어 매어 둘 수 없다.

③ 둘째, 텍스트는 '장르'에 구애받지 않는다. 예컨대 텍스트는 (좋은) 문학에 한정되지 않는다. 텍스트를 구성하는 것은 오직 과거의 분류에 대한 그 전복의 힘이다. 그러기에 문학 장르상 분류하기 어려운 바타이유(G. Bataille)의 전복적 글은 텍스트의 훌륭한 예가 될 수 있다. 그리고 전복적 힘을 강조하는 텍스트는 언제나 어떤 한계 체험을 내포하게 마련이다. 텍스트는 때로 언술 행위의 규칙들, 즉 읽혀질 수 있는 것의 한계에까지 나아간다. 한마디로 텍스트는 정확히 검열과 동의어라 할 수 있는 '일반 견해(doxa)'—오늘날 이 일반 견해는 대중매체의 강력한 부추김을 받고 있다—의 경계 뒤편에 위치하고자 하는 것이다.

④ 셋째, '기호'와 관련해서 볼 때, 텍스트는 '기표'의 유희로서 '기의'를 무한히 '지연'시킨다. '작품'은 고정된 기의로 닫혀 있다고 할 수 있다. 말하자면 작품에는 작가가 숨겨놓은 의미, 메시지가 있으며, 독자나 비평가의 독서는 이 메시지를 찾는 작업에 다름 아니다. 바르트에 따르면 작품의 기의에는 두 가지 의미 작용의 양상이 부여될 수 있다. 첫째, 기의를 명백한 것으로 간주하는 것으로서, 이때 작품은 문헌학의 대상이 된다. 둘째, 기의를 우리가 찾아내야 할 은밀하고 최종적인 것으로 간주하는 것으로서, 이때 작품은 해석학의 대상이 된다. 요컨대 작품은 문명의 제도적 범주를 나타내는 하나의 일반적 기호처럼 작용하는 것이다.

이와 반대로 '텍스트'는 기의의 무한한 후퇴, 지연을 실천한다. 텍스트의 독서는 고정된 의미 혹은 의미들을 찾아내는 과정이 아니다. 독자는 매번 다른 의미를 찾을 수도 있고, 심지어 의미 같은 것에 개의치 않을 수도 있다. 텍스트에서 문제는 언제나 기표다. 독자는 마치 산책자가 정원 속의 꽃을 즐기듯 텍스트 속의 기표를 즐긴다. 꽃이 무엇을 의미하는가는 기실 산책자의 제일의적 관심사가 아니다. 환언하면 텍스트를 지배하는 논리는 언제나 '이해'가 아니라 '환유'다. 작품은 대부분의 경우 '평범하게' 상징적—그 상징성은 곧 고갈되어 정지된다—이지만, 텍스트는 '근본적으로' 상징적이다. 텍스트는 구조화되어 있지만, 중심도 울타리도 없는 것이다.

⑤ 넷째, 텍스트는 '복수태'다. 이 말은 텍스트가 단지 여러 개의 의미를 가지고 있다는 뜻이 아니라, 의미의 복수태 자체를, 환원 불가능한 복수태, 무한한 복수태를 구현한다는 뜻이다. 텍스트는 의미가 공존하는 장소가 아니라, 의미가 통과하고 횡단하는 장소다. 그러므로 아무리 진보적인 해석이라 할지라도 그것은 결코 결정적인 것일 수 없다.

기실 텍스트의 쓰기와 읽기는 수많은 인용, 지시물, 메아리로 짜여진다. 즉 과거 혹은 현대의 문화적 언어들이 하나의 거대한 입체 음향 속에서 텍스트를 여기서 저기로 횡단한다. 한 마디로 말해 텍스트는 '상호 텍스트성'의 산물로서, 그것의 유일한 '원천'이나 '영향'을 찾는 것은 다음에서 설명할 '혈연의 신화'의 충족으로 귀결될 뿐이다.

⑥ 다섯째, 텍스트는 '혈연'과 무관하다. 한편 '작품'은 혈연의 과정에 연루되어 있는데, 그것은 작품에 대한 역사의 한정, 작품들 사이의 연계, 작품의 저자로의 귀속을 전제로 한다. 저자는 작품의 아버지이자 소유주인 것이다. 따라서 비평은 저자의 공공연한 의도를 존중할 것을 가르치며, 작품을 연구하기 위해 저자의 생애를 끊임없이 참조하게 된다.

다른 한편, '텍스트'는 선행하는 글쓰기들의 모방일 뿐이다. 따라서 텍스트는 아버지의 고려 없이도, 즉 저자의 의도를 몰라도 읽힌다. 텍스트는 저자의 손을 떠나는 순간, 어떤 의미에서 더 이상 저자와 관계가 없다. 왜냐하면 텍스트는 독자에 의해 무한히 재생산·재창조될 대상이기 때문이다. 환언하면 작품은 완성된 제품(produit)으로 간주되지만, 텍스트는 계속해야 할 생산(production)으로 여겨진다. 텍스트에서 저자는 이제 '종이 위의 저자(auteur de papier)'일 뿐이다. 이를테면 독자에게 말하는 것은 종이 위에 씌어진 '나', 즉 종이 위의 언어이지, 종이 밖에 존재하는 저자가 아닌 것이다. 그러므로 어느 날 저자가 독자 앞에 나타나 "당신은 내 의도를 잘못 이해했어."라고 말하는 것은 그야말로 난센스다. 텍스트에서 오독이란 무의미한 말이다.

⑦ 여섯째, 텍스트는 '생산'의 대상이다. 흔히 '작품'은 소비의 대상이지만, '텍스트'는 유희·생산의 대상이라고 일컬어진다. 즉 작품을 '완성된 요리'에, 작품의 독서를 그 요리를 먹는 행위에 비길 수 있다면, 텍스트는 '요리의 재료'에, 텍스트의 독서는 그 한정된 재료를 가지고 고유한 맛의 요리를 만들고 음미하는 행위에 비길 수 있으리라.

바르트에 따르면 한마디로 독자는 텍스트를 가지고 이중의 유희를 한다. 그는 텍스트와 더불어 ('놀이'라는 의미에서) '유희(jouer)'하며, 그는 텍스트를 악기처럼 '연주(jouer)'한다. 오늘날 연주자는 일종의 공저자로서, 악보를 표현한다기보다는 악보를 완성하는 자다. 같은 맥락에서 독자는 텍스트의 공저자로서, 텍스트를 소비한다기보다는 텍스트를 완성하는 자다. 현대적인 텍스트나 전위적인 영화 앞에서 느끼는 '권태'는 바로 독서나 관람을 소비로 축소시키는 데서 연유하는 것이다. 그렇다면 이런 말이 가능하지 않을까. '텍스트에 관한 한, 독자는 곧 작가다.'

⑧ 일곱째, 텍스트는 '즐거움' 혹은 '즐김(jouissance)'의 대상이다. 이

명제의 의미에 대해서는 세 번째 항목 '즐거움과 즐김'에서 자세히 다룰 것이다. 간단히 말하자면 즐거움은 우리가 발자크, 스탕달, 플로베르 등 잘 읽히는 고전 작품을 대할 때 느끼는 기쁨 같은 것이라고 할 수 있다. 그런 작품의 독서는 우리에게 삶의 의미나 영원한 철학, 유익한 지식 같은 것을 제공한다. 즉 그것은 자아의 강화와 관련된다. 그러나 잘 읽힌다는 것은 결국 '소비'의 즐거움으로 귀결되는데, 왜냐하면 저자들이 제조해놓은 고정된 의미를 '읽을 수 있다'는 것은 오늘날 독자들이 그 작품을 '재생산할 수 없다'는 것을 뜻하기 때문이다.

이에 비해 현대의 전위적인 텍스트는 즐김에, 말하자면 글쓰기와 글읽기 사이의 분리가 없는 즐거움에 연결된다. 텍스트를 즐긴다는 것은 텍스트를 재생산한다는 것과 같다. 독자는 텍스트 속에 자신의 주체를, 자아를 쉼 없이 비워낸다. 그러므로 즐김은 자아의 강화보다는 자아의 상실과 관련되며, '즐김의 텍스트'는 때로 독자를 즐겁게 하기는커녕 권태롭게 할 수도, 불쾌하게 할 수도 있다. 즐김에서 중요한 것은 언어의 투명성이다. 독자가 즐기는 것은 언어의 의미가 아니라 사물처럼 존재하는 바로 그 투명한 언어 자체인 것이다.

위의 일곱 개의 개념은 텍스트론의 이해를 매우 효율적으로 돕는 것으로 보인다. 그러나 이 개념들이 텍스트론의 마디마디를 다 구성하는 것은 아니다. 그 까닭은 텍스트론 자체가 몇 가지 메타언어의 나열로 충족될 수 없기 때문이다. 메타언어의 파괴, 혹은 적어도 메타언어를 의문시하는 것이 바로 텍스트론의 일부를 이룬다. 텍스트는 어떤 언술 행위의 주체도 심판, 분석자, 해독자, 즉 비평가의 입장에 두지 않는 그런 문학적 공간이다. 바르트에 따르면 텍스트론은 다만 글쓰기의 실천과 더불어서만 성립될 수 있고 이해될 수 있다. ⑨ 요컨대 텍스트론은 글쓰기와 글읽기 사이의 거리감을 파기하거나 적어도 축소시키는 방향으로 진행되고 있다. 독자를 작가로 만드는 것, 그것이 야말로 바르트가 지향하는 문학의 유토피아인 것이다.

(출전: 롤랑 바르트, 모리스 나도 대담, 『문학은 어디로 가고 있는가?』, 유기환 옮김, 강, 1998, 69-76쪽)

생각해볼 문제

이 글은 글 전체가 매우 정교한 구성미와 형식미를 갖추고 있을 뿐만 아니라, 그 자체로 충분한 '글쓰기론'이 될 수 있는 사례다. 우선 ①, ③, ④, ⑤, ⑥, ⑦, ⑧은 '첫째, 둘째, 셋째'라는 서수의 형식으로 제시되어 있는데, 이러한 방법은 글쓰기의 목적을 일목요연하게 보여줄 수 있는 효과적인 '열거'의 구성이라 할 수 있다. 긴 내용이나 복잡한 대상을 가장 효율적이면서도 이해하기 쉽게 설명할 수 있는 방법이 이러한 열거의 방식이다. 물론 이러한 열거가 가능하려면 글 쓰는 이가 주제나 대상에 대해서 완벽하게 장악하고 있어야 한다. 주제나 대상에 대한 부분적인 지식으로는 결코 이러한 분석적이면서도 종합적인 열거에 이를 수 없기 때문이다.

②와 ⑨는 '요컨대'라는 접속사를 매우 효율적으로 사용한 예에 해당한다. 글의 내용이 길어질 때, 독자에게 지금까지 설명한 내용을 정확하게 각인시키고 싶을 때, 이러한 '요약'의 글쓰기 방식을 사용할 수 있을 것이다. '요컨대'라는 접속사는 독자의 이목을 끌어당기면서 글의 내용을 요약적으로 제시하는 유용한 기능을 맡고 있다. ⑦은 '작품'과 '텍스트'의 차이를 '대조'의 방식으로 설명함으로써 글의 주제를 보다 선명하게 부각시키고 있는 부분이다. 어떤 대상에 관한 정의를 단순히 사전적으로 제시하는 것보다는 그와 비슷한 대상끼리 비교하거나 그와 전혀 다른 대상과 대조하는 것이 효과적일 때가 있다. 또한

대상에 대해 논리적으로 길게 설명하는 것보다는 압축적인 '비유'를 통해 독자의 두뇌에서 재빨리 연상 작용을 일으킴으로써 이해를 돕는 방법도 좋은 글쓰기 전략이다. ⑦은 '작품'을 '완성된 요리'에 비유하고, '독서'를 '먹는 행위'에 비유함으로써, 그리고 '텍스트'를 '요리의 재료'에 비유함으로써 '텍스트'라는 자신의 주요 테마를 적절하게 설명해내고 있다.

기호 기의 기표 : 페르디낭 드 소쉬르

제시문

어떤 사람들에 있어서는 언어가 그 기본 원칙에 있어 하나의 어휘집, 달리 말하면 사물의 수만큼에 해당하는 용어들의 목록이다. 가령 오른편 도표에서처럼 이러한 견해는 여러 관점에서 비판할 수 있다. 즉, 그것은 낱말들에 선행하여 존재하는 기성관념들을 전제하고 있다. 명칭이라는 것의 성격이 음성적인지 심리적인지를 밝혀 주지 못하고 있는데, 그 이유는 가령 arbor라는 명칭이 이 양자 중 어느 면으로도 고찰될 수 있기 때문이다. 마지막으로, 한 사물에 한 명칭을 결합시키는 관계가 지극히 단순한 작용에 불과하다는 것을 암시해 주고 있는데, 이는 전혀 옳다고 볼 수 없다. 그럼에도 불구하고 이러한 단순한 관점이 진리에 접근할 수 있게 해주는바, 그것은 언어 단위가 두 요소의 접합으로 형성된 사물임을 보여 주기 때문이다.

우리는 p.23에서 話言의 순환에 관하여 이야기할 때, 언어 기호에 내포된 두 요소는 모두 정신적이며, 우리들의 뇌 속에서 연합 관계에 의해 결합되어 있다는 것을 이미 보았다. 바로 이 점에 중점을 두어 고찰하기로 하자.

언어 기호가 결합시키는 것은 한 사물과 한 명칭이 아니라, 하나의 개념과 하나의 청각 영상이다. 이 청각 영상이란 순전히 물리적 사물인 실체적 소리가 아니라, 그 소리의 정신적 흔적, 즉 감각이 우리에게 증언해주는 소리의 재현이다. 따라서 청각 영상은 감각적이며, 우리가 〈실체적〉이라고 규정한다 할지라도 이는 바로 위와 같은 의미에서

이고, 또한 연합의 다른 한 요소, 즉 일반적으로 보다 추상적인 개념에 대립하여 규정한 것에 불과하다.

청각 영상의 정신적 특성은 우리 스스로의 언어활동을 관찰해 보면 자명하게 드러난다. 입술이나 혀를 전혀 움직이지 않고서도 우리는 우리 자신에게 말하거나 시구 한 구절을 마음속으로 암송할 수도 있다. 우리에게는 언어를 이루는 낱말들이 청각 영상이기 때문에, 그 낱말들의 구성 요소인 〈음소〉라는 말을 쓰면 안 된다. 이 음소라는 용어는 음성 작용이라는 관념을 내포하고 있으므로, 단지 발화된 낱말 또는 담화를 통한 내적 영상의 실현에나 적합할 뿐이다. 한 낱말의 소리와 음절이란 말을 씀으로써 그러한 오해는 해소될 수 있다. 물론 이때 청각 영상이 문제되고 있다는 것을 잊지 말아야 한다.

따라서 언어 기호는 양면을 지닌 일종의 정신적 실체로서 왼쪽과 같은 도형으로 표현 가능하다.

이 두 요소는 밀접하게 결합되어 있으며, 상호 전제한다. 우리가 만약 라틴어 낱말 arbor의 뜻을 알려 하거나 라틴어에서 〈나무〉라는 개념을 지칭하는 낱말을 알고자 할 때, 언어에 의해 인정된 접합들만이 실상에 적합한 것으로 나타난다는 것은 자명하다. 따라서 상상 가능한 다른 어떤 접합도 배제된다.

이러한 규정은 매우 중요한 용어상의 문제를 제기한다. 우리는 개념과 청각 영상의 결합을 기호라고 부른다. 그러나 일상 용법에서는 이 용어가 일반적으로 청각 영상—가령 하나의 낱말(arbor 등)—만을 지칭한다. arbor를 기호라고 부르는 것은, 단지 이 낱말이 〈나무〉라는 개념을 지니고 있어, 그 결과 감각 부분의 관념이 전체의 관념을 내포하고 있기 때문이라는 것을 망각하고 있는 것이다.

이제, 서로 대립되면서도 서로 전제하는 용어들을 가지고 지금 여기에서 문제되는 세 개념들을 지칭하게 된다면 모호성은 사라질 수 있을 것이다. ① 그래서 우리는 그 전체를 지칭하는 데 기호(signe)라는 낱말을 그대로 사용하고 개념과 청각 영상에는 각각 기의(signifié)와 기표(signifiant)를 대체 사용할 것을 제안한다. 후자의 두 용어는, 때로는 양자를 구분하고 때로는 전체와 이들을 구분하는 대립성을 나타내 주는 이점이 있다. 한편 기호에 대해서 우리가 이 용어 자체로 만족하는 이유는, 일상 언어가 다른 어떤 용어도 암시해 주지 않는 만큼 무슨 용어를 써서 그것에 대체하여야 할지 난감하기 때문이다.

이렇게 정의된 언어 기호는 두 가지 근원적 특성을 지닌다. 이 두 가지 특성을 기술하면서 우리는 이런 모든 연구의 원칙 자체를 제시하고자 한다.

기표를 기의에 결합시키는 관계는 자의적이다. 또는 좀 더 간략히 언어 기호는 자의적이라고 말할 수 있는바, 그 이유는 우리가 기호를 기표와 기의의 연합에서 비롯되는 전체라는 의미로 사용하기 때문이다.

가령 〈soeur : 누이〉라는 개념은 그것의 기표 구실을 하는 s-ö-r라는 일련의 소리들과는 아무런 내적 관계도 맺고 있지 않다. 그 개념은 다른 어떤 소리에 의해서도 똑같이 표현될 수 있을 것이며, 그 증거로 언어들 사이의 차이점과 서로 다른 언어들의 존재 그 자체를 들 수 있다. 한 가지 실례를 들자면, 〈boeuf : 황소〉라는 기의가 국경선 한쪽에서는 b-ö-f를 기표로 갖는 반면에 다른 한쪽에서는 o-k-s(Cchs)를 그 기표로 갖는다.

기호의 자의성이라는 원칙은 이론의 여지가 없다. 그러나 어떤 진리를 발견하는 일이 그 진리의 진정한 위치를 정해주는 일보다 종종 더 용이하다. 위에서 말한 원칙은 언어의 언어학(linguistique de la langue) 전반을 지배한다. 그 원칙의 결과는 무수히 많다. 이들 결과가 모두 똑같이 명료하게 대뜸 드러나지는 않는다는 것은 사실이다. 이들 결과와 동시에 그 원칙의 근원적 중요성은 갖은 우회적 수단을 거친 후에야 드러난다.

한 가지 지적하고 넘어가자. 기호학이 하나의 학문으로 정립되는 날, 기호학은 순전히 자연적인 기호들에 의존하는 표현 양식들—무언극과 같은—이 과연 당연히 기호학의 분야인가 하는 점을 자문하게 될 것이다. 설령 기호학이 그러한 표현들을 자신의 분야로 취한다 할지라도, 기호학의 주된 대상은 여전히 기호의 자의성에 입각한 각종 체계의 총체인 것이다. 사실상 한 사회에 채택된 표현 수단 전반은 원칙적으로 집단적 습관에 토대를 두고 있다. 즉, 같은 말이 되겠지만 일종의 규약에 의존한다. 가령 일종의 자연적인 표현성을 흔히 가진 예절 기호들도 (황제에 절할 때 아홉 번 땅에 무릎을 꿇는 중국인들처럼), 역시 어떤 규칙에 의해 정립되어 있는 것이다. 이러한 기호들을 사용하도록 강요하는 것은 바로 그 규칙이지, 기호들에 내재하는 가치가 아니다. 따라서 완전히 자의적인 기호들이야말로 다른 기호들보다 기호학적 방식의 이상을 더 잘 실현하며, 바로 이러한 연유로 표현 체계 중 가장 복잡하고 가장 널리 보급된 언어는 모든 체계 중 가장 특징적인 것이다. 이러한 의미에서, 비록 언어는 하나의 특수한 체계에 불과하지만, 언어학은 기호학 전반의 일반적 모형이 될 수 있다.

언어 기호, 좀 더 정확히 말하자면 우리가 기표라고 부르는 것을 지칭하는 데 상징(symbole)이라는 낱말이 쓰여 왔다. 이것은 인정하기 곤란한데, 그 이유는 바로 우리가 규정한 제1원칙 때문이다. 상징은 결코 완전히 자의적이지는 않다는 점을 그 특성으로 한다. 즉, 상징은 비어 있지 않은바, 기표와 기의 간에 얼마간의 자연적 결합이 있다. 정의의 상징인 저울은 아무것으로나, 가령 마차 따위로 대체할 수 없을 것이다.

② 자의적(arbitraire)이라는 낱말 또한 언급을 요한다. 이 말은 기표가 화자의 자유로운 선택에 의존한다는 의미로 이해되어서는 안 된다(개인에게는, 한 언어 집단속에 일단 정립된 기호를 바꿀 수 있는 힘이 없다는 것을 나중에 보게 될 것이다). 우리가 지적하고자 하는 것은, 기표가 無緣的(immotivé)이라고 하는 점, 즉 기의에 대해 자의적이며, 기의와는 현실 속에서 아무런 자연적 관계도 없다는 점이다.

이 제1원칙의 설정에 예상될 수 있는 두 가지 반론을 고찰함으로써 마무리를 짓기로 하자.

1. 의성어에 근거하여, 기표의 선택이 항상 자의적이지는 않다고 말할 수 있을 것이다. 그러나 이들 의성어는 언어 체계의 조직 요소들이 결코 아니다. 더군다나 이들 의성어의 수효는 흔히 생각하는 것보다 훨씬 적다. fouet(채찍)이나 glas(弔鍾) 같은 낱말은 무엇인가를 상기시키는 음향으로 어떤 사람들을 자극할 수 있다. 그러나 이들 낱말이 처음부터 그러한 특성을 지니고 있지 않다는 것은, 이들 낱말의 라틴어 형태로 거슬러 올라가기만 해도 충분히 알 수 있다(fouet는 fāgus〈너도밤나무〉에서 파생했고, glas=classicum). 이들이 현재 지니는 소리의 성질, 또는 이들 소리에 대해 사람들이 추정하고 있는 성질은 음성 진화의 우연한 결과이다.

진정한 의미에서의 의성어(glou-glou, tic-tac 등등)는 그 수효가 극소수일 뿐만 아니라, 그 선택도 이미 어느 정도 자의적인바, 이는 이들이 어떤 소리들을 비슷하게, 그러니까 벌써 반쯤은 규약에 따라 모방한 것에 지나지 않기 때문이다(불어 ouaoua와 독어 wauwau를 비교해 보라). 게다가 이들 의성어도 일단 언어에 도입되면, 정도의 차이는 있지만, 다른 낱말들과 마찬가지로 음성적, 형태적 등의 진화에 휩쓸리게 된다(참조. pigeon, 그 자체 의성어에서 파생된 라틴 속어 pīpiō에서 유래). 이는 이들 의성어가 그 원래의 특성을 얼마간 상실하여, 그 결과 무연적(無緣的)인 일반적 언어 기호의 특성을 다시 띠게 되었다는 뚜렷한 증거이다.

2. 의성어와 매우 비슷한 양상을 지닌 감탄사에 대해서도 유사한 언급을 해야 하는데, 이들이 우리의 논지에 더 큰 위협이 되지는 못한다. 이들 감탄사는 현실의 자발적인 표현, 말하자면 자연이 구술해 주는 표현으로 생각하게 된다. 그러나 대부분의 감탄사에 있어서 기의와 기표 간에 필연적인 관계가 있다는 것은 부인할 수 있다. 이 점에 관해서 두 가지 언어를 비교하기만 해도 이들 표현이 언어마다 얼마나 다른지 알 수 있다(가령 불어 aïe!에 해당하는 독일어 감탄사는 au!이다). 더군다나 많은 감탄사들이 원래는 특정한 의미가 있는 낱말이었다는 것은 다 알고 있는 사실이다(참조. diable! mordieu! =mort Dieu 등).

요컨대, 의성어와 감탄사는 부차적 중요성밖에 없으며, 그 상징적 기원은 부분적으로 의심스럽다.

(출전: 페르디낭 드 소쉬르, 『일반언어학강의』, 최승언 역, 민음사, 1990, 83-88쪽)

생각해볼 문제

①은 저자가 기존에는 쓰이지 않던 새로운 개념을 '창조'함으로써 기존의 인식론적 편견과 한계를 극복하는 모습을 보여주고 있다. 독자에게 새로운 인식의 지평을 보여주기 위해서는 때로는 '신조어'가 필요할 때가 있다. 그것은 자신이 창조한 말이어도 좋고, 원래 있는

말을 기존과는 전혀 다른 맥락에서 재정의하는 방법이어도 좋다. ①은 크게 두 가지의 문장으로 다시 서술할 수 있다; 1) 기호라는 말을 계속해서 사용하지만 그 의미는 종전과 확연하게 구별되며 2) 기호는 청각적 이미지인 기표와 개념에 해당하는 기의의 결합이다. 따라서 소쉬르는 기호를 언어 외부의 사물을 지시하는 수단으로 보았던 종전의 관점을 거부하고, 그 대신에 새로운 기호 개념을 통해서 언어의 내부적 체계에 주목하여야 함을 주장하고 있는 셈이다.

②는 독자들이 텍스트의 주장을 오독하는 것을 최대한 방지하기 위해 텍스트의 의미를 '한정'하는 효과를 겨냥하고 있다. 즉 텍스트로 인해 발생할 수 있는 오해의 여지를 글쓰기 과정 자체에서부터 방지하는 글쓰기를 보여주고 있는 것이다; "이 말은 기표가 화자의 자유로운 선택에 의존한다는 의미로 이해되어서는 안 된다". 달리 말하면, "나의 글에서 독자가 가장 이해하기 어려운 부분과 오해를 불러일으키기 쉬운 지점은 어디일까"와 같은 물음을 던지면서 진행되는 글쓰기인 것이다. 글쓰기는 당연히 글쓰는 사람의 자기표현이다. 하지만 어떠한 글쓰기도 독자라는 타자와의 관계 없이는 씌어질 수 없다.

종교란 무엇인가? : 정진홍

제시문

엘리아데는 종교라고 일컬어진 문화가 바로 이 일상과 비일상의 틈새에서 빚어진 삶의 경험을 드러낸 현상이라고 이해합니다. 따라서 그에 의하면 종교를 논의하기 위해서는 도대체 인간의 경험이 삶을 어떻게 안고 펼쳐지기에 종교라는 현상이 문화를 기술하는 하나의 범주로 그려지고 있는가 하는 것을 살펴보아야 한다고 말합니다. ① **특정 종교의 교의나 제의나 공동체의 구조를 살피는 것만으로는 충분하지 않습니다. 따라서 이러한 문제의식은 아예 물음 자체를 달리하지 않으면 아니 됩니다. '무엇이 종교인가?'가 아니라 '사람들은 무엇을 종교라 하는가?' 하는 것이 엘리아데의 물음이라고 하는 주장은 바로 이러한 이해에서 말미암은 것입니다.**

이렇게 물음이 바뀌면 그 물음이 묻는 사물을 서술하는 범주도 달라지지 않을 수 없습니다. '종교'와 '종교 아닌 것'이라든지 '개개 종교'라든지 하는 것이 '종교를 서술하는 범주'일 수는 없게 됩니다. 삶 자체가 어떻게 구조화되어 있기에 종교라는 독특한 현상이 인간의 삶 안에서 묘사될 수 있는지를 밝힐 수 있는 '삶 자체에 대한 서술범주'를 새롭게 마련하지 않으면 안 됩니다. '나무를 나무로' 승인하면서도 그것이 '나무이되 나무이지 않다'고 일컬어질 수 있는 경험을 서술할 수 있는 범주가 만들어져야 하는 것입니다. 그런데 앞의 나무를 우리가 늘 겪는 나무, 곧 일상성의 범주에 드는 나무라고 한다면 뒤의 나무는 부닥쳐 지녀지는 독특한 경험에서만 드러나는 나무, 곧 비일상성의 범주에 드는 나무입니다. 엘리아데는 전자를 '속(俗 profane)'의 범주로, 그리고 후자를 '성(聖 sacred)'의 범주로 나눕니다. 인간의 삶이 드러나는 현상을, 그 표상이 어떤 것이든, 그 두 범주로 재구성하고 있는 것입니다.

왜 하필이면 '성과 속'으로 그 새로운 범주를 명명했는가 하는 것은 논의의 여지가 있습니다. 왜냐하면 관행적으로 종교를 거룩한 것으로 여겨온 전통이나 기존의 종교담론이 전승되고 있기 때문입니다.

비록 시대나 지역에 따라 다양한 편차를 보여주고 있음에도 불구하고 성을 '선험적인 실재'로 여기는 태도는 인류의 역사를 통해 뚜렷한 문화로 전승되고 있습니다. 현존하는 개개 종교들의 자기주장의 논의들을 살펴보면 그러한 사실이 확연하게 드러납니다. 거룩함 또는 거룩한 실재와 직면하는 반응이 종교라고 설명할 수 있을 정도로 성은 분명한 실재로 전제되고 있는 것입니다. 따라서 그것이 인격적인 것이든 그렇지 않은 것이든, 각 종교의 교의적 설명이 그 실재를 어떻게 묘사하든, 근원적으로 종교를 낳는 경험들은 '거룩함과의 조우'라고 개념화할 수 있는 어떤 구조를 내장하고 있다는 인식이 보편화되어 있습니다. 모든 종교들은 그러한 거룩한 실재가 현실 속에서 삶의 주체들과 만나 드러나는 것이라고 설명합니다. 그러므로 성은 참으로 있는 것이고 성이 아닌 것은 실재성을 끝내 확보하지 못한다고 주장합니다. 성만이 인간의 '곤경'에 대한 해답이기 때문입니다.

종교를 '설명'하려는 논의에서도 '성'은 종교를 특징짓는 기본적인 개념으로 전제되곤 하였습니다. 오토(R. Otto)나 뒤르켐(E. Durkheim) 등이 그러합니다. 전자는 합리적인 것과 대칭되는 비합리적인 정감적(情感的) 반응으로서의 의식이 낳은 실재로, 후자는 공동체의 유기적 현존을 위하여 요청되는 보편적 규범을 마련하는 필연적 당위로서의 실재로 '성'을 논의하고 있습니다. 따라서 이 경우, 성과 속은 별개의 실재로 기술되고 있습니다. 속은 삶의 현실 자체이며 성은 속을 완성하기 위해 요청된 또 다른 현실이라고 주장하고 있는 것입니다. 그러므로 성과 속은 대칭적인 긴장을 유지하면서 두 개의 실재로 있습니다.

그러나 엘리아데가 주장하는 '성'의 개념은 다릅니다. 두 가지 점에서 그 다름을 지적할 수 있습니다. 하나는 그의 성은 '본질'이 아니라 '현상'을 지칭하는 것이라는 사실입니다. 그가 일컫는 성은 본질에 대한 탐구가 요청하는 형이상학적인 전제나 귀결도 아니고, 사물의 실재성을 확인하기 위하여 경험적인 탐구가 도달한 어떤 실재도 아닙니다. 삶이 드러난 현상을 살펴보면 온갖 사물들이 자기를 넘어서는 다른 실재가 되어 중첩되기도 하고, 자신이 사라져도 남으리라고 짐작되는 또 다른 자기와 겹쳐 있기도 하다는 것을 적절히 담기 위한 개념인 것입니다.

그렇기 때문에, 이와 아울러 지적할 수 있는 또 다른 하나는 그것이 '서술범주'라는 사실입니다. ② 현상이 겉으로 드러난 것이라고 한다면 본질은 그 드러난 현상에 의하여 가려져 드러나지 않은 것입니다. 따라서 본질을 탐구하는 자리에서는 언제나 지금 여기에서 내가 만난 것이 '무엇'을 드러내고 있는지를 묻습니다. 그러나 엘리아데는 '그 무엇'을 기술하려 하지 않습니다. 이제까지의 종교담론들은 바로 '그 무엇'을 자명한 것으로 전제하면서 논의를 전개하였습니다. 성을 선험적인 것으로 전제하고 논의하는 본질론이 그러합니다. 그러나 엘리아데가 하고자 한 것은 '무엇을 일컬어 종교라 하는가?' 하는 물음의 맥락에서 우선 종교라고 일컬어지는 현상을 묘사하기 위한 서술범주를 마련하는 것이었습니다.

그러므로 엘리아데가 주장하는 성과 속은 '현상'에 대한 '서술범주' 입니다. 달리 말하면 그것은 본질을 지칭하고 논의하기 위한 것도 아니고, 그러한 형이상학적 이념을 구체화하는 개념도 아닙니다. 따라서 그가 주장하는 성과 속은 그것을 각기 다른 '존재론적 실재'로 여기는 것이 아닙니다. 당연히 성과 속이 '실재'에 대한 평가적 개념일 수도 없습니다. 성과 속은 하나의 현상을 '있는 그대로' 서술하기 위한 범주, 다시 말하면 종교라고 일컬어진 현상을 인식하려는 과정에서 탐구자가 의도적으로 설정한 방법론적인 범주입니다.

그러므로 엘리아데의 성과 속은 분리되거나 단절되는 것이 아닙니다. 서술적 편의 때문에 그 둘을 나누는 경우도 있습니다. 하지만 그렇다고 해서 그것이 별개의 두 실재인 것은 아닙니다. 그 둘은 실은 인간의 존재양태의 다른 두 측면입니다. 성이든 속이든 그것이 존재양태를 드러내고 있다는 사실은 다르지 않습니다. 하나의 사실을 다른 두 개의 범주를 통하여 기술하고 있는 것이기 때문입니다. 이러한 맥락에서 엘리아데는 성을 스스로 다음과 같이 규정하고 있습니다.

> 성에 대하여 우선 내릴 수 있는 정의는 그것이 속의 역(逆)이라는 것이다.

그의 이러한 진술에 의하면 성은 속을 배제하고는 기술될 수 없습니다. 성 스스로 자기 완결적인 것일 수 없는 것입니다. '속의 역'이라는 묘사를 통해 속과의 관계가 기술되는 한에서 비로소 성은 성으로서의 개념적 실재가 됩니다. 속도 다르지 않습니다. 그것은 성과 더불어 비로소 기술될 수 있는 것입니다. 성만으로 있는 성도 없고, 속만으로 있는 속도 없습니다. 성과 속이 같다는 것이 아니라 역의 관계를 이루며 하나의 사물에서 하나로 있다는 것을 언급하려는 것입니다. 바로 이러한 맥락에서 엘리아데는 앞에서 언급한 바와 같이 성과 속을 이 세상 안에 있는 '존재의 두 양태', 역사를 살아가는 인간에 의하여 상정(想定)된 '두 개의 실존적 정황'이라고 말하고 있습니다. 속이 없으면 성도 없고, 성이 없으면 속도 기술될 수 없는 것입니다.

그러므로 엘리아데가 탐구하려는 것은 성이 아닙니다. 그렇다고 해서 속을 탐색하려는 것도 아닙니다. 그가 분명하게 밝히고자 하는 것은 드러난 현상을 속에 반(反)하는 성으로 그릴 수도 있고 여전한 속으로도 그릴 수 있는 인간의 경험, 더 구체적으로 지적한다면, 종교라는 현상을 드러나게 한 삶의 구조 또는 경험의 구조 자체입니다. 되풀이해서 말한다면 성으로 드러난 현상과 속으로 머무는 현상을 아우르는 '총체적인 삶의 현상에 대한 인식'을 통하여 종교라고 일컬어진 삶을 풀이하고자 하는 것입니다. 바로 이러한 이유 때문에 그는 자신이 탐구하고자 하는 과제는 성과 속 '사이'에 있는 '역(逆)'을 예증하고 규정하는 것이라고 말합니다.

이를 좀더 부연해봅시다. 현상이란 무엇이 드러난 것입니다. 그러므로 그것은 '드러남'을 전제합니다. 그런데 드러남은 하나의 과정입니다. 그러므로 드러나게 하는 '무엇(1)'과 드러난 '무엇(2)'이 그 과정의 앞뒤에 마련되지 않으면 드러남은 있을 수 없습니다. 당연히 (2)는 (1)이 없으면 없습니다. 하지만 그렇다고 해서 (2)가 (1)에 예속되어 있는 것은 아닙니다. 논리적으로는 그러한 기술이 불가능하지 않습니다. 그러나 실제 삶 속에서는 '드러남'의 과정, 다시 말하면 (1)이 경험되는 과정은 (1)을 (1)이게 하지 않습니다. 그 과정을 겪은 (1)은 이미 (2)로 현존합니다. 하나의 사물이 스스로 자기(1)이면서 자기가 아닌 '다름'(2)을 낳는 것입니다. 따라서 그 둘은 하나이지만 둘입니다.

하지만 다시 되돌아 살펴보면 그 둘은 둘이지만 하나입니다. 그 하나가 삶의 경험 또는 인간의 실존입니다. 그러나 하나로 있지는 않습니다. 적어도 서술의 편의를 위해서라도 둘로 단절시켜 살펴야 비로소 전체 그림이 보일 만큼 그 둘은 '역의 구조'를 이루면서 하나로 있는 것입니다.

③ 따라서 성과 속은 '상반하는 것의 공존'이라고 말할 수 있습니다. 그렇지만 그러한 현상은 이상한 것도, 혼란스러운 것도, 인식의 한계가 직면한 모순도 아닙니다. '서로 어긋난 것이 하나가 되어 있는 현상'을 견디지 못하는 것은 이른바 '논리적 일관성을 잣대로 한 경우'뿐입니다. 합리적 지성의 논리 안에서만 가능한 현실입니다. 삶의 실재 안에서는 오히려 상반하는 것들이 서로 함께 있으면서도 상대방을 소멸시키지 않습니다. 역을 이루는 그 둘이 더불어 하나의 실재를 이룹니다. 그것이 우리가 겪는 직접적인 삶의 현실입니다. 그런데 사람들은 그렇다고 하는 것을 알고 있으면서도 서술의 차원에서는 서술 자체를 완성하기 위하여 이러한 사실을 간과하거나 부정하고 있습니다. 그렇다면 실존은 그것 자체가 '역의 합일(coincidentia oppositorum)'입니다. 엘리아데는 성과 속의 현실성을 이렇게 서술합니다. 삶의 홑겹이 아니라 두 겹인 것입니다. 성과 속을 두 개의 다른 실재인 양 서술의 편의를 위해 기술할 수밖에 없지만 그 둘이 결국 현상을 묘사하는 서술범주라는 것을 밝히면서 마침내 역의 합일이라는 구조 안에 그 둘을 되담는 일련의 과정을 그는 '성과 속의 변증법'이라고 명명합니다. '성은 속의 역'이라는 그의 주장은 이에 이르러 완성됩니다.

(출전: 정진홍, 『M. 엘리아데—종교와 신화』, 살림, 2003, 20-27쪽)

생각해볼 문제

이 글은 강연의 형식으로 씌어진 글이다. 모든 글을 '이다'나 '하다'형의 문어체적 평서형으로 끝낼 필요는 없다. 오히려 강한 주장일수록 유연한 문체 속에서 빛을 발할 때가 있다. 이 글은 비록 진짜 연설로 현장에서 발화된 글은 아니지만, 글이라는 문자적 형식 자체에서 연설의 형식을 차용함으로써 저자에 대한 거리감과 부담감을 감소시키는 효과를 자아낸다. ①의 경우, 흔히 독자나 청자가 가질 수 있는 질문의 형식 자체를 바꾸어야만 제대로 된 문제 이해에 다가갈 수 있음을 보여주고 있다. 즉 통념에 대한 의심("특정 종교의 교의나 제의나 공동체의 구조를 살피는 것만으로는 충분하지 않습니다")과 그 의심을 교정하기 위한 자기 식의 문제 설정("따라서 이러한 문제의식은 아예 물음 자체를 달리하지 않으면 아니 됩니다. '무엇이 종교인가?'가 아니라 '사람들은 무엇을 종교라 하는가?' 하는 것이 엘리아데의 물음이라고 하는 주장은 바로 이러한 이해에서 말미암은 것입니다")을 보여주고 있다. 제대로 된 해답을 얻기 위해서는 제대로 된 질문을 던져야 한다는 평범한 진리를, 이 글 자체가 보여주고 있다. 즉 우리가 글을 쓸 때 '어떻게 독자에게 질문을 던질 것인가'를 고민해야 함을 보여주는 부분이라 할 수 있다.

②는 '따라서', '그러나' 등의 접속사를 적절하게 사용함으로써 글의 논리적 구성을 질서정연하게 바라볼 수 있게 해주는 글쓰기다. 철학적 글쓰기에서 특히 기본적으로 요구되는 글쓰기가 바로 논리적 글쓰기인데, 이 글의 지은이는 철학적 글쓰기 특유의 딱딱함을 벗어나기 위해 '강연체'의 어법을 구사하면서 그 내부에서는 철학 담론의 전형적 논리적 글쓰기를 동시에 사용하고 있다. '논리적 추론 능력'과 '유연한 수사학적 고민'이 동시에 요구되는 글쓰기를 보여주는 것이다.

③은 '성'과 '속'이라는 상호보완적 개념을 역설적 구조 속에서 파악하고 독자에게 설득시키는 부분이다. 이 대목에서 저자는 작은 따옴표를 적절히 활용하면서 독자가 흔히 혼동하기 쉬운 지점이나 자신이 꼭 강조하고 싶은 부분을 시각적으로 도드라지게 하고 있다. 글에서는 시각적인 효과도 중요한데 너무 빽빽하면 읽는 이의 피로도를 높일 수 있고 문단이 너무 자주 나눠지면 글쓴이의 성실성을 의심받을 수 있다. 내용단락과 의미단락의 적절한 균형과 배분을 생각해 가야 하고 긴 글일수록 문단 나누기에 철저한 전략을 짜야 할 것이다. 세심한 관심을 기울여야 한다. 가장 좋은 방법은 문단을 나눌 때 '한 단락에는 한 가지 의미를 집중적으로 담는다'는 원칙을 지키는 것이다.

18·19세기의 '이야기꾼'과 소설의 발달 : 임형택

제시문

講讀師 이야기책~소설을 청중에게 낭독하던 강독사. 조수삼(趙秀三, 1762~1847)의 「기이(紀異)」에 실려서 일찍이 우리에게 알려진 「전기수(傳奇叟)」가 그 일종이다. ① 「기이」에 소개된 '전기수'는 동대문 밖에 살던 사람으로 종루(鍾樓)에서 동대문 사이, 지금의 종로를 6일 간격으로 오르내리면서 청중에 둘러싸여 매일 소설을 구연(口演)하였다. 그가 낭송하다가 아주 긴박한 대목에서 낭송을 뚝 그치면 청중은 하회(下回)가 궁금하여 다투어 돈을 던졌으니, 이것을 '용전법(邀錢法)'이라 했다. 제일교(第一橋), 제이교(第二橋), 이현(梨峴), 교동(校洞) 입구, 대사동(大寺洞) 입구, 종루 앞 등 흥행의 일정한 장소가 있었으며, 이곳을 6일 간격으로 오르내렸다는 점에서 정기적인 흥행이었다고 보겠다. 즉 전기수는 일정한 장소에서 정기적으로 소설을 낭송하였다고 결론지을 수 있다.

이러한 전기수의 형태는 이미 연암의 열하일기에서도 언급된 바 있다. 구요동성(舊遼東城) 밖 관제묘(關帝廟)에서 많은 사람들에 둘러싸여 수호전을 구연하는 광경을 보고 연암은 마치 우리나라 항사(巷肆)에서 임장군전(林將軍傳)을 구송(口誦)하여 읽는 것과 비슷하다고 했다. 길거리뿐 아니라 점포(店鋪)에서도 전기수들이 흥행을 하였음을 알게 된다. ② 그리고 수호전의 화소와관사(火燒瓦官寺) 대목을 펼치고 앉아서 기실 서상기(西廂記)를 외고 있었으니, 이는 까막 무식인데 입에 붙어서 줄줄 외는 것이며, 이 점이 꼭 임장군전 읽는 것과 비슷하다는 것이었다. 이로 보아서 전기수의 낭독은 대본은 가지고 있으나 보고 읽어 가는 것이 아니라 입에 붙은 대로 암송(暗誦)하여 구연(口演)하는 형태이었음을 알게 된다.

서울의 시가(市街)와 점포에서 다수의 청중을 상대로 흥행을 일삼던 전기수의 형태와 함께 각 가정을 돌아다니며 소설책을 재미나게 읽어주던 형태의 강독사도 있었다.

> 이업복(李業福)은 겸인(傔人)의 부류다. ③ 아이 적부터 언문 소설책을 맵시있게 읽어서 그 소리가 노래하듯이 원망하듯이 웃는 듯이 슬픈 듯이, 가다가는 웅장하여 영걸의 형상을 나타내기도 하고, 가다가는 곱고 살살 녹아서 예쁜 계집의 자태를 짓기도 하는데, 대개 그 소설의 내용에 따라 백태를 연출하는 것이었다. 그래서 부자로 잘사는 사람들이 그를 불러다 소설을 읽히곤 했다. 어떤 서리(胥吏) 부부는 그의 재주에 반해서 업복이를 먹여 살리며 일가처럼 터놓고 지냈다.

여기 이업복이 그러하였다. 부잣집에 불려 다니며 소설책을 읽어주는 것을 업으로 살아가는 강독사다. 그를 초청하는 부유층에 패트런이 있었다. 단골이었던 위의 서리 부부가 곧 좋은 패트런이었다. 이업복과 같은 부류로서 이자상(李子常)이라는 인물이 전한다. 이자상은 총명해서 "여러 패관서(稗官書)와 기록 문자에 관계되는 것에 모두 환히 통하였지만, 빈궁해서 살아갈 형편이 못되어 더러 재상가의 문하(門下)에 출입하였는데 소설을 잘 읽는 것으로 유명했다"고 한다. 그는 빈곤을 타개키 위해 소설을 잘 읽는 재능으로 재상가에 출입하였던 것이다. 그러나 "말년에는 군문(軍門)에서 급료를 받기도 하였지만 많은 지면(知面)이 있는 집에서 기식하였다"는 것을 보아 그것이 충분히 생활의 수단이 될 만한 것은 아니었다.

이업복의 경우는 안방 출입까지 하면서 여성 앞에서 소설을 낭독할 수 있었다. 이와 같은 남자 강독사가 여성청자를 상대하는 것을 일반적인 현상으로 볼 수는 없다. 이업복은 그때 나이가 많지 않았고, 그 집이 서리층이어서 예법에 덜 구애된 것이었다. 당시에 여성 편에 소설의 독자가 많았다. 중인 서리층의 가정에서는 반드시 그렇지 않았지만 특히 사부가(士夫家)의 부녀자를 상대하는 여자 강독사가 있었던 듯하다.

> ④ 근년에 한 상놈이 십여 세 적부터 눈썹을 그리고 얼굴에 분을 바르고서 여자의 언서체(諺書體)를 배웠다. 그리고 소설을 잘 읽었는데 목소리조차 여자와 꼭 같았다. 홀연 집을 나가 부지거처가 되었다. 그리하여 그는 사부가에 출입하면서 혹은 진맥을 볼 줄 안다고도 하고 혹은 방물장수라고도 일컫고 혹은 소설을 읽어주기도 하였다.

이처럼 남자가 여장을 하고 규방에 출입하였던 것은 사부가의 부녀자들을 상대하기 위해서였다. 여성 독자의 요구에 응해서 소설을 낭독하기도 했다. 이러한 여성 측의 요구가 있었으니 어떠한 형태건 여자 강독사가 있었을 것으로 본 것이다. 그러나 강독이 전업이 아니고 의원 노릇도 하고 방물장수도 했던 것으로 보아 이 역시 충분히 직업적일 수는 없었다고 여겨진다.

소설 읽기는 판소리처럼 특별한 재능이 아니며 국문만 해독할 줄 알면 볼 수 있는 것이지만, 강독사들의 경우 보통과 달리 십분 흥행이 될 만한 낭독법(郎讀法)을 구사해야 할 것이다. 앞의 이업복에서 낭독 방법에 대한 구체적인 묘사가 있었다. 그것은 가다가는 웅장하여 영걸의 형상을 나타내기도 하고, 가다가는 곱고 살살 녹아서 예쁜 계집의 자태를 짓기도 하는데, 대개 소설의 내용에 따라 백태를 연출하는 것이었다. 소설의 내용에 부합되도록, 청각적인 효과를 고도로 발휘하는 낭독법이었다. 이리하여 소설의 낭독이 전문적이고 직업적일 수까지 있었다.

앞에서 본 강독사는 활동의 무대가 서울이라는 도시였다. 그리고 농촌에도 소설이 많이 보급되어 읽혀지고 있었다.

> 우리 금곡(金谷) 중의도 김호주(金戶主)는 언문을 잘하여 결복(結卜)을 마련하여 고담을 박람하기로 호주(戶主)를 하연 지 십여 년에 가계 부요하고 성명(聲名)이 혁혁하니 사나희 되어 비록 진서를 못하나 언문이나 잘하면 족히 일촌 중 횡행할 터이다.

요로원야화기(要路院夜話記)의 이러한 언급으로 18세기 이전부터 농촌에도 소설을 읽는 풍습이 유행했음을 확인케 된다. 그리고 국문에 능하고 고담~소설을 읽어 향곡간(鄕曲間)의 소임이라 여겨지는 호주를 하고 제법 부요하게 되었다는 유우머러스한 말에서 농촌에서는 소설을 잘 읽는 것으로 족히 행세하였음을 보는 것이다. 국문을 해독하지 못하는 많은 농촌의 잠재적인 독자들에게 환영을 받았기 때문이었다.

여기서 직업적인 강독사의 존재를 충분히 상정해볼 수 있겠는데, 필자는 이를 입증할 기록을 아직 접하지 못했다. 대신 구전이 그러했던 사정을 확신케 한다. 시골의 사랑방 같은 곳에서 목청 좋은 사람이 동네 사람들에게 둘러싸여 소설책을 읽던 것은 보기 어려운 광경이 아니었고, 또 가을 추수가 끝나고 나서부터 이듬해 정월 사이에 정기적으로 책장수가 들르는데, 마을 사람들에게 소설을 읽어주고 소설책을 팔기도 했다 한다.

(출전: 임형택, 「18·9세기 '이야기꾼'과 소설의 발달」, 『고전문학을 찾아서』, 김열규 외 편, 문학과지성사, 1976, 316-319쪽)

생각해볼 문제

①은 글의 시작부터 독자의 호기심을 불러일으키는 부분이다. '전기수'라는 낯선 용어를 아주 객관적이면서도 생동감 있게 '정의'하고 '설명'함으로써 이 분야에 문외한인 독자들에게도 쉽고 흥미롭게 다가갈 수 있도록 글을 시작하고 있다. ②는 '자료'를 통해 '분석적 결론'을 유추해내는 '추론적 서술'의 훌륭한 사례이다. 대본은 '장식용'으로 두고 이야기를 통째로 외워서 구연(口演)을 하는 이야기꾼의 모습을 통해서, 18·19세기에 활동했던 전기수의 독특한 면모가 흥미롭게 다가온다.

③은 '인용'과 '예시'가 적절하게 사용된 좋은 사례이다. 이업복이라는 인물에 대한 기록을 제시하고 설명을 덧붙임으로써, 독자는 신출귀몰한 이야기꾼의 모습을 머릿속에 저절로 그려보게 된다. 또한 주어진 사례를 적절히 활용하여 '패트런'(patron, 예술후원자)이라는 개념을 별도의 설명 없이 문맥 속에서 자연스럽게 이해할 수 있도록 한 점도 본받을 만한 대목이다. ④에는 여장을 하고 규방을 드나들었던 이야기꾼의 모습을 통해서 18·19세기 여성 독자들의 존재를 부각시키고 있는 대목이다. 단순히 여장을 한 이야기꾼도 있었다는 사실을 제시하는 차원이 아니라, 여장한 이야기꾼을 등장하게 만든 사회문화적 맥락을 제시하고 있다. 이 글이 18·19세기 소설사 및 독서문화사의 풍경을 제시할 수 있었던 것은, 고전문헌자료에 대한 실증적인 제시와 연구자의 섬세한 해석능력이 뒷받침되었기에 가능한 일이었다.

‘자연’이라는 번역어 : 야나부 아키라

제시문

지금까지 검토한 번역어들은 모두 바쿠후 말기~메이지 이후 사용되기 시작한 것으로서 번역을 위하여 새롭게 만들어진 조어들이었다.

‘자연’이란 말도 역시 근대 이후 서구어 nature의 번역어로 사용되기 시작했지만, 이것은 번역을 위해 새로 만들어진 조어는 아니었다. 한문 서적을 보더라도 예를 들어 『노자(老子)』의 오랜 용례가 있고, 일본어에서도 불교 용어 등으로 오래 전부터 사용된 말이다. 더구나 이 오래전부터 사용된 ‘자연’이란 말은 번역어 ‘자연’이 사용되기 시작한 이후에도 번역어와는 별개로 계속해서 사용되고 있다. 그래서 오늘날 ‘자연’이란 말 속에는 근대 이후 사용되기 시작한 nature의 번역어로서의 의미와 오래 전부터 일본에 전래되어 자리 잡고 있던 전통적인 의미가 공존한다. (중략)

① 다시 정리하면, 번역어 ‘자연’에는 원어 nature의 의미와 오래된 일본어 ‘자연’의 의미가 혼재되어 있을 뿐 아니라, 소위 제3의 의미라고 할 수 있는 번역어 특유의 효과까지 존재하고 있다. 좀 복잡해 보이겠지만 실례를 통해 확인해보도록 하자.

‘미’의 장에서도 소개한 바 있지만, 이와모토 요시하루와 모리 오가이의 ‘문학과 자연’ 논쟁을, 그 중심 테마인 ‘자연’을 중심으로 다시 조망해보자. (중략)

모리 오가이는 우선 ‘문학’에는 두 가지가 있다고 했다. 하나는 과학으로서의 문학, 또 하나는 미술로서의 문학이다.

> 시험 삼아 『본초강목(本草綱目)』이나 『코스모스(*Cosmos*)』를 보자. 이는 실로 '자연' 그대로 '자연'을 옮겼다 할 수 있는 것들이다. 시험 삼아 『논어(論語)』를 보자. 또 『순수이성비판(*Kritik der reinen Vernunft*)』을 보자. 이것은 결코 '자연'을 옮겼다 할 수 있는 것이 아니다. 옮긴 것은 '자연(Nature)'이 아니라 '정신(Geist)'이다. 『여학잡지』 기자는 '자연'만 알고 '정신'은 모르는가.

② 즉, 자연 그대로 자연을 옮긴다면 그것은 『본초강목』이나 『코스모스』와 같은 자연과학에 속하는 작업이 돼버린다. 이에 비해서 철학이나 문학은 '자연'과는 다른, '정신'을 옮기는 작업이라는 것이다. 여기서 모리 오가이가 말하는 '자연'이란 오늘날 '자연과학'이라고 말할 때의 '자연'이다. 즉 nature의 번역어로서의 '자연'인 것이다. nature는 당연히 객관적 존재이며 인간의 '정신'과 대립한다.

다른 한편, 이와모토 요시하루의 '자연'은 어떤 자연일까. 그가 말하는 자연은 일본의 전통적인 의미의 '자연', 쉽게 말하면 '있는 그대로'라는 의미의 자연이다. 여기서는 밖의 객관 세계와 내면의 정신세계를 구별하지 않는다. (중략)

> 가장 아름다운 미문학(美文學)은 일반적으로 자연 그대로 자연을 옮기지 않는다는 건가. 그렇다면 무엇에 의거하여 옮기는가. 사람의 이상은 자연으로부터 오며, 혹은 자연 때문에 발달한다. 사람의 취향은 자연으로 비롯되며, 혹은 자연으로부터 가르침을 받는다. 자연에 의하지 않은 제작자는 그저 교만한 문학미술자라고나 할까.

여기서 '미문학'이란 오늘날의 '문학'을 말하는 것이고, '문학미술자'

란 오늘날의 '문학자'를 말한다.

그러나 이 이와모토 요시하루의 설에는 무리가 있다. 무엇보다도 "자연이라는 것을 완전히 나투르와 같다고 봐도 좋다"고 하면서 동시에 '자연'이 "자연의 정신을 포함한다"고 말한다든가 "사람의 이상은 자연으로부터" 온다고 말하는 것은 무리다. 이와모토 요시하루가 말하는 자연이 독일어 'Natur'를 의미하는 것이라면 그 자연은 '정신'과 대립되는 자연이다. 결국 이와모토 요시하루의 '자연'에는 'Natur' 즉 nature의 의미와 일본어 '자연'의 의미가 혼재하고 있다고 해야 할 것이다. nature를 의미하는 번역어 '자연'은 '정신'을 포함하지 않지만, 전래의 일본어의 의미인 '자연'은 '정신'을 포함할 수 있기 때문이다. 이와모토 요시하루의 말에 무리와 모순이 생긴 것은 이 때문이다. (중략)

논쟁은 그 뒤로도 계속되는데, 모리 오가이의 논지가 시종일관하고 있는 것에 비해, 이와모토 요시하루의 주장은 그의 자연 개념이 그러하듯이 왔다 갔다 하는 흔적이 있다. 두 사람의 논쟁에서 일관되게 이와모토 요시하루의 '자연'은 기본적으로 일본어의 전통적인 의미였으며, 오가이의 '자연'은 nature와 같은 의미였다. 그리고 여기서 중요한 것은 그 사실을 두 사람 다 깨닫지 못했다는 것이다. 논쟁은 결국 그 어느 쪽의 승리라고도 할 수 없었는데, 그들은 사실상 서로 다른 말(글자는 같아도 내포된 의미는 다른 말)을 같은 말이라고 생각하여 싸운 것에 불과했기 때문이다.

오늘날 우리들이 사용하고 있는 '자연'이라는 말의 뜻을 사전에서 조사해보자. 『코지엔』(1976)에는 '자연'에 대해 다음과 같이 설명하고 있다.

① 저절로 그렇게 되어 있는 모양. 천연인 채 인위가 더해지지 않은 모

양.(부사적으로도 사용한다.)

② (nature 영국·프랑스) ㉮ 인공·인위로 이뤄진 문화에 대하여, 인력에 의해 변경·규정되는 일 없이 저절로 그렇게 되는 생성·전개에 의해 성립된 상태.…… ㉯ 정신에 대하여, 외적 경험 대상의 총체. 즉, 물체계와 그 여러 현상.

이 중 ①의 의미가 전래의 일본어의 의미이고, ②가 번역어 '자연'의 의미이다.

또, 한자-일본어 사전인 『다이칸와지텐』(1958)에는 '자연'에 대해 다음과 같이 설명한다.

① 인위를 더하지 않은 뜻. 천연. 본래대로. 저절로. [노자] 人法地, 地法天, 天法道, 道法自然……

『노자』의 유명한 문구인 "사람은 땅을 따르고, 땅은 하늘을 따르며, 하늘은 도를 따르고, 도는 자연을 따른다"의 '자연'이란 이 『다이칸와지텐』에 서술된 '저절로'라는 뜻이며, 『코지엔』에서 서술하고 있는 일본 전래의 '자연'의 의미와도 거의 같다.

그런데 이 일본 전래의 '자연'과 서구어 nature의 의미에는 공통점이 있다. 『코지엔』의 ①과 ②를 비교하면 알 수 있듯이, 양쪽 다 '인위'라는 것과 대립한다. 이 점에서 보면 '자연'을 nature의 번역어로 한 것은 적절했다.

그러나 이 양자의 차이에도 주목해야만 한다. 첫째로 전래의 '자연'은 인위와 대립하고 양립할 수 없다. '자연'이라는 것은 인위적이지 않다는 것이다. 한편 nature는 인위인 art, Kunst와 대립하지만 양립한다. 그렇다기보다도 상호 보완하고 있다. nature의 세계는 art의 세계와 대립하면서 보완하는 관계이다. 모리 오가이가 말하는 '문학'은 이 인위 art의 세계에 속한다. 하지만 또한 이와모토 요시하루가 말하듯이 문학의 하나의 이상은 인위를 빠져나온 '자연'의 경지이다.

이런 점에서 nature는 객체 측에 속하면서 인위와 같은 주체 측과 대립하는 데 반해, 전래의 의미의 '자연'이란 주체·객체라는 대립을 지워버린 것 같은, 말하자면 주객미분, 주객합일의 세계라고 할 수 있다.

나아가 전래의 '자연'은 부사 또는 '자연적인'과 같은 형용사로 사용되는 일이 많은데, nature는 명사로만 사용된다는 차이가 있다. 이것도 중요하다. (중략)

문학에서 쓰는 naturalism을 처음으로 '자연'이라는 말을 사용하여 일본에 소개한 것은 역시 모리 오가이였다. 그는 1889년 1월 『요미우리 신문(讀賣新聞)』 지면에 다음과 같이 서술했다.

'졸라'는 프랑스 '프로방스' 사람, 현재의 소위 자연파(내추럴리즘)

그로부터 20년 가까지 지나서 naturalism은 '자연주의'란 말로 번역되어 일본 문학을 이끄는 사상이 되고, 많은 소설을 낳았으며, 드디어 일본 문단 소설의 주류가 되었다.

일본의 '자연주의'에 대해서는 이미 많은 의견과 비판이 있었다. 특히 naturalism은 그 대표자 졸라(Zola, 1840～1902)가 '자연' 과학자 베르나르(Bernard, 1813～1878)의 『실험의학서설(*Introduction á l'étude de médecine expérimentale*, 實驗醫學序說)』의 영향을 받아서 '자연' 과학의 방법을 흉내 내어 소설을 쓰려 한 데서 생긴 말이다. 그런데도 일본의 '자연주의'는 그것을 이해하지 못했다. 혹은 오해했다. 대표적인 비판자 나카무라 미쓰오의 의견을 보도록 하자. 나카무라 미쓰오는 '자연주의' 발생기의 기수였던 다야마 가타이(田山花袋, 1871~1930, 소설가)가 "자연을 자연인 채로 쓴다"고 말한 것을 비판하여 이렇게 서술하고 있다.

> 가타이는 여기서……소재의 이상화를 배제하는 것을 구실로 하여 현실의 세계와 표현이 세계의 차이를 말살하려는 것이 분명합니다. 이러한 사술(詐術)의 도구로 쓰이고 있는 것이 자연이라는 관념입니다. 자연이 작자가 의도하기만 하면 바로 '그대로' 파악되는 것이라면, 실생활과 실생활의 표현 사이의 구별도 없어질 것이기 때문입니다.…… 가타이는 이 살아 있는 자연(모리 오가이가 말하는 실감의 세계)과 작품에 옮겨진 자연을 혼동하여 이것을 작자의 고백(혹은 실감의 토로)으로 고집스레 통일했는데, 이것은 일본 문학에 많은 혼란을 낳은 슬퍼해야 할 잘못이었다고 생각됩니다.
>
> [『말의 예술』, 고단샤(講談社), 1965]

이 비판은 앞에 서술한 모리 오가이의 이와모토 요시하루 비판을 생각나게 한다. 이와모토 요시하루가 "최대의 문학은 자연 그대로 자연을 옮길 수 있는 것이다"라고 말했다면, 다야마 가타이는 "자연을 자연인 채로 쓴다"고 했다. 그리고 모리 오가이가 "자연 그대로의 자연은 미가 아니다"라고 비판했다면, 나카무라 미쓰오는 "살아 있는 자연"과 "작품에 옮겨진 자연"을 혼동한 다야마 가타이를 비판하고 있는 것이다.

여기서 다야마 가타이의 '자연'은 이와모토 요시하루의 경우와 마찬가지로 전래된 일본어의 의미이다. 나카무라 미쓰오의 '자연'은 모리 오가이와 마찬가지로 nature의 번역어로서의 의미이다. 그리도 또 이와모토 요시하루가 "자연이라는 것을 완전히 나투르와 같다고 봐도 좋다"고 말하면서도 실은 전래된 일본어 '자연'을 생각하고 있었듯이, 다야마 가타이도 naturalism을 이야기하면서도 실은 일본적인 '자연' 주의의 잣대에 매달리고 있었다. 이와모토 요시하루가 모리 오가이의 비판 앞에 형세가 나빴듯이 다야마 가타이의 문학론은 나카무라 미쓰오의 비판을 견뎌내지 못했던 것으로 보인다. (중략)

'자연'이란 말은 nature라는 말이 일본에 오기 전에 이미 일본어로 사용되고 있었고 나름의 독특한 개념을 가지고 있었다. 그것이 또 다른 개념을 가진 nature의 번역어로 사용되었다고 하여 원래의 토속적 개념을 털어버릴 수는 없는 것이다. 학자나 지식인이 말의 의미를 어떻게 정하든, 현실에 살아 있는 말은 소수자의 정의로 좌우할 수 있는 단순한 기호가 아니다. 말의 의미는 사용하는 사람의 의식을 초월하여 존재하는 객관적 사실인 것이다.

'자연주의'가 naturalism과 동등한 의미의 말이 아니었다고 해서, 이 '자연주의'의 '자연'을 전래된 일본어의 의미 그대로였다고 할 수 있을까? 아마도 그렇지 않을 것이라고 나는 생각한다.

"자연인 채로 자연을 쓴다"는 말은 생각하면 할수록 모순된 말임을 알 수 있다. 전래되어온 '자연'이란 의식적이지 않다는 뜻인데, 이에 비해서 '쓴다'는 것은 매우 의식적인 행위이기 때문이다. '자연주의'라는 말은 한층 더 모순된 표현이다. '주의'란 굳이 주창하고 실행하는 것이니 전래된 '자연'과는 정반대가 되는 태도이기 때문이다.

결국 이러한 모순은 전래된 '자연'의 의미가 변화하고 있음을 보여주는 것이다.

다야마 가타이는 『가타이 문장이야기(花袋文話)』(1911)에서 이렇게 말한다.

자신의 내면도 역시 하나의 자연이다. 다른 우주가 자연인 것과 마찬가지로 자기 자신도 하나의 자연이다. 결국 같은 법칙과 같은 리듬이 자타를 투과하여 흐르고 있다.

당시의 다른 '자연주의'의 논객이었던 시마무라 호게쓰는 「지금의 문단과 자연주의(今の文壇と自然主義)」(1907)에서 이렇게 말한다.

사상(事象)에서 물아(物我)의 합체를 본다. 자연은 지금에 이르러 그 완벽함을 사상 안에서 전개한다. 사상은 차가운 현실 객관의 사상을 부정하고, 영혼의 눈을 떠 생명의 기회를 일깨우는 찰나의 사건이다.……
무념무상 뒤의 나의 정(情), 나의 생명은 사상과 서로 합체하여 생명을 받아 눈을 뜬 자연의 그림을 만든다. 물아융회(物我融會)하여 자연의 완벽함을 재현한다 함은 이것을 이름이다.

"자타를 투과하여 흐르고 있다"라든가 "물아융회"라는 식으로 얘기되는 '자연'은 nature가 아니라 전래된 '자연'의 의미에 뿌리를 둔 것이다. 그러나 이런 방식으로 얘기되는 '자연'은 전래된 '자연'과 전혀 같지 않다. '자연'은 '나'에 대해 대상화되어 있고 그 반대 측에 '자연'에 대립하여 존재하는 '나'가 있다.

그러나 찾아내진 '나'는 주체로서의 입장을 관철해 가는 것이 아니라, 찾아내짐과 동시에 '자타'가 하나가 되고 '융회'하고자 한다. '자타'가 대립하는 존재의 발견과 그것에 이어지는 '자타'가 하나로 돌아가는 운동, 그것이 '자타'인 것이며, 그리하여 '자연'은 다시 전래적인 의미로 회귀하는 것이다.

'자연'은 nature의 번역어가 되었다고 하여 즉시 그 안에 nature의 의미를 담게 된 것은 아니다. '자연'은 번역어가 됨으로써 우선 nature와 마찬가지 어법으로 사용되게 되었다. 논리학의 용어로 말하자면, 내포적인 의미는 원래대로이고 외연적으로는 마치 nature인 것처럼, 즉 대상 세계를 얘기하는 말처럼 다뤄졌다. 이것은 의미상으로는 모순이다. 그리하여 '자연'이라는 말의 사용자는 이번에는 그 모순을 묻어버릴 만한 의미를 찾게 된다. 이리하여 굳이 의식적으로 '자연'이고자 하면서 '자타' '융회'한다. '자연'의 의미는 이리하여 회복되고 동시에 새로운 의미를 낳는다.

(출전: 야나부 아키라(柳父章), 『번역어 성립사정』, 서혜영 옮김, 일빛, 2003, 126-135쪽(발췌))

생각해볼 문제

①은 이 글의 글쓰기 방식을 스스로 노출하고 있는 부분이다. 일종의 양괄식 구성을 암시하고 있는 것이다. 서론에서 미리 결론을 이야기하고 본론에서 결론을 다시 한 번 강조해주는 양괄식 구성은 자료조사가 풍부하고 글 자체가 길 때에 효과적으로 쓸 수 있는 글쓰기 전략이다. 문제는 서론에서 결론에 이르는 과정이다. 그 과정에서 풍부한 사례를 얼마나 적절하게 제시할 것인지, 그리고 긴 글에서 어떻게 논리적 인과 관계를 깨뜨리지 않고 글의 호흡을 이어나갈 것인가가 관건이다. 이 글은 그러한 면에서 풍부한 예시와 열거, 대조와 비교 등의 서술 방식을 사용함으로써 양괄식 구성의 모범을 보여주고 있다고 할 수 있다.

②는 인용문에 대한 충실한 해석의 모범을 보여준다고 할 수 있다. 인용문은 대부분 독자가 처음 접하기 때문에 전문가의 친절한 안내가 필요하다. 이 글에서 빈번히 쓰인 글쓰기 전략은 인용과 정의, 비교와 대조다. 이러한 글쓰기가 가능하기 위해서는 방대한 자료에 대한 명

확한 장악력과 그 자료에 대한 치밀한 분석력이 필요하다. 글쓰기 이전의 자료 수집과 분석 과정이 더욱 중요한 글인 셈이다.

아동 문학과 이데올로기 : 장경렬

제시문

1

여느 문학의 분야와 마찬가지로 아동 문학의 분야에도 작품의 풍부함에 걸맞을 만큼의 다양한 이론서들이 존재한다. 이번에 김서정 씨가 옮겨 시공주니어에서 출간한 페리 노들먼의『어린이 문학의 즐거움』은 이처럼 다양한 이론서들 가운데 하나이지만, 여타의 이론서에서 느낄 수 없는 그 무엇을 느끼게 한다는 점에서 돋보이는 책이다. 여타의 이론서에서 느낄 수 없는 그 무엇을 느끼게 하다니? 무엇보다도『어린이 문학의 즐거움』은 이 책의 번역자인 김서정 씨가 말했던 것처럼 이 책이 "근엄한 자세로 앉아서 강의하는 듯"한 분위기를 연상케 하지 않는다는 점에서 그러하다. 김서정 씨는 여기에서 한 걸음 더 나아가 "청바지 차림으로 책상에 걸터앉아 다리를 건들거리며, 콜라를 마시는 학생들과 노닥이는 분위기"를 느끼기까지 한다. 사실 필자가 느끼는 이 책의 분위기는 동화 작가 김서정 씨가 느낀 분위기와는 다소 다른 것이긴 하다. 상상력이 빈약한 필자에게는 "청바지 차림"도 "콜라"도 잘 떠오르지 않는 것이다. 그러나 이 책은 밝은 분위기의 세미나실에서 테이블을 사이에 두고 학생들과 마주 앉아 격의 없이 대화를 주고받는 교수의 모습을 떠올리게 하는 데는 부족함이 없다. 말하자면, 교수와 학생들 사이의 거리가 존재하는 않는 듯한 따뜻하고 친숙한 분위기를 연상케 한다는 점에서 이 책은 특이한 매력을 갖는 이론서이다. 바로 이 때문에 본격적으로 아동 문학을 전공하는 사람들뿐만 아니라 아동 문학에 관심이 있는 사람이라면 누구나 커다란 마음의 부담을 갖지 않은 채 접근할 수 있는 책이 바로 『어린이 문학의 즐거움』일 것이다.

이 책이 갖는 매력은 여기에서 끝나지 않는다. 노들먼은 "탐구"라는 항목을 통해 독자와 "대화를 나누는 일"에 적극적인 관심을 보이고 있거니와, 실제로 그는 이 책을 통해 독자에게 많은 질문을 던지는 동시에 그 스스로 질문에 대한 답을 제시한다. 아울러, 그는 답변을 제시하면서도 자신의 답변을 절대화하지 않는다는 점에서도 이 책의 매력은 배가되고 있다. 여기에서 자신의 답변을 절대화하지 않는다고 함은 그가 "기꺼이 반대 의견을 경청하겠다"는 태도를 갖고 있다는 뜻에서이다. 바로 이 점을 반증해 주는 것이 이 책의 주된 내용이 이제까지의 이론서가 제공하고 있는 모범 답안과 거리가 멀다는 사실이다. 특히 아동 문학과 관련하여 제기될 수 있는 이데올로기의 문제에서 그러한데, 이 문제와 관련하여 노들먼이 펼쳐 보이는 그의 논리는 새롭고 개방적이다. 다시 말해, 그의 논리 자체가 이른바 모범 답안에 대한 "반대 의견"을 기꺼이 수용한 결과임을 많은 곳에서 확인할 수 있다.

2

노들먼은 『어린이 문학의 즐거움』이 일관되게 "독자 수용 이론"과 "구조주의 접근 방법"에 근거하여 씌어진 것임을 서문에서 밝힌 바 있다. 사실 "왜 문학을 읽는가, 혹은 읽어야 하는가"라든가 "어떻게 읽어야 하는가" 등의 문제에서 시작하여 "그림책, 전래 동화, 동시들은 어린이의 상상 세계와 지적 세계에서 어떤 특별한 역할을 맡는가"와 같은 문제에 답을 하는 데 독자 수용 이론은 더할 수 없이 좋은 길잡이가 될 수 있다. 아울러, 구조주의 접근 방법은 "지식"이란 "사회적 맥락 안에서 개인의 활동에 의해 세워지는 역동적 구조"라는 관점에서 아동 문학을 조망하는 데 중요한 단서가 될 수 있다. 그러나 구조주의는 세부적 항목에서 문화적 가치와 지식의 상대성을 인정하면서도 궁극적으로는 개별 문화를 벗어난 보편적 법칙 또는 구조를 추구하고 있거니와, 바로 이 점에서 지식의 절대성을 암묵적으로 인정하고 있는 것처럼 보이는 것이 다름 아닌 구조주의이다. 바로 이 때문인지 몰라도 노들먼은 구조주의의 영역을 벗어나 피에르 마세레, 테리 이글턴, 루이 알튀세르 등 이른바 신역사주의자들에 기대어 그의 논의를 전개해 나가고 있다. 즉, 지식 형성의 과정에 역사적, 정치적 이데올로기의 역할에 대해 깊은 관심을 보이면서 노들먼은 아동 문학 역시 이와 같은 이데올로기로부터 자유로울 수 없음을 강조한다.

사실 노들먼은 아동 문학과 관련하여 일반적으로 사람들이 당연시하고 있는 기존의 가치관이나 태도에 대한 비판 작업을 곳곳에서 수행하고 있거니와, 비록 명시적인 의미에서의 이데올로기 논의라고 할 수 없을지 몰라도 이는 명백히 숨어 있는 기존 이데올로기의 역할에 대한 노들먼의 비판적 시각을 반영하는 것이라고 할 수 있다. 예컨대, 독서란 "유익함"에 앞서 "즐거움"을 위한 것이어야 한다는 관점이라든가, "어린이란 무엇을 할 수 있고 무엇을 좋아해야 하는지에 대한 일반적인 사회의 가설로부터 자유로워지고, 친숙한 문학이나 새로운 문학 할 것 없이 기꺼이 즐거움을 얻을 수 있도록 돕는 일"이 중요하다는 관점이 이를 잘 보여 주고 있다. 노들먼은 한 걸음 더 나아가, 아동 문학을 무언가 유익한 "테마나 메시지"를 찾기 위한 것으로 간주하는 경우 "모든 이야기를 비유나 우화로 받아들"이도록 할 위험을 무릅쓰는 폭이 되며, 결국 아동은 "책이 주는 더 직접적인 즐거움, 즉 언어가

주는 즐거움, 생생한 정경이 불러일으키는 즐거움, 재미있는 유형과 구조가 주는 즐거움 등등에 주의를 집중할 수 없"게 된다는 점을 힘주어 말한다.

따지고 보면, 문학이란 효용성을 위한 것인가 또는 즐거움을 위한 것인가의 문제는 호라티우스 이래 계속해서 되풀이하여 제기되어 왔던 것이다. 그러나 아동 문학에 관한 한 오늘날 논쟁거리조차 되지 않는 것처럼 여겨지고 있는 것이 이 문제일 것이다. 즉, 아동 문학의 형성에 직접 관여하는 쪽이건 그렇지 않은 쪽이건 어른들의 고정 관념이 되다시피 한 것이 아동 문학이란 효용성을 위한 것이라는 입장일 것이다. 이 같은 생각은 아동 문학에 대해 어른들이 갖고 있는 이데올로기에서 자유로운 것일 수 없음을 노들먼은 다음과 같은 말로 요약한다. "어린이 문학의 이데올로기적인 토대가 어린이에 대한 가설 안에서 세워진다는 사실은, 오늘날 독자들이 과거의 어린이 텍스트에 대해서 언급한 말을 통해 명확히 알 수 있다." 문제는 바로 그와 같은 이데올로기 또는 정치적 의미를 꿰뚫어볼 수 있는가 또는 없는가에 있다. 바로 이런 맥락에서 "나는 아동기에 대한 우리의 생각이 정치적인 내포를 갖고 있으며, 읽고 쓰는 일은 선천적이고 불가피한 정치적 행위라고 생각한다"라는 노들먼의 주장은 각별한 의미를 갖는다고 하겠다.

『어린이 문학의 즐거움』에서 아동 문학과 이데올로기의 필연적 연계 관계에 대한 노들먼의 논의가 특히 빛을 발하고 있는 부분은 물론 이 책의 제2부이다. '문화, 이데올로기, 그리고 어린이 문학'이라는 부제 아래 일련의 진지한 논의를 진행하는 과정에 노들먼은 "자기가 읽는 텍스트의 복합성을 눈치채거나 이해할 수 있는 사고방식을 갖고 있지 못하"도록 함으로써 "우리의 이데올로기적 가설은 정치적 힘을 발휘하고, 어린이들이 계속 그런 지식을 갖지 못해 우리의 지휘권 안에 머무르도록 만든다"라고 말하고 있거니와, 이는 실로 아동 문학에 대한 우리의 고정 관념 또는 우리 안에 숨어 있는 무의식적인 이데올로기를 되돌아보도록 하는 발언일 수 있다. 이와 같은 무의식적인 이데올로기에서 벗어나서 볼 때, "잠재적으로 무섭거나 위험한 책은 도서관에서 없애자고 주장"하는 "어른"의 모습을, 그리고 "선택의 자유가 있다"고 하면서도 "다만 우리가 보증하는 안전하고 제한된 목록 안에서만 그렇다"고 말하는 모순된 "어른"의 모습을 우리 자신한테서 읽을 수 있는 것이다.

그렇다면, 아동 문학 교육과 관련하여 우리가 지향해야 할 바는 무엇인가. 노들먼에 의하면, 이는 무엇보다도 "수많은 놀잇감이나 텔레비전 프로그램이나 문학 텍스트의 위험한 즐거움에 무력하게 노출되지 않을 수 있는 힘"을 아동들에게 길러 주는 것, 다시 말해 "어린이들이 더 넓은 범위의 의견을 접하고, 스스로 자신의 체험을 조심스럽게 비판적으로 생각할 수 있는 힘을 기르는 일에 도움"을 주는 것이다. 바로 이러한 독서 전략이 "어린이 문학 안에서 어린이들이 얻는 즐거움"을 통해 심화되는 상황을 노들먼은 목표로 하고 있는 것이다. 『어린이 문학의 즐거움』은 이 같은 목표에 좀 더 다가가기 위한 일종의 지침서라고 할 수 있다.

3

노들먼의 『어린이 문학의 즐거움』에 대한 김서정 씨의 번역은 충실하면서도 매끄럽다. 전체적으로 무리가 없이 잘 읽히는 것이다. 그러나 문학 비평 용어에 대한 번역에 약간의 아쉬움을 느끼게 되는데, 물론 적절한 번역어를 찾으려고 하는 노력에도 불구하고 이에 상응하는 적절한 번역어가 없기 때문이었을 것이다. 그럼에도 불구하고 한두 가지 개선의 여지가 있는 것들을 지적해 보기로 하자. 예컨대, 이 책에서 자주 사용되고 있는 용어 가운데 하나가 "implied reader"이거니와, 이를 역자는 "내포 독자"로 번역하고 있다. 노들먼의 말대로 문학 작품은 "가장 긍정적인 반응을 할 만한 독자" 또는 이상적인 독자를 은연중에 가정하고 있다는 뜻을 갖는 "implied reader"를 "내포 독자"로 번역하였을 때 의미가 선명하게 떠오르지 않는다. 이를 "암시된 독자" 또는 "함축된 독자"로 번역하면 어떨까. 마찬가지 이유에서 "gap"을 "공란"으로 번역하는 것도 어색하게 느껴진다. 이 단어는 "갈라진 틈"이라든가 "의도하지 않은 공백"을 뜻하는 말로서, "공란"으로 하는 경우 "의도하여 남겨 놓은 빈칸"을 연상케 한다는 문제점이 있다. 한편, 서양의 현란하고도 복잡다단한 문학 비평 이론에 대한 포괄적인 이해가 쉽지 않기 때문에 생긴 번역어의 문제점도 눈에 띄는데, 아마도 그 대표적인 예가 알튀세르의 용어인 "interpellation"일 것이다. 이 용어를 역자는 "요구"로 번역하고 있거니와, 이에 대한 번역은 "소환(召喚)" 또는 "호명(呼名)"이 보다 더 적절한 것이 아닐까.

다시 말하지만, 이와 같은 문제점들은 딱 들어맞는 번역어를 찾기가 쉽지 않았기 때문에 어쩔 수 없는 것이었음을 모르는 바가 아니다. 또한 전체적인 번역을 놓고 볼 때 이와 같은 문제들은 지극히 사소한 것들이다. 그럼에도 불구하고 이와 유사한 용어 번역의 문제들에 좀 더 유념하는 경우 『어린이 문학의 즐거움』을 읽는 독자들의 즐거움은 더욱 더 배가될 수 있지 않을까. 문맥이 제대로 통하지 않는 이론서 번역이 너무도 자주 눈에 띄는 번역 출판계에서 『어린이 문학의 즐거움』은 내용 면에서뿐만 아니라 번역 면에서도 물론 돋보이는 책이다. 바로 이 때문에 사소한 문제점이나마 짚어 보고자 하였던 것이다.

(출전: 장경렬, 「아동 문학과 이데올로기」,
『서평문화』 42집, 한국간행물윤리위원회 편, 2001, 42-49쪽)

생각해볼 문제

이 글은 서평의 모범적인 예를 보여주고 있다. 글을 따라가면서 읽다 보면 망원경과 현미경을 번갈아 사용하는 과학자의 모습이 떠오르기도 하고, 투시도법(원근법)이 빈틈없이 적용된 그림이 저절로 연상되기도 한다. 서평자가 멀찍이 물러나서 책을 조망하는가 하면, 매우 꼼꼼하게 저자의 주장을 읽어나가고 있기 때문일 것이다.

1장은 책의 전체적인 분위기를 제시하고 있다. 그 어떤 권위의식도 배제한 상태에서 어린이 문학에 대해 소탈하면서도 비판적으로 언급하고 있는 책이라는 소개 글이 주어져 있다. 하지만 이와 같은 분위기 제시가 단순히 책에 대한 개략적인 소묘에 그치는 것은 아니다. 노들먼이 말하는(글 쓰는) 방식이 어린이 문학 내부에서 어린이 문학의 즐거움을 증진시키고자 하는 그의 문제의식과 깊숙이 연결되어 있다는 서평자의 생각이 반영된 부분이기 때문이다. 달리 말하면 어린이 문학을 둘러싸고 있는 이데올로기적 맥락에 대해서 비판적인 성찰을 수행하는 동시에 어린이 문학 고유의 기능과 즐거움을 보존하고자 하는 저자의 태도와 생각이 탈권위주의적이면서도 비판적인 글쓰기로 고스란히 이어졌다는 것이 서평자의 숨은 판단인 것이다. 서평자는 책의 핵심적인 구절들을 적절하게 인용하여 저자의 입장과 문제의식을 재구성해내고 있는데, 이러한 모습은 서평이 갖추어야 할 가장 기본적인 덕목에 해당한다. 이 글을 읽고 나서 또는 읽어가는 도중에 노들먼의 책을 찾아서 읽고 싶다는 느낌이 드는 이유도 여기에서 찾을 수 있을 것이다.

3장의 경우 번역어의 문제를 지적하고 있다. gap에 대한 설명에서는 영어에 함축되어 있는 뉘앙스를 설명하고 있기 때문에 이 책을 읽을 때 많은 도움이 될 수 있는 부분이다. 하지만 단순히 번역의 오류를 지적하고 있는 것은 결코 아니다. 번역자의 수고를 충분히 인정한 상태에서, 그리고 좀 더 좋은 아동 문학 이론서가 나타나기를 바라는 마음에서, 번역어 문제를 겸손하면서도 성실하게 제기하고 있기 때문에 서평의 품격이 오히려 두드러진다.

SF문학의 유래 : 김성곤

제시문

①흔히 근대적인 의미에서의 최초의 본격 SF소설은 메리 셸리의『프랑켄슈타인』(1818)이라고 말해진다. 그러나 SF적 요소를 갖고 있는 문학작품들을 찾아 거슬러 올라가면, 우리는 최초의 소설 형태들이 거의 다 다소간은 공상과학 소설적 요소들을 갖고 있다는 사실을 발견하고 놀라게 된다. 예컨대 대니얼 디포의『로빈슨 크루소』와 조나단 스위프트의『걸리버 여행기』그리고 세르반테스의『돈키호테』는 모두 강렬한 SF적 모티프와 구성을 가지고 있다. 굳이 소설이 아니더라도 단테의『신곡』, 괴테의『파우스트』, 그리고 셰익스피어의『템페스트』같은 세계적인 대작들 또한 SF의 기본 틀을 갖고 있다. 그렇다면 어떤 의미에서 SF적 상상력은 모든 문학작품들 속에 기본으로 들어 있는 필수 요소라고 말할 수도 있을 것이다. 물론 엄격하게 구별하자면, 그와 같은 것들은 "과학소설"이라기보다는 토도로프가 "환상적인 문학"이라고 부른 것에 더 가까울지도 모른다. 그럼에도 불구하고, SF소설에도 환상적인 요소가 중요한 역할을 한다는 것을 생각할 때, 크게 보아 그러한 것들은 모두 SF적 요소를 가진 소설이라고 부를 수도 있을 것이다. (중략)

SF문학의 원형은 이미 오래전부터 있어 왔지만 그것이 본격화된 것은 급격한 사회변화와 과학 발전이 시작된 20세기에 들어와서부터라고 볼 수 있다. 물론 정통 SF의 걸작들은 이미 19세기에 배출되고 있었다. 전술한 메리 셸리의『프랑켄슈타인』(1818)을 비롯해, 쥘 베른의

『지하여행』(1864)과 『해저 2만 리』(1870), H. G. 웰스의 『타임머신』(1895), 『모로 박사의 섬』(1896), 『투명인간』(1897), 『우주전쟁』(1898), 『달세계 최초의 인간』, 그리고 로버트 루이스 스티븐슨의 『지킬 박사와 하이드』(1886)는 모두 19세기에 나온 SF의 고전들이다. 그러나 이들의 소설은 엄격하게 말해 순수한 SF라기보다는 "과학적 로맨스(scientific romance)"에 더 가까웠다고 볼 수 있다. 사실 SF(과학소설)라는 용어가 생긴 것도, 또 SF가 하나의 독립된 장르로 인정받게 된 것도 모두 20세기에 들어서였다.

② "과학소설(science fiction)"이라는 용어는 1929년 룩셈부르크 출신의 미국인 SF작가 휴고 겐즈벡에 의해 처음 명명되었다. 그는 1926년에 "과학적 소설(scientifiction)"이라는 용어를 만들어냈다가 3년 후에 "과학소설"로 바꾸었고, 이후 그 용어가 전 세계적으로 통용되었다. 겐즈벡은 당시 『어메이징 스토리스(*The Amazing Stories*)』(1926년 창간)라는 유명한 SF잡지의 편집장이었고, 그의 공헌을 기리는 "휴고 상"은 오늘날 "네뷸러 상"과 더불어 세계에서 가장 권위있는 SF문학상 중의 하나가 되었다(역시 SF계열의 인물인 스티븐 스필버그의 연작 드라마 『어메이징 스토리스』는 바로 휴고의 잡지에서 그 이름을 빌려온 것이다).

비록 1920년대에 휴고가 "과학소설(SF)"이라는 용어를 만들어냈었고, 또 당시 수많은 SF잡지들이 생겨났음에도 불구하고, 이상하게도 SF의 대작들은 30년대에 들어서야 출간되기 시작했다. 이와 같은 현상은 순수문학주의, 귀족문화주의, 정전주의를 표방했던 모더니즘의 전성기가 대략 1900년부터 1930년대까지였다는 사실과 무관하지 않은 것으로 보인다. 20세기 중반에 나온 SF의 고전으로는 올더스 헉슬리의 『멋진 신세계』(1932), 제임스 힐튼의 『잃어버린 지평선』(1933),

그리고 조지 오웰의 『1984』(1949)를 꼽을 수 있다. 이와 같이 SF장르가 주로 영국과 프랑스에서 꽃피운 이유는, 그 두 나라가 산업혁명으로 인한 급격한 사회변화와 과학의 발달을 경험한 제국주의 국가라는 사실과 긴밀한 연관이 있다고 보여진다(우주여행이나 우주인과의 전쟁을 다룬 초기 SF문학의 형성에 "식민주의" 모티프가 일익을 담당했다는 것은 부인할 수 없는 사실이다).

그러나 20세기 중반에 접어들면서 급격한 사회변화와 테크놀로지의 발달은 유럽으로부터 미국으로 넘어오게 되고, 따라서 SF문학의 주도권 역시 미국으로 건너오게 된다. 그 결과 비평가들은 오늘날 SF문학에 관한 한 그 어느 나라도 미국의 영향으로부터 자유롭지 못하다고 말하고 있다. 미국의 경우, 1953년 샘 모스코위츠가 뉴욕시립대학에서 최초로 SF강좌를 가르친 것을 시작으로 대학 영문과의 강의가 시작되었고, 1959년에는 "미국 어문학회(MLA)"의 한 세미나에서 『미지의 예측(*Eetrapolation*)』이라는 학술저널이 창간됨으로써 SF연구는 학회가 인정하는 공식적인 학문의 한 분야로 인정받게 되었다. 그리고 1962년 마크 힐가스가 뉴욕주 콜게이트 대학에서 SF코스를 개설한 것을 계기로 SF는 교육계에 급속도로 확산되어, 1976년에는 미국의 대학들에 모두 2천 개의 SF강좌가 개설될 만큼 자리를 잡아가기 시작했다. 그와 동시에 레슬리 피들러나 로버트 스콜스 같은 영향력 있는 진보주의 비평가들과 포스트모더니즘이 SF문학을 적극 지원함에 따라 1960년대 이후 SF는 더욱 각광을 받게 되었다.

1960년대와 70년대 미국 문학을 대표하는 미국 작가 중 한 사람인 커트 보네것은 『제5 도살장』(1969)으로 미국 문단에서 인정받기 전에는 원래 싸구려 잡지에 글을 쓰던 SF작가였다. 사실 그가 쓴 작품들인 『자동 피아노』(1952), 『타이탄성의 사이렌들』(1959), 『모야(母夜)』

(1961), 『실뜨기』(1963), 『제5 도살장』(1969) 그리고 『챔피언들의 아침식사』(1973) 등은 모두 훌륭한 SF작품들이다. 보네것의 경우는 SF 문학이 사실은 얼마나 훌륭한 본격 문학이 될 수 있으며, 또 동시에 본격 문학이 얼마나 SF적인가를 잘 보여주고 있는 한 좋은 예가 된다. 그가 1959년에 발표한 『타이탄성의 사이렌들』의 등장인물인 살로는 트랄팔마도어라는 별의 우주선에 메시지를 싣고 우주의 끝으로 가던 도중, 타이탄이라는 조그만 별에 불시착하게 된다. 우주선 조종사 살로는 곧 구조 요청을 보낸 후, 트랄팔마도어로부터의 회신을 기다리면서 근처에 있는 지구라는 별을 관찰하게 된다. 그러다가 그는 지구의 역사가 사실은 트랄팔마도어가 자기에게 보내는 메시지이자, 고장난 우주선의 부속품이라는 사실을 발견하게 된다. 즉 살로는 수많은 사람들이 고민하고 고통 받다가 죽어가는 지구의 모든 역사가 사실은 보다 더 강력한 별의 커뮤니케이션 수단이었을 뿐임을 깨닫게 된다는 것이다. 더구나, 트랄팔마도어의 우주선이 싣고 가던 메시지가 별로 중요하지도 않은 겨우 "안녕!"이라는 한마디였다는 사실은 독자들을 경악하게 만든다.

바로 그 시점에서 인류 역사에 대한 보네것의 아이러니와 냉소는 그 극에 달한다. 그러나 바로 그와 같은 깨달음을 통해, 그는 인식의 한계를 초월해 더 넓고 더 깊게 사물을 바라볼 수 있는 "우주적 비전"을 독자에게 제공해주고 있다. 그리고 그와 동시에 그는 우리를 조종하고 있는 보이지 않는 거대한 힘의 존재를 인식하고 거기에 대항할 것을 제안함으로써 이 소설이 단순한 패배주의로 전락하는 것을 피한다. 이 소설에서 그 거대한 힘은, 이 모든 것을 조종하고 있는 시공을 초월한 존재인 윈스턴 나일스 럼푸드의 모습으로 나타나고 있다. 보네것은 이 작품을 통해, "인류 문명은 결국 누군가에 의해 해독되어질 어떤 메시지인가? 그렇다면 그것은 누가 누구에게 보내는 메시지인가? 그것은 완성된 메시지인가? 그리고 그 메시지를 위해 인간들은 이용당해도 좋은 것인가?"라는 역사에 대한 근본적인 질문을 던지고 있다.

> 살로는 지구에서 수많은 커뮤니케이션의 실패가 진행되고 있는 것을 보았다. 문명은 지구에서 계속 꽃필 것이고 사람들은 계속해서 수많은 건물들을 지어나갈 것이지만, 그것들은 결국 트랄팔마도어 언어로 쓰인 메시지에 불과할 것이었다. 그리고 그 문명은 메시지가 완성되기도 전에 고갈되어버릴 것이었다.

결국 보네것은 이 소설을 통해 과학의 발전, 문명의 발달, 또는 역사의 진보뿐만 아니라, 더 나아가 SF문학 그 자체까지도 강력하게 패러디함으로써 포스트모더니스트다운 태도와 면모를 보여주고 있다.

한편, 윌리엄 버러스는 『초라한 점심』(1964)을 통해 본격 문학 속에서의 SF적 비전의 한 가능성을 보여준 작가였다. 국내에서도 번역 출판된 이 소설에서는 환상과 현실이 뒤섞이면서 현대문명에 대한 저자의 신랄한 비판과 글쓰기의 고뇌가 이루어지고 있다. 한때 금서로 지명되었지만, 오늘날에는 60년대 문학의 한 고전으로 평가받고 있는 이 작품의 근저를 이루고 있는 것이 바로 SF적 시각과 인식이라는 사실은 우리에게 다시 한 번 SF의 가치와 중요성을 일깨워준다. 버러스와 더불어 SF적 기법과 인식을 차용한 작가들로서는 포스트모더니즘 계열의 작가로 불리는 로버트 쿠버, 존 혹스, 도널드 바셀미 그리고 리처드 브라우티건이 있다. 쿠버는 『우주의 야구협회』나 『영화 보는 밤』에서, 혹스는 『제2의 피부』나 『라임나무 가지』에서, 또 바셀미는 『백설공주』나 『칼리가리 박사여 돌아오라』에서, 그리고 브라우티건은 『미국의 송어낚시』나 『수박설탕 속에서』에서 각각 SF적 요소를 빌려 쓰고 있다. 한 예로, 바셀미의 단편 「나와 미스 맨디블」에서는 "시간여행"의 기법이 사용되어, 35세인 주인공 조셉이 국민학교 6학년으로 다시 되돌아간다.

60년대 이후 미국 문단을 대표하는 또 하나의 중요한 작가 존 바스 역시 SF적 기법과 시각을 효과적으로 활용하고 있는 사람이다. 그가 펜실베이니아주립대 교수 시절에 쓴 『염소 소년 자일스』(1966)는 단순한 환상소설이 아닌, 그 자체로서 훌륭한 SF작품이 된다. 자신을 염소로 생각하고 염소들과 같이 살아온 주인공 자일스는 어느 날 자기가 사람이라는 것을 깨닫고 아버지를 찾아 과거로의 여행을 떠난다. 그리고 그 탐색여행의 과정에서 그는 수많은 과학자들과 테크놀로지의 소산들과 조우하고, 드디어는 자신의 부친이자 모친인 거대한 컴퓨터와 대면하게 된다. 『염소 소년 자일스』는 결국 자신이 WESCAC이라는 컴퓨터의 소생이라는 사실을 발견하게 되는 한 소년의 이야기이다. 〈내셔널 북 어워드〉를 수상한 중편집 『카이메라』(1972) 역시 SF적 기법을 차용하고 있는데, 예컨대 제1부인 「듀냐자드 이야기」와 제2부인 「페르세우스 이야기」에서 바스는 "시간여행"의 기법을 통해 주인공들을 둘 다 과거로 보내고 있다. 전자에서는 바스 자신이 고갈된 상상력을 충전시키기 위해 『아라비안 나이트』의 셰헤라자드 시대로 되돌아가며, 후자에서는 40세의 페르세우스가 현재의 문제점의 근원을 알기 위해 메두사를 죽이기 전의 20대로 되돌아간다. 그리고 그 두 주인공은 모두 다시 현재로 되돌아옴으로써 "미래로의 귀환(back to the future)"을 끝낸다.

현재 미국 문단에서 가장 중요한 작가이자 세계적인 주목을 받고 있는 토머스 핀천 역시 SF기법과 시각을 통해 역사와 문명을 신랄하게 비판하고 있다. 예컨대 그는 자신이 대학시절에 쓴 단편 「저지대」(1960)에서는 지하세계로의 환상적 여행을 통해, 「엔트로피」에서는 열역학 제2법칙을 통해, 그리고 「은밀한 화합」에서는 아이들의 상상 속으로의 여행을 통해 SF적 요소들을 효과적으로 차용하고 있다. 그의 그와 같은 성향은 장편소설 『브이』(1963)와 『중력의 무지개』(1973)에 오면 더욱 강렬하게 나타난다. 핀천은 전자에 등장하는 인조인간들과, 후자에 나타나는 테크놀로지를 통해 현대인들의 모습과 현대문명의 양태를 패러디하고 있다.

(출전: 김성곤, 「SF문학, 어떻게 볼 것인가」, 『외국문학』 49, 1996 겨울, 30-38쪽(발췌))

생각해볼 문제

이 글은 독자들이 무척이나 친숙하다고 생각하지만 사실은 별다른 전문적인 지식을 가지고 있지 않은 대상(SF문학)에 대해서 친절하게 설명하는 방식을 취하고 있다. 정보로서의 지식과 사유의 재료로서의 지식을 동시에 제공하는 글쓰기의 모범이 되는 글이다. SF문학의 기원과 유래, 그 발전 과정, 수많은 작품들의 사례와 간단한 설명, SF문학이 현대 사회에 지니는 의미를 차분하게 서술하고 있는 이 글은 실용적인 성격을 지니면서도 학술적인 분위기 또한 풍기고 있다.

①은 우리가 흔히 상식적으로 알고 있었던 지식의 내용에 반대되는 사실을 제시함으로써 독자의 시선을 끌어당기고 있다. "우리는 최초의 소설 형태들이 거의 다 다소간은 공상과학 소설적 요소들을 갖고 있다는 사실을 발견하고 놀라게 된다."라는 문장을 통해 독자와 저자를 '우리'로 묶으면서 그 놀라움을 함께 느끼고자 유도하는 것이다. 또한 우리가 익히 알고 있는 고전들의 사례를 들면서 우리의 오랜 편견의 발자취를 더듬어볼 수 있는 기회를 제공하고 있다.

②는 개념의 기원과 유래를 소개하는 모범적인 사례를 제공하고 있다. 우리가 매일 사용하고 있지만 그 기원과 유래에 대해서는 거의 알고 있지 못하는 단어들이 무척이나 많다. 동서고금을 통틀어 단어의 정의와 유래를 밝히는 작업은, 가장 신뢰감을 주는 글쓰기 기법 중의 하나일 것이다. 정의는 일반적으로 사전적인 설명이라고 생각하기 쉽다. 하지만 인문학에서 정의는 해당 단어의 기원과 유래를 설명하는 경우가 많다. 단어가 가진 의미의 역사적 기원과 변화를 설명하는 것은 주제나 대상을 풍요롭게 해석할 수 있는 가장 일반적이면서도 중요한 방법이다. 이 글은 SF문학의 역사를 개관하면서 SF문학이라는 용어에 깃들어 있는 역사적 변화의 흔적들을 충실하게 재구성해내고 있다.

III. 지금 꼭 해야 할 말만 하자

1. 주체에 대하여 : 김상환

2. 소설과 욕망의 구조 : 르네 지라르

3. 한국사학과 현실 인식 : 이기백

4. 민족문화를 위하여 : 정명환

5. 동양적 가치의 재발견 : 위잉스

6. 신화적 역사와 근대의 신화 : 수잔 벅 모스

7. 사랑의 불가능성 : 울리히 벡 · 엘리자베트 벡-게른하임

“

착상의 다음 단계는 소위 배열이다. 글의 목적이 대개는 설득이라고 할 때 설득력은 각 논점을 어떻게 배열하느냐에 달려 있다. 글의 배열에는 여러 가지 원칙이 있지만 한마디로 요약하면 지금 이 순간, 이곳에서 말할 필요가 없는 것들은 과감히 생략하는 것이다. 반드시 해야 할 말만을 지금 여기에서 쓰라! 흔히 우리가 목차라고 부르는 것을 만드는 이유가 바로 배열에서 군더더기를 생략하기 위함이다.

”

주체에 대하여 : 김상환

제시문

① 중세의 서양인은 문화적 역량을 성당을 짓는 데 쏟아 부었다. 성당은 하늘로 높이 솟기 시작했고, 거기서 고딕이라는 건축양식이 나왔다. 성당은 신적인 것을 기록하는 고딕문자였다. 근대의 고딕문자, 신적인 것을 기록하는 문자는 주체이론이다. 주체이론이 중세의 건축술을 대신하는 근대의 관념적 건축술로 자리 잡게 되었다. 중세인이 신전의 건축을 통해서 그런 것처럼, 근대인은 주체이론을 통해서 세계의 질서를 설계하고 재현했다.

이런 전환이 일어나는 지점은 데카르트다. 중세인에게 이 세계를 하나로 엮어주는 끈이 신의 손에 달려 있었다면, 데카르트 이후 그 끈은 주체에게 돌아갔다. 주체가 이 세계의 하나 됨을 정초하는 근거가 된 것이다. 이런 주체는 청년 데카르트의 다음과 같은 기록 안에서 탄생했다. "[예전의 철학자들은] 학문들을 대상의 상이성에 따라 서로 나누어 놓았다. 그리고 학문을 할 때는 학문 전체를 고려함 없이 각각의 학문을 개별적으로 추구해야 한다고 믿었다. 이 점에서 그들은 분명히 틀렸다. 왜냐하면 학문적 지식 전체는 인간적 지혜(sapientia)에 불과하며, 이 지혜는 그토록 다양한 대상에 적용된다 하더라도 언제나 단일하고 동일한 것으로 남아 있기 때문이다. 마치 자신이 비추는 대상이 달라짐에 따라 태양의 빛이 달라지는 것이 아닌 것처럼, 지혜는 대상의 차이에 의해서 변화를 겪는 것이 아니다. 그러므로 정신에 어떤 한계를 부과할 필요가 없다.(Descartes, 1986, 360면, [ ]는 인용자)

어떤 한계를 부과할 필요가 없는가? 그것은 대상들 간의 차이, 더 정확하게 말해서 유적(類的) 차이에서 오는 한계이다. 중세인에게 자연에는 어떤 존재론적 질서가 내재해 있었고, 그 내재적 질서는 ② 유적 차이에 따르는 위계적 질서였다. 정신은 대상과 관계할 때 그 질서의 핵심인 유적 차이에 의해서 제한을 받아야 했다. 마치 하프를 연주하는 손과 농사짓는 손이 달라야 하는 것처럼(이것은 데카르트 자신의 비유이다), 한 종류의 대상에 관계하는 정신은 다른 종류의 대상에 관계할 때와는 달라져야 한다. ③ 종류가 달라지면서 대상은 서로 다른 자질과 방법을 요구하기 때문이다. 가령 생물을 탐구하는 정신과 수학을 탐구하는 정신은 서로 다른 자질을 발휘해야 하고 서로 다른 방법을 따라야 한다. 정신은 생물을 탐구하면서 동시에 수학을 탐구할 수 없다.

근대적 주체는 이런 제한이 풀리면서 탄생한다. 그런 제한이 풀리기 위해서는 먼저 사물들 사이의 유적 차이가 없어져야 했다. 일반적으로 말해서, 정신의 활동을 구속할 수 있는 모든 '자연적' 영역구분과 위계질서가 백지화되어야 했다. 그런 조건에서만 정신은 사물 일반에 대해서 자유롭게 관계할 수 있었다.

중세인에게 세계는 서로 다른 유적 범주로 묶이는 이질적 존재자들로 이루어져 있다. 하지만 근대인에게 세계는 단일한 유적 범주 안에 묶여 있다. 이것이 데카르트가 자연적 사물 일반을 '연장(extensio)'으로 정의할 때 일어나는 사상사적 혁명이다. 그것을 연장이라 하든 아니면 물질이라 하든, 자연은 이제 단일한 명칭으로 총괄할 수 있는 동질적 공간이다. 여기서는 사물들 사이에 신분적 위계가 없다. 외관상의 차이에도 불구하고, 사물들은 모두 동등하고 평등하다. 사물들은 때와 장소에 상관없이 언제나 같다. 자연은 무차별의 질서이고, 거기

서 사물들은 모두 한목소리다. '나를 비추어주세요.'

그러나 누구에게 그렇게 속삭이는가? 그것은 자연의 하늘에 떠 있는 태양도, 종교의 하늘에 떠 있는 신도 아니다. 그것은 정신이다. 이제 정신은 사물의 세계에 빛을 가져오는 태양의 위치에 있다. 이것이 데카르트의 문장 속에 담긴 새로운 언명이다. 그 언명 이후 정신은 더 이상 자연의 위성이 아니라 항성이다. 정신이 자연의 둘레를 도는 것이 아니라 자연이 정신의 둘레를 돌게 된다. 이제 정신은 무차별하게 대상과 관계한다. 자연의 살아있는 질서는 모두 정신의 빛에서 온다. 그 정신의 빛에 대해서 모든 사물은 하나이고, 따라서 모든 학문 역시 하나일 수밖에 없다. 자연을 하나 되게 하는 정신은 무제한의 힘, 권력이다. 사물들을 하나로 엮는 정신의 손에는 한계가 없다. 그 손은 어떠한 제약도 없이 대상들을 조종할 수 있는 끈을 쥐고 있다.

여기서 정신이 그런 권력을 확보하기 위해 치러야 하는 대가를 생각하지 않을 수 없다. 니체가 설명하는 십자가 사건의 의미를 생각하자. 그 설명에 따르면, 인간들 모두에게 죄의식과 양심의 가책을 불러일으키는 신의 목소리가 내면화되기 위해 먼저 신이 인간의 손에 죽어야 했고 이를 통해 어떤 탕감할 수 없는 채무관계를 확립해야 했다. 마르크스에 따르면, 황금이 상품의 질서를 장악하는 일반적 등가물(화폐)의 위치에 오르기 위해서는 스스로 사용가치를 버려야 했다. 스스로 상품의 자격을 부정하는 조건에서만 황금은 상품 일반의 척도로서, 등가적 교환의 질서를 정초하는 형이상학적 실체로서 다시 태어날 수 있었다. 프로이트에게서도 마찬가지다. 아버지가 아들들의 세계에 입법자로 군림하기 위해서도 죽어야 한다. 이상적 인간으로서 아버지가 행사하는 권위는 부친살해 뒤에 따라오는 후회 속에서, 아들들의 애도 속에서 탄생한다. 초월적인 것은 모두 장례행렬 끝에서 성립하는 것이다.

데카르트의 방법적 이성이 형이상학적 자아로, 칸트의 초월론적 주체로, 그리고 다시 헤겔의 절대적 정신으로 이상화되는 과정에서도 동일한 것을 말할 수 있다. 그것은 인간이 신체성을, 정신이 질료성을 스스로 포기해가는 과정이다. 근대적 주체는 점점 더 자신의 자연적 조건을 제거해갔고, 이를 통해서 사물의 질서에서 벗어나고자 했다. 근대적 주체는 점점 더 자신을 추상화해갔고 선험화했다. 그것은 자연의 중력에서 벗어나기 위해서 자발적으로 자연적 중량을 해소해가는 과정, 곧 유령이 되어가는 과정이다.

그런 유령화를 대가로 데카르트적 자아는 자연 위에 군림하는 입법적 지위에 올라설 수 있었고, 이 세계를 통일하는 권력을 차지할 수 있었다. 헤겔이 말하는 것처럼, 그런 권력의 정점에서 자아는 어떤 공허한 끈이 된다. "추상적 존재자인 이런 자아는 주체성으로서 동시에 상이한 여러 이름들을 지배하는 권력이고, 이 이름들의 계열을 자신 속에 고정하고 확고한 질서 속에 보존하는 공허한 '끈(band)'이다."(Hegel 1970, 436절 281면) 이름의 질서, 그리고 그것이 대신하는 사물의 질서는 자아라는 공허한 끈에 의해 형성되고 조종되는 어떤 그물을 닮았다. 세계가 어떤 집이라면, 그것은 어떤 거대한 거미집이다. 유령화된 자아의 모습은 끊임없이 실을 분비하는 거미를 닮았다. ④ **세계는 거미 같은 자아의 실로 두루 묶인다. 자아는 이름과 이름을 묶는 끈(copula), 사물과 사물을 엮는 계사(繫絲)이다. 자아는 어떤 존재론적 계사(繫辭)이다**(앞으로 '계사'는 많은 경우 繫絲와 繫辭를 동시에 의미한다).

이 계사 안에서 사물들은 질서를, 단일한 통일성을 얻는다. 그러나 그런 것을 얻기 위해서 무엇을 잃어야 하는가? 그것은 사물들이 '원래'

가지고 있던 유대 또는 종속 관계이다. 자연의 상태에서 사물들을 묶어주던 끈, 가령 유적 일반성을 잃어버려야 한다. 사물들은 자아의 계사 안에서 재편되기 위해서 기존의 관계망에서 벗어나 고립된 개체가 되어야 한다. 그런 조건에서만 자아의 계사적 권력은 대상 일반에 무차별하게 뻗어갈 수 있다. 이런 관점에서 보면, 계사로서의 자아는 두 가지 모습을 취한다. 자아는 사물들을 편성하던 자연적 연줄을 끊어내는 동시에 자신이 뽑아낸 실로 사물을 다시 엮어내는 권력이다. 자아가 어떤 '공허한 끈'이라면, 그 끈은 푸는 동시에 묶고 이완하는 동시에 수축하는 이중적 운동의 실마리다. 자아는 끊기와 잇기를 거듭하는 계사인 것이다.

(출전: 김상환, 「주체에 대하여」, 『니체, 프로이트, 맑스 이후』, 창비, 2002, 17-21쪽)

생각해볼 문제

이 글은 현대철학의 중심과제 가운데 하나인 주체를 다루고 있는 글이다. 정연한 논리와 섬세한 비유가 서로 앞서 나가기도 하고 따라가기도 하면서 마치 음악과도 같은 글쓰기를 보여주고 있다. ①은 여러 겹의(적어도 3가지 층위 이상의) 비유가 적용된 부분이다. 먼저 기독교에 기반을 두었던 중세철학의 특징을 성당(건축술)에 비유하고, 다시 성당을 신적인 것을 기록하는 고딕문자에 비유한다. 그리고 중세의 고딕문자인 성당에 견줄 수 있는 근대의 고딕문자가 무엇인가라는 잠재적인 물음을 마련하면서 근대의 고딕문자는 주체라는 점을 제시하고 있다. 성당-고딕문자-주체 사이에서 논리와 비유가 서로를 비추어주고 있다.

②와 ③은 부연 설명의 모범적인 예가 될 수 있는 부분이다. 서양 중세철학이 '유적 차이에 따르는 위계적 질서'에 근거하고 있었다는 설

명을 한 번에 이해하기란 누구에게도 쉽지 않은 일이다. 하지만 개념적인 부연설명과 생물학과 수학과 관련된 예시를 거쳐서 '정신은 생물을 탐구하면서 동시에 수학을 탐구할 수 없다'라는 문장에 이르면 유적 차이에 따르는 위계적 질서가 어떤 의미인지 명확하게 알 수 있게 된다. 또한 주체와 세계의 관계 맺기를 설명하고 있는 ④의 경우에도 논리와 비유가 적절하게 사용되고 있다. 유령화된 주체가 마치 거미처럼 세계와의 관련성을 만들어내고 그 언어적인 양상이 계사(繫辭/繫絲)로 나타난다는 것이다. '거미줄-이어주는 실-이어주는 말'로 이어지는 의미연관 속에서 논리는 비유이고 비유는 곧 논리이다. 찬찬히 다시 읽으며 논리와 비유가 빚어내는 글쓰기의 향연을 맘껏 누리기 바란다.

르네 지라르의 '삼각형의 욕망' : 김치수

제시문

문학과 사회의 관계를 발생구조주의의 방법으로 다룬 뤼시앵 골드만(L. Goldmann)은 『소설사회학을 위하여(*Pour une Sociologie du Roman*)』에서 그의 이론적인 출발점이 된 두 권의 책을 들고 있는데, 그 하나는 루카치(G. Lukács)의 『소설의 이론(*Die Theorie des Romans*)』이고 다른 하나는 바로 르네 지라르의 『낭만적 거짓과 소설적 진실』이다. 서사시에서는 주인공이 살고 있는 삶과 그가 소속된 집단의 이념 사이에 단절이 없는 일치현상이 있는 반면 소설에서는 주인공의 이상과 그가 살고 있는 현실 사이에 단절이 있기 때문에 모든 소설의 주인공은 그 단절을 극복하고자 한다는 루카치의 이론과, 소설 주인공의 모든 욕망은 중개자에 의해 암시된 가짜 욕망으로서 삼각형의 구조를 가지고 있다는 지라르의 이론을 토대로 골드만은 시장경제체제의 자본주의사회와 소설 사이에서 구조적 동질성을 발견하고 이를 이론화하여 소설 사회학을 정립하고자 한다.

시장경제체제에서는 대부분의 사람들이 진정한 가치인 사용가치를 추구하는 것이 아니라 비(非)진정한 가치인 교환가치를 추구함으로써 가짜 가치의 지배를 받는다. 그것은 소설의 주인공이 자연발생적인 욕망의 지배를 받는 것이 아니라 중개자에 의해 암시된 욕망을 품는 것과 동일한 구조이며, 작가가 처음에는 진정한 가치를 추구하여 소설을 쓰지만 그것이 시장에서 교환가치에 따라 평가됨으로써 교환가치를 추구하는 결과를 가져오는 것과 동일한 구조이다. 그래서 골드만은 소설이란 타락한 사회에서 타락한 방법으로 진정한 가치를 추구하는 장르라고 주장하기에 이른다.

그런 점에서 본다면 소설이 부르주아 혁명과 함께 문학의 장르로서 각광받은 것과, 시장경제체제와 구조적인 동질성을 갖고 있다는 것은 서로 상관관계가 있는 것으로 보인다. 소설의 구조와 시장경제의 교환 구조와의 상동관계에 주목한 골드만은 자본주의의 모순과 감추어진 구조를 밝혀낼 수 있다고까지 생각하기에 이른다. 그러나 지라르는 욕망이라는 심리적 기제의 구조를 통해서 기독교적 구원의 가능성을 모색하고 있다.

지라르의 『낭만적 거짓과 소설적 진실』은 오늘날 우리의 욕망의 체계를 소설 주인공의 욕망의 체계에서 발견하여 우리가 살고 있는 사회의 특성을 제시한 명저이다.

이 책에서 맨 먼저 분석의 대상이 되는 것은 세르반테스의 『돈키호테』이다. 그가 이 소설의 분석에서 얻어낸 결론은 『돈키호테』의 주인공들의 욕망은 간접화한 욕망(désir médiatisé)이라는 것이다. 다시 말하면 한 개인이 무엇을 욕망한다는 것은 그 개인이 지금의 자기 자신으로 만족하지 못해 자기 자신을 초월하고자 하는 것인데, 이때 초월은 자기가 욕망하게 되는 대상을 소유함으로써 가능하다는 것이다. 이것을 도표로 그려보면 개인에 해당하는 주체가 밑에 있고 대상이 그 수직선상에 놓이게 된다.

이러한 관계를 『돈키호테』에서 살펴보면 주인공 돈키호테는 이상적인 방랑의 기사가 되고자 한다. 여기에서 돈키호테는 주체가 되고 이상적인 방랑의 기사는 대상이 된다. 그러나 돈키호테는 그 이상적인 방랑의 기사가 되기 위하여 아마디스라는 전설의 기사를 모방하고 있다. 다시 말하면 돈키호테는 직접 이상적인 기사도에 도달하고자 하는 것이 아니라 아마디스를 모방함으로써 거기에 도달하고자 한다.

따라서 이상적인 기사도에 도달하고자 하는 돈키호테의 욕망은 아마디스라는 중개자(médiateur)에 의해 간접화되고 있으며, 주체와 대상 사이에는 간접화 현상(médiation)이 일어난다. 즉 주체의 욕망이 수직적으로 상승하는 것이 아니라 비스듬히 상승하여 중개자를 거쳐 대상에 이르게 된다는 것이다. 이것을 도표로 그려보면 다음과 같다.

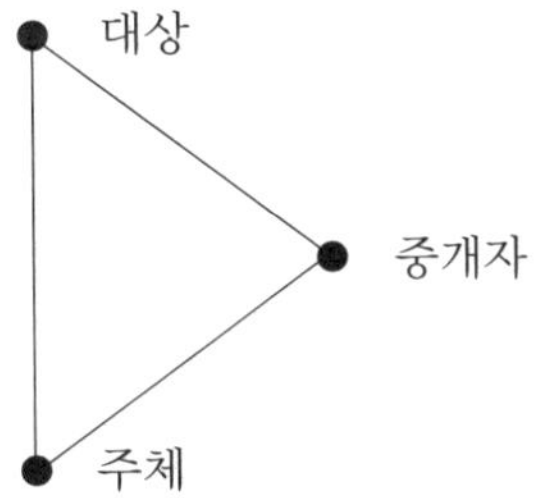

이러한 욕망의 간접화 현상은 기독교에서도 발견할 수 있는 구조이다. 어느 기독교인이 진정한 기독교인이 되어 구원받기를 원한다면 그는 곧 예수라는 중개자를 모방하면 된다. 이때 기독교인과 예수와 진정한 기독교인은 삼각형의 세 꼭짓점을 형성하게 된다. 다시 말하면 욕망하는 주체와 욕망의 대상과 그 욕망의 중개자가 삼각형의 구조를 갖게 되고, 이처럼 간접화한 욕망을 '삼각형의 욕망(désir triangulaire)'이라고 부른다.

지라르는 현대인의 욕망은 이처럼 삼각형의 구조로 되어 있다고 보면서 소설의 주인공이 지니고 있는 욕망의 왜곡되고 비전정한 속성을 분석하고 있다. 이로써 시장경제체제 사회 속에서 개인은 그 욕망마저 자연발생적인 것이 아니라 중개자에 의해 암시된 욕망을 소유하게 되었음을 제시한 셈이 되었으며, 그렇게 함으로써 주인공의 욕망의 구조와 주인공을 태어나게 한 사회의 경제구조 사이에 구조적인 동질성을 발견하게 하는 데 크게 기여한다.

지라르는 따라서 돈키호테의 욕망이 돈키호테의 내면에서 자연발생적으로 생긴 것이 아니라 아마디스라는 중개자에 의해 암시됨으로써 생긴 것이라고 말한다. 그러한 점에서 종래의 돈키호테를 이상주의자로, 산초 판사를 현실주의자로 규정한 것은 부분적으로는 진실이지만 전체적으로 진실이 아니다. 예전에는 산초 판사의 욕망(작은 섬 하나를 소유하는 것, 딸에게 공작부인의 칭호를 갖게 하는 것)이 실현 가능성이 있다는 점에서 그를 현실주의자로 보았다.

그러나 지라르는 산초 판사의 바로 그 두 가지 욕망이 그의 내부에서 자연발생적으로 생긴 욕망이 아니라 그의 주인인 돈키호테에게서 암시받은 욕망이라고 지적한다. 그것은 돈키호테가 산초 판사의 욕망의 중개자라는 것을 의미한다. 이것을 도표로 그려보면 다음과 같다.

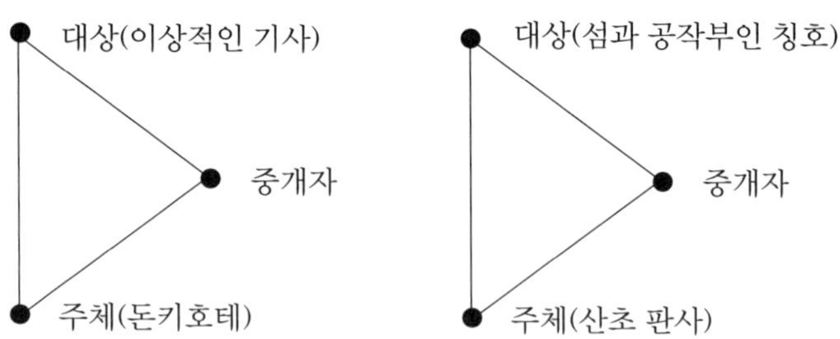

지라르는 이처럼 하나의 작품이 여러 개의 삼각형으로 구성되어 있다는 점에 주목하고 있다. 그가 분석하고 있는 스탕달의 『적과 흑』, 플로베르의 『보바리 부인』, 프루스트의 『잃어버린 시간을 찾아서』도 주인공들의 욕망이 여러 개의 삼각형으로 이루어져 있다는 것을 밝히고 있다.

(출전: 김치수, 「르네 지라르의 삼각형의 욕망」, 르네 지라르, 『낭만적 거짓과 소설적 진실』, 김치수, 송의경 옮김, 한길사, 2001, 21-25쪽)

생각해볼 문제

이 글은 르네 지라르의 『낭만적 거짓과 소설적 진실』에 대한 번역자 해설 부분이다. 자신이 소개하는 글이 문학이론의 역사적 지형 속에서 어느 정도의 위상을 차지하고 있는지를 먼저 소개하고 있다. 일반적으로 책 또는 논문에 대한 글을 쓸 때 주의해야 할 점이 무엇인지를 확인할 수 있다. 대상이 되는 책 또는 논문을 바깥에서 바라보는 동시에 그 내부에서 바라보아야 한다는 것이다. 이 글은 지라르가 말한 삼각형의 욕망이 기독교에 내재되어 있는 심리적 기제와 자본주의 사회에서 일반화된 욕망의 구조를 해명하는 이론적 통로가 될 수 있음을 말하고 있다. 자신이 소개하는 글이 어떠한 학문적 위상을 부여받고 있는지, 그리고 어떠한 방향으로 응용 또는 원용될 수 있는지를 소개함으로써 자신이 소개하는 책의 중요성을 대변하고 있다.

또한 이 글은 지라르의 책에서 가장 핵심적인 이론인 '삼각형의 욕망'이 가진 의미를 주요 개념을 중심으로 설명하고 있다. 그 과정에서 도식을 사용하고 있는 점이 눈에 띈다. 욕망의 주체와 욕망의 대상이 형성하는 직접적인 관계가 아니라, 욕망의 주체와 대상 사이에는 중재자(매개항)가 자리하고 있음을 명시적으로 보여주고 있다. 인간의 욕망에 대한 상식적인 설명방법이 욕망의 주체와 욕망의 대상 사이의 직접적인 관계라고 한다면, 제시된 도표들은 지라르가 제시하고 있는 욕망의 삼각형 이론이 욕망에 대한 이론적 패러다임을 크게 바꾸어 놓은 것임을 눈으로 확인하게 해 준다. 특히 세르반테스의『돈키호테』를 분석의 대상으로 삼음으로써 삼각형의 욕망에 대한 이해의 지평을 친숙한 지점에 마련하고 있다.

한국사학과 현실 인식 : 이기백

제시문

① 지나간 옛 역사는 과연 현재의 우리에게도 필요한 것인가. 이것은 어쩌면 어리석은 질문에 지나지 않을는지도 모르겠다. 그러나 실은 누구나가 한번쯤은 스스로에게 물어보는 질문이기도 하다. 지나간 날에 자기 민족이 위대한 대제국을 건설하였다든가 혹은 또 찬란한 문화를 창조하였다든가 하는 것을 오늘의 자랑으로 삼으려고 생각하는 사람들이 있다. 그러나 이것은 몰락한 양반의 후예들이 옛 족보를 붙들고 한 가닥 마음의 위로를 받는 가련한 모습과 같은 것이어서는 안 된다. 한편 지난날의 초라한 역사를 부끄러이 여겨서 되도록 이를 잊어버려야 한다고 생각하는 사람들도 있다. 이것도 자기 조상이 상놈이었다든가 혹은 백정이었다든가 하는 사실을 애써 숨기려고 하는 따위와 같은 것이어서는 안 된다. 현재에 있어서 역사란 자랑스럽다거나 혹은 부끄럽다거나 하는 감정적인 것 이상의 무게를 지닌다.

② 그러면 역사와 현실은 어떻게 연결되는 것인가. 역사가들은 종종 현재라는 창구를 통하여 과거를 가장 잘 이해할 수 있다고들 한다. 과거가 이미 죽은 것이 아니고 현재와 어떤 연결을 맺고 있는 것이라고 한다면, 현재의 상황으로부터 과거를 이해하는 실마리를 찾는다는 것은 불가능한 일이 아니다. 그렇기 때문에 허다한 과거의 사실들 중에서 역사적 사실로서 서술할 것에 대한 선택을 할 수가 있게 된다.

역사는 단순한 과거의 사실만은 아니다. 적어도 역사라는 것을 서술된 역사로서 이해하는 경우에 그러하다. 거기에는 일정한 기준에 따르는 선택이 불가피하다. 그리고 현재의 절실한 요구에 그 선택의 기준을 둔다는 것은 올바른 태도다. 가령 현재 민권의 문제가 중요한 관심이 되어 있다면, 이에 대한 역사를 살펴보는 것은 바람직한 일임이 분명하다.

그러나 이것은 역사의 의미에 대한 해석을 현재에 기준을 두고 한다는 뜻일 수는 없다. 만일 그렇다면 현재에 동시에 존재하는 몇 개의 대립된 현실관은 서로 모순되는 몇 개의 역사서술을 가능하게 한다는 이야기가 된다. 이러한 이론은 극단적으로 말하면 진리가 아니라 권력에 아부하는 어용사학의 가능성을 인정한다는 이야기도 된다. 이것은 결국 학문으로서의 역사학을 부정하는 결과밖에 가져오지 않는다.

오히려 반대로 과거의 객관적인 역사적 사실에 입각해서 현실을 봐야 한다. 그래야만 역사학이 학문으로서 진리를 탐구하는 인류의 노력에 이바지할 수가 있다. 객관적인 사실의 인식은 곧 역사학의 출발점이다. 이 출발점은 결코 양보되어서는 안 되는 절대적인 것이다. 거짓 사실에 근거를 둔 어떠한 역사 이해도 용납될 수가 없다. 역사학은 아름다운 치장 속에서 자라는 것이 아니라, 냉엄한 객관적 사실의 인식 위에 터전을 잡고 자라는 학문이다.

③ **그러면 도대체 객관적인 역사적 사실의 인식은 가능한가.** 여기에 대해서는 역사가들 사이에서도 회의적인 견해를 표명한 사람들이 있다. 그것은 현재 남아 있는 사료란 극히 제한된 범위의 것이고, 따라서 이를 통해서 진실을 밝히기가 힘들기 때문이다.

그러나 객관적 사실에 대한 인식의 가능성을 부인하는 것은 비단 역사에 대해서뿐만 아니라 인생 자체를 허무하게 만드는 결과를 가져오는 것이 아닐까. 가령 비근한 예를 든다면, 네거리의 신호등이 붉게 켜져 있는데, 그것이 푸르다고 보고 길을 건너는 경우와 마찬가지다.

그 결과가 어떻게 될 것인지는 너무나 분명하다. 모든 일이 이와 같아서는 인간생활의 뿌리가 흔들리고 말 것이다. 우리나라 속담에 '산에서 물고기 잡기'라는 것이 있다. 이것이 바로 객관적 사실에 대한 그릇된 인식 위에서는 올바른 생활을 기대할 수가 없다는 것을 나타내준 말이다.

④ **그러면 어떻게 해야 과거의 역사적 사실에 대한 객관적 인식이 가능하게 되는가.** 그 첫째는 주관적인 선입견을 없애는 일이다. 인간의 인식활동에서 주관을 전적으로 배제하기는 힘들다. 그러나 주관을 배제하면 배제할수록 그만큼 진리는 앞으로 다가오게 될 것이다. 반대로 주관을 강하게 노출시키면 노출시킬수록 진리는 그에게서 멀어져 갈 것이다. 모든 사람들로부터 존경을 받는 위대한 역사가들의 연구업적에 있어서도 잘못된 점이 나타나는 경우가 흔히 있다. 그런데 그런 경우는 대개 어떤 선입견에 사로잡혀서 그에 대한 미련을 버리지 못하기 때문인 것이다.

다음으로는 논리적인 사고에 충실하는 일이다. 객관적인 역사적 사실을 추구하는 데 있어서 논리의 비약은 절대로 허락될 수가 없다. 대개 이러한 논리의 비약은 어떤 주관적인 선입관 때문이고, 따라서 첫째 이유와 결국은 표리를 이루는 관계에 있긴 하다. 그러나 한편 논리적인 사고의 훈련은 주관의 개입을 최대한으로 막아줄 것이기 때문에 이 점은 역시 강조될 필요가 있다.

가령 단군신화의 경우를 생각해 보자. 그 신화에 적혀 있는 구체적 내용은 객관적 사실이 아니더라도 건국신화로서의 단군신화는 일정한 국가의 건국을 무시하고는 생각할 수가 없다. 따라서 하늘에서 내려온 환웅이 웅녀와 결혼해서 낳은 아들이 단군일 수가 없다는 이유로 해서, 단군신화를 지니고 있던 고조선 자체를 부인할 수는 없다.

한편 반대로 고조선이 존재했다고 해서 단군신화의 내용 그대로를 객관적 사실로 믿고 이를 신성불가침의 것으로 받들 수도 없다. 위와 같은 잘못들은 모두 논리적인 비약에서 오는 것이다.

어떻든 이같이 주관적인 선입견을 배제하고 논리적인 사고를 통하여 얻어진 객관적 사실은 역사를 이해하는 토대가 된다. 그러나 이러한 객관적 사실의 인식만으로써 역사를 이해하는 작업이 끝나는 것은 물론 아니다. 역사는 단순한 사실의 무더기만은 아니기 때문이다.

산 인간의 활동에 의하여 엮어진 역사는 일정한 줄거리를 지니고 있게 마련이다. 앞에서도 말한 바와 같이 역사는 무의미한 사실의 무더기만은 아니다. 따라서 객관적으로 인식된 사실과 사실 사이에 존재하는 연결을 찾아내는 작업이 필요하다. 그렇게 함으로 해서 비로소 역사가 성립된다고 할 수 있다.

이 작업은 객관적으로 인식된 개별적인 사실들에 대한 해석의 작업이다. 혹은 그들 사실이 지니는 의미가 무엇인가를 생각해 보는 작업이라고 할 수도 있다. 그런데 역사적인 개별적 사실들이 지니는 의미는 앞뒤의 다른 역사적인 개별적 사실들과의 관계 속에서 파악되는 것이다. 복잡하게 얽혀 있게 마련인 개별적 사실들의 연결 관계를 어떻게 이해해야 하는가가 곧 역사적 의미를 찾아보는 작업이다. 가령 1919년의 3·1운동이라는 사실과 1945년의 해방이라는 사실과는 연결이 되는지, 만일 연결이 된다면 어떻게 이어지는지를 밝혀야 한다. 만일 해방이 오늘의 현실과 깊은 관련을 가지고 있고, 그 해방과 3·1운동이 또 깊은 관계가 있다면, 3·1운동은 한국현대사에서 큰 의미를 지닌다고 할밖에 없다.

그러나 이같이 하나하나의 개별적 사실들이 지니는 연결 관계를 이해함으로써 역사를 이해하는 모든 작업이 끝나는 것은 아니다. 역사적인 모든 개별적 사실들을 하나의 실에 꿰어서 큰 줄기를 세워줘야만 한다. 여기에 역사학의 구극의 목적이 있다. 다시 말하면 역사의 큰 흐름, 역사가 움직여 온 대세를 파악하는 일이 중요하다. 이것은 개별적인 역사적 사실을 정리해서 그것을 체계화하는 작업이라고 할 수도 있다.

역사의 흐름을 체계적으로 이해하는 일은 개별적인 사실들이 지니는 연결 관계를 추구해 나가는 결과로서 얻어지는 것이다. 지금까지 위대한 역사가들은 이러한 작업을 꾸준히 진행하여 왔다. 그리고 그들이 얻은 결론은 거꾸로 개별적인 사실들을 이해하는 데 큰 도움을 주어 왔다. 그러나 한편 현실의 요구에 비추어서 새로운 체계화를 시도할 필요는 없을까. 이런 새로운 가능성을 찾아내는 것이 창조적인 역사가의 임무가 아닐까.

역사가 흘러 온 대세에 입각해서 개별적인 역사적 사실들을 평가하는 것을 역사적 관점이라고 말할 수가 있다. 이 역사적 관점이야말로 지나간 과거건 오늘의 현실이건 간에, 역사상의 일정한 시점에서 벌어진 개별적 사실이 지니는 의의를 평가하는 올바른 기준이 된다.

물론 개별적인 사실들을 보는 관점은 이미 여러 가지일 수가 있다. 그러나 역사의 큰 흐름의 대세를 앞으로 전진시키는 구실을 한 사실들과, 반대로 이 대세에 거역하여 역사를 뒤로 후퇴시키는 구실을 한 사실과를 가려내서, 전자를 긍정적으로 평가하고 후자를 부정적으로 평가하는 역사적 관점이 가장 바람직한 방법이 아닐까. 그리고 그러한 대세의 추진에 이바지한 공로의 크기에 따라서 그 의의가 높게 혹은 낮게 평가되어야 하지는 않을까.

가령 최치원의 경우를 생각해 보자. 그는 신라 말기에 육두품의 대표적 인물로서 진골과 마찬가지로 육두품에도 동등한 정치적 참여의 기회가 주어지도록 노력하였다. 현재 불행히도 전하지는 않지만 그가 진성여왕에게 바친 시무책 속에는 과거제의 실시를 건의하는 항목이 있어서, 신분보다도 학문적 실력에 토대를 두고 인재를 등용하자는 주장이 포함되어 있었을 것으로 추측된다. 과연 그가 오두품 이하의 신분에까지 그러한 기회를 주자고 했는지는 의문이다. 그렇더라도 당시의 역사적 시점에서 최치원의 그러한 주장이 역사를 앞으로 전진시키는 노력이었음은 분명하다.

왕건이 호족들의 세력을 배경으로 후삼국을 통일하고, 그들과 연합해서 사회의 안정을 유지해 나간 것도 분명히 역사의 전진이었다. 이로써 진골의 정권독점은 영원히 역사무대에서 사라져버리고 말았다.

조광조가 소수의 훈구파 세력 대신에 지방에 넓은 사회적 기반을 가진 사림파를 중심으로 한 사림정치를 꾀한 것도 역시 역사를 앞으로 전진시키려고 한 운동으로 파악되어야 하겠다. 따라서 그의 일련의 개혁운동은 그 의의가 높이 평가되어야 할 것이다.

그러나 가령 연산군의 경우는 어떻게 되는가. 그는 군주로서 개인의 욕망을 만족시키기 위하여, 당시의 지배세력인 양반귀족의 공동이익을 무시하였다. 이것은 분명히 당시의 역사적 대세에 어긋나는 일이었다. 비록 그가 그렇게 된 데에는 그럴 만한 어떤 이유가 있었다 하더라도, 역사의 큰 흐름에 거역한 그의 행동이 긍정적으로 평가될 수는 없다.

조선 후기의 세도정치도 그러한 또 하나의 예에 속한다. 조선 후기에는 양반 지식층인 실학자들의 정치적 비판 활동이 크게 일어났다. 뿐만 아니라 서얼, 중인, 향리 등의 중간 계층과 심지어는 농민들의 사회적인 참여 의식이 크게 일어나고 있었다. 그런데 이 대세에 역행하여 특정 가문이 정치의 실권을 배타적으로 독점하고 있었다. 이러한 세도정치가 부정적인 평가밖에 받을 수 없다는 것은 분명하다.

이같이 과거의 사실들은 그 사실들이 처해 있던 역사적 시점에 놓고서 이를 평가하는 관점이 바람직하다. 그러므로 때로는 비슷한 현상이라도 그것이 놓인 시대에 따라서 긍정적일 수도 있고 부정적일 수도 있다. 요컨대 역사적 사실에 대한 평가는 역사적 관점에서 이루어져야 한다. 비단 과거의 역사적 사실뿐 아니라 현실 속에서 벌어지고 있는 역사적 사실들에 있어서도 이는 마찬가지다. 현재도 역사의 흐름 속의 한 시점인 이상, 현재의 상황이 역사적 대세에 의하여 평가되어야 한다는 것은 너무도 당연하다.

이제 이 글의 처음에서 제기했던 문제로 되돌아가야겠다. 이미 말한 바와 같이 역사에 대한 인식은 현실로부터 실마리를 붙들 수가 있다. 그러나 현실적인 각자의 입장에 유리하도록 역사를 이용할 수는 없다. 현실에 대한 인식도 다른 역사적 사실들과 마찬가지로 엄정한 역사적 관점에서 이루어져야 한다. 이것이 말하자면 역사의 심판인 것이다. 그리고 이 심판은 역사의 대세에 거역하는 어떠한 세력도 결국은 멸망하고야 만다는 엄연한 역사적 진실에 근거한 것이다.

(출전: 이기백, 「한국사학과 현실 인식」, 『한국사시민강좌』 제20집, 1997, 95-100쪽)

생각해볼 문제

①~④에서 볼 수 있듯이, 이 글은 핵심이 되는 논제들을 차례차례 의문형으로 제시하면서 전개된다. 이는 글을 읽는 독자의 관심과 주의를 집중시키면서, 글 쓰는 이 자신도 글의 논제를 차례대로 정리하면서 논제를 심화시킬 수 있는 좋은 방법이다. 글을 처음 궁리하는 단계에서부터 자신이 문제 삼고자 하는 논제를 의문형으로 분명하게 정리

한 뒤에 글쓰기에 착수하는 것도, 논지를 분명하게 할 수 있는 방법이다.

이 글은 또한 글쓴이의 주장을 뒷받침할 수 있는 적절한 예시를 활용하고 있다. 역사적 사실을 평가하는 기준을 제시하면서 글쓴이는 최치원, 왕건, 조광조를 긍정적인 평가를 위한 사례로, 연산군과 세도정치를 부정적인 평가를 위한 사례로 들고 있다. 이처럼 자신의 주장을 뒷받침하기 위한 다양한 사례를 적절하게 활용하는 것은 글의 설득력을 높여주는 데 매우 중요한 구실을 한다.

이 글의 전체적인 문장 형태는 비교적 단문(短文)에 해당한다. 각각의 한 문장이 길지 않다. 이에 따라 한 문장에서 여러 사항을 복합적으로 다루고 있지 않다. 그렇게 한 문장 안에서 여러 사항을 복합적으로 다루려 하다 보면, 논지가 흐려지거나 문장이 꼬여버려 전후(前後) 관계를 파악하기 힘들게 될 위험이 생긴다. 물론 한 문장이 길다고 해서 무조건 나쁜 문장이라고 할 수는 없다. 그러나 생각과 주장을 보다 분명하게 정리하고 표현하려면, 일단 하나의 문장에서 하나의 사항을 간결하게 다루어 보는 것이 바람직하다. 이 글이 비교적 어려운 주제를 다룬 글이면서도 이해하기 까다롭지 않다면, 바로 이러한 문장 덕분이라고 할 수 있을 것이다.

민족문화를 위하여 : 정명환

제시문

"세계문명에 있어서 유럽은 그 절대적 우월성을 누려왔다. 모든 훌륭한 정신적 소재가 유럽에 의해서 흡수되고 다듬어져서 다른 지역으로 퍼져나갔다. 유럽은 앞으로도 그런 특권적인 지위를 지켜나가야 할 텐데, 그것은 과연 가능할 것인가?"

이것은 제1차 세계대전의 생생하고 깊은 상처를 체험한 폴 발레리가 1919년에 쓴 『정신의 위기』에서 제기하고 있는 물음의 취지이다. 그는 이 문제를 살핌에 있어서, 유럽이 멸망하더라도 다른 지역의 문명이 그 대신 훌륭한 역할을 이어가리라는 폭넓은 전망에서 이야기하고 있는 것이 결코 아니다. 그의 불안의 밑바닥에는 '유럽문명의 멸망=문명의 멸망'이라는 등식이 깔려 있다. 그러나 우리들 비(非)유럽인이 볼 때, 이 불안은 매우 아니꼽고 터무니없는 교만의 표현이기도 하다. ① 발레리의 유럽 중심주의는 정신적 제국주의라고 외쳐대고 싶을 정도이다.

그러나 이런 즉각적인 감정적 반응을 가라앉히고 좀 더 이성적으로 생각해보자. 그리고 우리들 자신이 바로 발레리와 같은 생각을 해왔던 것이 아니겠는가 하고 자문해보자. 그들 서양 사람들의 간사하고 능숙한 언변에 홀려들었건, 혹은 우리의 주체적이면서도 객관적인 판단에 의해서였건, 우리는 자신의 처지가 열등한 것이라고 느껴왔고 그 극복을 위해서 유럽을 모범으로 바라보아온 것이 아니었던가? 근대화란 곧 서구화 그 자체는 아닐망정 적어도 서구적인 사상과 지식과 기술의 수용을 의미해온 것이 아니었던가?

이윽고 반작용이 생겼다. ㉠ 우리가 전통적으로 지녀온 인간관계와 우리를 길러온 문화유산을 긍정적으로 재평가하려는 움직임이 서양적 모델의 추구의 열도(熱度)에 비례해서 격화되었다. 이 움직임은 세 가지 근거를 가지고 있다. 첫째로, 우리는 한국인으로서의 역사적, 사회적 상황으로부터 자유로울 수 없다는 자기인식이 그 저변에 깔려 있다. 둘째로, 합리주의적인 사고방식과 과학기술의 발전을 가장 중요하게 여겨온 서양 사람들의 현상(現狀)과 미래가 도무지 의심스러워지고, 적어도 정신적, 윤리적 측면에서는 이미 모델이 될 수 없다는 비판이 있다. 그리고 셋째로는, 국제경쟁에서 승리하고 부강한 나라가 되기 위해서 민족성원의 에너지를 총동원할 수 있는 구심적(求心的) 원리를 민족 자체 내에서 얻어야겠다는 국가정책적인 요청이 이른바 '우리 것 찾기 운동'을 촉진시켰다.

㉡ 그것들은 모두가 타당한 이유이다. 그러나 이러한 민족문화에 대한 의식과 그것을 위한 운동은 그 자체로서 최후의 대답이 될 수는 없다는 데 문제가 있다. 그 적극적이며 바람직한 고양(高揚)은 다음과 같은 어려운 질문들에 대한 검토 없이는 불가능한 것이기 때문이다. 우리 문화의 본질은 무엇인가? 우리의 과거는 우리의 현재와 미래에 있어서 어떻게 생산적으로 작용할 수 있는 것인가? 우리의 정신적 지주는 자체적으로 마련한다 해도, 적어도 과학적 지식과 기술만은 여전히 서양에서 도입해야 하는데, 그 계속적인 도입이 이른바 동도서기(東道西器)의 이념을 마침내 무너뜨리고, 우리의 사고방식 자체를 서양적으로 변화시킬 가능성은 없는가? 그리고 우리 문화는 그 특수성 때문에 옹호되어야 할 것인가, 혹은 고도의 보편적 가치로서의 세계성을 띨 수 있는 것인가?

우리 모두가 아무리 민족문화를 섬긴다 해도 이러한 귀찮고도 중요한 질문들에 대하여 다 같이 동의할 수 있는 대답은 아직까지 나오고 있지 않다. 또한, 양식 있고 진실로 학구적인 사람이라면 당장에 그 대답을 시도하지도 않을 것이다. 그는 도리어 민족문화의 진실한 주체성은 그런 질문들과의 관련하에서만 진정하게 정립될 수 있다는 의식을 부단히 지니고, 또 그 대답이 부정적인 것이 될지도 모른다는 불안을 안으면서 검토와 논의를 거듭해나갈 것이다.

㉡ 그러나 이 과정에 있어서 적어도 두 가지의 큰 저해요소가 상정될 수 있다. 첫째는, 국가권력의 개입이다. 그것은 무엇이 진리이며 허위인가를 독재자가 결정해버리는 경우이다. 가령 러시아 혁명 직후, 탐스럽게 개화한 여러 문학적 표현들이 정치적으로 해롭고, 오직 사회주의적 리얼리즘만이 진정한 문학이라고 규정하면서 문제를 일도양단(一刀兩斷)으로 처리해버린 스탈린의 독재가 그 좋은 예이다. 이와 같은 발상법에 의거한 문화정책은 '국체명징'(國體明徵)을 내세운 1940년 내외의 일본의 군벌정치가 강행했던 것이기도 하고, 또 오늘날 주체의 이름을 빌린 북한의 그것이기도 하다. 그러나 민주주의를 따르려는 우리에게는, 민족문화와 관련된 강령이나 지시나 금령이 어떤 소수의 집단에 의해서 강압적으로 내려질 위험은 지금도 또 앞으로도 없을 것이다. 적어도 그것이 우리의 희망이다.

나는 위험이 차라리 우리들 각자의 내부에 존재한다고 생각한다. 내가 지적하고 싶은 또 하나의 위험은 지나친 조급성과 정열과 애국심이 빚어낼 수 있는 쇼비니즘에 있다. 한데 서양에 심취하는 겉멋 들린 지식인과 제 나라의 모든 문화적 유산과 표현을 으뜸가는 것으로 내세우는 국수주의적 지식인 사이에는 한 공통점이 있다. 그것은 다양성을 용납하지 않는 획일적, 절대적 사고방식이다. 양자는 다같이,

상이한 문화들이 대립적 또 심지어는 적대적인 것이라고만 생각하고, 그 상대적 가치와 상보적(相補的) 기능을 생각해보지 않는다. 심리적 측면에서 말하자면 지나친 애정이나 편집(偏執)이 객관적 인식의 길을 가로막는다.

③ 나는 민족문화의 개념이 쇼비니즘에 의해서 착색되는 이러한 곡절을 넉넉히 이해할 수 있다. 그런 종류의 애국자에게 있어서는 주체성을 확립하고 민족의 긍지를 되찾으려는 선의와 정열과 의지가 누구보다도 강하게 작용하고 있다는 것도 알 만한 일이다. 그러나 어떠한 선의도 정열도 의지도 자신을 객체시(客體視)하고 반성하려는 지성의 통제를 받지 않으면 때로는 끔찍한 결과를 빚어낼 수 있다. 잘못 이해되거나 잘못 지향(志向)된 민족문화는 우리를 폐쇄적이며 퇴행적인 심적 상태로 몰아넣기가 쉬운 것이다.

가령 고려청자의 높은 예술성을 자랑하기만 하고 그것에 필적할 만한 도자기가 그 후 산출되기 어려웠다는 사실에 대한 반성을 등한히 하면 그런 위험이 초래될 것이다. 또한 우리가 일본에 문화를 전해주었다는 점만을 강조하고, 오늘날 그 나라의 문화가 엄청나게 쏟아져 들어오고 있다는 사실을 외면하면, 그리고 그 이유를 다각도로 냉철하게 분석하지 않으면, 우리는 진실한 주체성을 상실할 것이다.

민족문화의 주장이 단순히 과거에 대한 애착이나 자기방어적인 메커니즘의 소산이어서는 안 된다. 그 진실한 의의는 우리 공동체의 유산과 시대적 요청의 양자를 동시에 살피면서 미래로 뻗어나가려는 우리의 괴로운 노력에 의해서만 획득될 것이다. 그리고 이 작업을 위해서는 일단 민족문화의 권외에 서서, 다시 말하면 자신을 아웃사이더로 만들면서 그것을 비판적으로 성찰하는 극기적(克己的)인 용기가 때로는 필요할 것이다.

(출전: 정명환, 「민족문화를 위하여」, 『이성의 언어를 위하여』, 현대문학, 2003, 92-96쪽)

생각해볼 문제

이 글은 폴 발레리의 글을 인용하면서 시작된다. 이처럼 글의 논제를 풀어나가기 위한 실마리가 될 수 있는 적절한 글을 인용하는 것은, 글의 설득력을 높이는 데 매우 효과적이다. 인용문의 보다 깊은 의미를 풀이하거나 인용문이 바탕에 깔고 있는 전제를 지적하며 글 쓰는 이 자신이 말하려는 논제를 꺼내어 전개시킬 수 있기 때문이다. 이렇게 적절한 인용문을 효과적으로 활용하려면 당연히 폭넓은 독서가 필요하다. 어떤 주제로 글을 쓰고자 할 때, 그 주제와 상관있는 인용문 또는 인용문이 나올 법한 책을 먼저 살펴보고 생각해보는 것이 좋다.

한편 ①~③에서 볼 수 있듯이, 글쓴이는 자신의 입장과 다른 입장이라 하더라도, 그것의 일리(一理)나 의의를 일단 부분적으로라도 이해한다는 것을 밝히고 있다. 그런 다음에 비로소 그것의 문제점을 지적하여 밝히거나, 글쓴이 자신의 다른 입장을 밝히고 있다. 또한 글쓴이 자신의 일차적인 감정이나 생각을 내세우는 듯하다가(①의 경우), 그것에 대한 반성적인 성찰을 시도한다. 일방적으로 자신의 주장만 내세우는 것보다, 이렇게 다른 주장을 이해하고 그 상대적 가치를 인정하면서 자신의 주장을 내세우는 것이 설득력을 보다 높여줄 수 있다.

또한 글쓴이는 첫째, 둘째, 셋째 하는 식의 나열법을 적절하게 활용하고 있다. (㉠과 ㉡) 이러한 나열법을 지나치게 남발하는 것은 좋지 않지만, 이 글에서처럼 어떤 현상의 근거를 분명하게 정리하거나(㉠), 자신의 주장을 전개하면서(㉡) 나열법을 적절하게 활용함으로써, 글을 읽는 독자들에게 논지를 쉽고 분명하게 전달할 수 있다.

동양적 가치의 재발견 : 위잉스

제시문

동양에서는 현상 경험세계와 초월계가 일치하지도, 분리되어 있지도 않다. 하늘과 인간은 그 덕(德)에 있어서 하나가 될 수 있으며, 본성을 온전히 실현하면 하늘을 알 수 있다고 여기기 때문에 그 추구하는 바가 내적인 것에 있다. 천지사방이라는 육합(六合) 이외에도 존재하는 것이 있지만, 이에 대해서는 논하지 않았던 것이다. 순자(荀子)에겐 '제천(制天)'과 '역물(役物)' 사상이 있는데(자연을 제어하며 모든 것을 부려야 한다.) 이는 유가사상에서 예외에 해당한다. 하지만 순자도 여전히 "군자는 자기 자신에게 있는 것을 귀하게 여기고, 하늘에 있는 것을 흠모하지 않는다"고 말한다. 순자의 정신 방향은 여전히 내향적 경향이지 외향적이 아니며, 초월적 외재 세계에 대한 생각은 아직 형성되지 못하였음을 알 수 있다.

㉠ 물론 수천 년의 동양 역사에서 외향형의 사상가가 한 명도 없었다는 것은 아니다. 예를 들면 중국 송대(宋代)의 심괄(深括) 같은 학자가 그중 하나이다. ㉡ 서양에서도 내향형의 사상가가 전혀 없지는 않았는데, 후기 스토아학파의 세 철학자인 세네카, 에픽테토스, 마르쿠스 아우렐리우스는 덕성의 자족을 강조하였으니, 이는 분명하게 외적 경향에서 내적 경향으로 전환하였음을 의미한다. 그러나 대체로 말해서 동양의 사상은 서양에 비해 비교적 실제적이고, 확실히 인생 문제에 꼭 들어맞으며, 내재적 계통이지 외재적 계통의 사상은 아니다. 추상화, 이론화, 논리화라는 사고방식은 동양적 특색이 아니고 중

시되지도 않았다. 중국 북송의 유학자 장재의 사상은 비교적 서양식의 체계적인 사고유형에 가까운데, 이로 인해서 이정(二程)은 그의 사상을 '성숙되지 못하였다'고 비판하며 '지극히 고상한 흔적이 있다'라고 말하였다.

㉢ 여기서 지적하고자 하는 바는 누가 누구보다 더 뛰어난지의 문제가 아니라, 그들 간에 마음을 쏟아 부은 공부의 대상이 다르다는 점이다. 내향문화는 인문영역 안의 문제에 치중하고 외향문화는 인문영역 밖의 자연이나 혹은 그 이상의 종교적 문제에 치중한다. 여기서 우리는 동양이 과학을 발전시키지 못한 이유에는 문화적 배경이 있음을 알 수 있다. 이와 관련하여 밝혀야 할 것은 내가 문화가치 결정론을 주장하는 것이 아니고, 이런 문제를 논하는 데 있어서는 다른 외연적 요소들도 반드시 고려되어야 한다는 점이다. 여기서는 오직 과학 발달과 문화가치가 관련이 있음을 지적하고자 할 뿐이다.

서양에서 과학의 비약적인 발전은 비록 최근 200~300년간의 일이지만, 그 근원은 필연적으로 그리스시대까지 소급되어 올라간다. 만약 동양이 과학의 발전이라는 방면에서 세계적 수준을 좇아가고자 한다면, 단지 '서구화'의 길을 가면 된다. 이 특정한 문제에서는 현대화와 서구화는 동의어다. ⓐ 그러나 동양 또한 실용적으로 필요해서 발전된 기술적 전통이 있기 때문에, 우리는 쉽게 과학과 기술을 혼동하여 하나로 말한다. '과기(科技)'라는 복합명사는 내가 이해하기에 '과학과 기술'을 가리키는 것이 아니라, '과학적 성격의 기술'을 가리킨다. 기초과학 연구는 실용성을 최고의 목적으로 하지 않고, 진리를 위한 진리이며 지식을 위한 지식이다. 이는 인간의 이성을 활용하여 세계를 설명해 내고 세계를 인식하는 것이다. 과학적 진리가 실용성을 갖고 있는가 하는 것은 이차적인 문제이다.

300여 년 전 베이컨(F. Bacon)은 과학과 관련된 두 개의 몽상을 제기하였는데, 하나는 과학의 힘으로 우주를 정복하는 것이고, 나머지 하나는 과학 지식으로 세상의 참된 모습을 인식하는 것이었다. 후자는 기초과학 연구에 속하고, 전자는 기술 발전의 영역에 속한다. ① 베이컨이 참으로 흥미를 느꼈던 바는 과학기술을 이용하여 자연을 정복하고 통제하는 것이었다. 이른바 '아는 것이 힘이다'라는 구호도 베이컨에서 기원한다. 그러므로 엄격하게 말해서 자연을 다루는 베이컨의 태도가 서양에서 말하는 현대화의 주요 내용 중의 하나가 된다. 이것은 기초과학 연구와 구별되어야만 한다. 이성을 활용하여 진리를 얻고자 하는 것은 그리스시대 이래 서양문화의 일관된 기풍이었고, 이는 외계 초월형인 서양 가치체계의 구체적 표현이었다. 최소한 현재에 이르기까지 이것은 초시간적인 것이어서, 이른바 '현대화'라는 문제가 존재할 수 없었다.

5·4 운동 이래 중국인들이 동경하였던 서양의 과학을 만약 자세히 분석해 본다면, 그중 '과학'의 요소는 적고 '과학적 기술'의 성분은 많다는 것을 알 수 있다. 이는 지금까지도 계속 그래왔고 심지어 더욱 심해지고 있다. 중국 대륙에서 제기한 '사대(四大) 현대화'는 모두 과학적 기술 방면의 일이다. 지금까지도 중국인들은 서양의 '진리를 위한 진리', '지식을 위한 지식'을 추구하는 정신을 여전히 제대로 이해하지 못하고 있다. 우리가 추구해 온 것은 '과학적 기술'로 부국강병의 목적을 이루려는 것이다. 그런데 오늘날의 서양은 이미 점점 더 '과학적 기술'을 추구해야 할 적극적 가치로 여기지 않는다. 원자력의 가공할 위험과 자연생태의 파괴, 에너지 고갈의 위기 등이 모두 인류문명에 참으로 실제적인 위협이 되고 있다.

가장 걱정되는 것은 '과학적 기술'이 세계를 정복하였을 뿐만 아니라, 인간도 통제한다는 것이다. 이는 당시의 베이컨이 꿈에도 생각하지 못했던 부작용이다. 인간은 이미 '과학적 기술'의 주인이 아니라 그것의 노예로 변해버렸다. 하이데거의 개념을 사용해서 말하면 인간은 '과학적 기술'의 '상비 예비군'이 된 것이다.

서양 사상가들은 이미 여러 각도에서 이런 '과학적 기술'이 세계적 위기를 초래하고 있다고 지적하였다. 하지만 실존주의나 비판이론에서 말하는 수많은 말들이 장자의 다음과 같은 한 마디에 미치지 못하는 것 같다.

> "기계(機械)가 있으면 반드시 기계에 의한 일이 생겨나고, 기계에 의한 일이 생기면 반드시 기계에 사로잡히는 마음이 생겨난다. 그런 마음이 심중에 있으면 순수한 본연적 자연스러움이 없어지게 되고, 순수한 본연적 자연스러움이 없어지게 되면 정신의 작용이 불안정하게 된다. 정신의 작용이 불안정하게 되면 도(道)가 깃들지 않는다."
>
> (『장자(莊子)』, 「천지(天地)」 가운데서)

여기서 말하는 기계는 물을 끌어올리는 데 사용한 도르래를 가리키며, 이는 일종의 가장 간단한 원시적 공구이다. 도가(道家)가 그 편리함을 몰랐던 것이 아니라, 그들이 예방하고자 한 것이 바로 '기계에 사로잡히는 마음(機心)'이었다. '과학적 기술'이 인간을 통제하게 된 것은 바로 '기심'이 '인심(人心)'을 대체한 것이다. ② 비록 인간이 '과학적 기술'을 발명했지만, 종국에는 '과학적 기술'의 '상비 예비군'으로 전락했으니, 이것이 바로 우리가 늘 듣는 이른바 '소외' 현상이다. 도가는 문화를 부정하는 태도를 갖고 있었기 때문에 '과학적 기술'이라는 말은 논의의 대상 자체가 될 수 없었다.

내가 위에서 『장자』의 구절을 인용한 것은 물론 무조건적으로 현대의 '과학적 기술'을 배척하자는 것이 아니다. 왜냐하면 이는 불가능하고 게다가 어리석은 짓이기 때문이다. 그러나 '감천역물(戡天役物. 하늘을 다스리고 모든 것을 부린다)'의 주장이 그 의미를 잃은 오늘날 장자의 위의 말은 오히려 우리 모두에게 깊은 자성을 일으키기에 충분하다. "인간과 천지만물의 하나됨"이라는 사고는 진정 현대적이라 할 수는 없겠지만, 오히려 초현대적인 새로운 계시를 내포하고 있는지도 모른다.

(출전: 위잉스 지음, 『동양적 가치의 재발견』, 김병환 옮김, 동아시아, 2007, 89-96쪽)

생각해볼 문제

이 글은 동양과 서양, 보다 정확히는 중국과 서양의 문화적, 사상적 차이점을 드러냄으로써, 결국 동양적 가치와 사상의 현대적 의미를 부각시키는 내용이다. 이에 따라 이 글은 동서 문화 또는 사상 비교론이라고 할 수 있다. 이러한 비교론에서는 구체적인 비교의 대상이 될 수 있는 전형적인 인물이나 사상 내용을 거론하는 것이 매우 중요하다. 이 글의 경우, 서양의 베이컨과 중국의 장자가 그것에 해당한다. 글쓴이는 ①과 ②를 통해 그 비교 또는 대비를 분명하게 하고 있다.

이렇게 비교하는 글에서 주의할 점은, 비교의 대상이 되는 두 가지 가운데 어느 한 가지를 일방적으로 우월하다거나 열등하다거나 하는 식으로 몰아가지 말아야 한다는 점이다. ㉠, ㉡, ㉢의 예에서 볼 수 있듯이, 글쓴이는 비교의 대상이 되는 중국 사상과 서양 사상에 차이만 있는 게 아니라 서로 통하는 요소도 있음을 지적한다. 또한 자신이 의도하는 것은 우열의 판단이 아니라, 비교를 통해 차이를 드러내는 데 있다는 것을 분명히 하고 있다. 우리는 글을 쓰거나 말을 하면서 '다르다'는 것과 '틀리다'는 것을 자주 혼동한다. '틀리다'는 옳고 그름에 대한 가치 판단이다. '동양과 서양은 틀리다'가 아니라 '다르다'고 해야 정확한 표현이다.

글쓴이는 ⓐ에서 볼 수 있듯이 자신이 이해하고 있는 개념의 의미를 정확하게 규정하고 논의를 전개한다. 하나의 개념이라 하더라도 그것을 말하고 쓰는 이에 따라 의미가 다른 것이 보통이다. 따라서 자신이 쓰고 있는 글에서 어떤 개념을 어떤 의미로 사용하는지, 자신은 어떤 의미로 이해하고 있는지 분명하게 밝히는 것이 필요하다.

신화적 역사와 근대의 신화 : 수잔 벅 모스*

제시문

1

(가) 신화에서 시간의 경과는 예정의 형태를 띤다. 사태의 추이는 신들이 정했거나, 별자리에 씌어 있거나, 신탁에 들었거나, 성서에서 보았던 것이다. 엄밀한 의미에서 신화와 역사는 공존할 수 없다. 신화에 따르면, 인간은 운명의 행로에 개입할 수 없기 때문에 정말로 새로운 일이란 일어날 수 없다. 반면 역사 개념은 인간이 사태에 영향을 미칠 수 있다는 것, 따라서 사람들이 의식적 행위자로서 스스로의 운명을 개척할 도덕적·정치적 책임이 있다는 것을 암시한다. 세상이 왜 이럴까에 대해 경험적 인과관계를 찾을 수 없을 때(혹은 기억할 수 없을 때) 신화가 대답을 제공한다. 이런 대답은 세계에 의미가 있기를 바라는 인간의 욕망을 만족시키지만, 세계를 불가피한 운명으로 감수해야 한다는 대가가 따른다. (중략)

근본적으로 「파사젠베르크」는 신화적인 역사이론들의 정체를 폭로하는 작업이다. 이들 이론의 각본이—지속적인 발전이든 불가피한 파국이든—어떠한 형태를 취하든 마찬가지다. 그러나 ① 벤야민의 지속적인 공격의 대상은 뭐니 뭐니 해도 역사가 저절로 진보한다는 신화였다. 핵시대가 열리고 테크놀로지의 무해성이 의심받기 시작하던

* 이 글은 발터 벤야민의 방대한 유고 「파사젠베르크」(또는 「아케이드 프로젝트」라고도 불린다)에 대한 해설이다. 원래는 「파사젠베르크」를 언급하고 있는 15개의 주석이 세밀하게 붙어 있는데, 부분만 수록하는 경우 주석이 독서에 방해가 된다는 판단에서 주석은 삭제하고 본문만 제시한다.

벤야민 당시에도 이러한 신화는 대체로 흔들리지 않았으며, 벤야민은 이러한 신화를 최대의 정치적 위험으로 간주했다. 과거의 벤야민 해석자들은 역사의 흐름에 대한 벤야민의 비관주의를 나치-소비에트 불가침조약이나 전쟁이 임박한 상황에서 비롯된 벤야민의 후기 사유의 특징으로 이해했지만, 「파사젠베르크」에서 확인할 수 있듯이 벤야민의 비관주의는 다년간 지속된(그리고 어쩌면 점점 더 강화된) 관심사였다. 최초의 메모는 프로젝트의 목표를 이렇게 설명하고 있다. "역사의 이미지로부터 모든 '발전'의 흔적을 몰아낼 것", "진보 이데올로기를 (……) 모든 면에서" 극복할 것. 1935년 이전 항목에서는 이러한 논의를 다음과 같이 발전시켰다.

> 이 저작의 방법론적 목표 중 하나는 진보 이념을 제거한 역사적 유물론을 제시하는 것이다. 바로 이 지점에서 역사적 유물론은 부르주아적 사고방식과 선명하게 구별된다. 역사적 유물론의 기본 원칙은 진보가 아니라 현실화다.

따라서 벤야민이 「파사젠베르크」에서 다윈적인 사회진화론들을 직접 언급한 것은 진보적 발전이라는 전제를 공격하기 위해서였다. 그가 "자연선택설"을 비판하는 이유는 "진보가 저절로 이루어진다는 생각을 대중화하기 때문이다. 또한 자연선택설은 진보 개념이 인간 행위 전반으로 확장되도록 조장한다." 반면 "자연사"라는 벤야민 자신의 관념 성좌는 행복한 결말을 가정하지 않는다. 사실 이 관념 성좌는 특정한 결말이 있다는 가정 자체를 부정한다.

역사가 전진할 때 자연적인 것은 없다. 그러나 (벤야민이 강조하듯) 자연은 역사적으로 진보한다. 산업과 테크놀로지라는 새 자연은 생산수단의 차원에서 실제적인 진보를 보여준다 —그러나 생산관계의 차원에서 계급착취는 변하지 않는다. 여기서도 오류를 낳는 것은 자연과 역사의 혼동이다. 즉, 역사의 야만성을 자연적인 것으로 본다면, 사회진화는 신화다. 그러나 산업의 진보가 출발점으로 간주된다면 자연에서의 발전을 역사의 발전으로 오해하는 신화적 오류가 발생한다.

벤야민의 후기(1940) 논문 「역사의 개념에 대하여(Über den Begriff der Geschichte)」(「역사철학테제」)의 주장에 따르면, 독일 노동계급은 테크놀로지의 진보와 역사의 진보를 같은 것으로 보았기 때문에 잘못된 정치적 목표를 설정하는 결과를 낳았다.

> 독일 노동계급은 테크놀로지가 발전하는 방향과 자기 계급이 움직이는 방향이 일치한다고 생각했다. 이러한 생각은 공장 노동 자체가 정치적 성과라는 환상으로 이어졌다. 공장 노동은 기술적 진보의 한 측면이기 때문이다. (……) 어떻게 노동자의 것이 아닌 (공장의) 생산물이 노동자에게 이익을 줄 수 있는가 하는 문제(……)는 간과되었다. 이들은 자연에 대한 통제력이 진보했음을 인정할 뿐 사회가 퇴행했음을 인정하지 않는다.

원래 진보 이념은 계몽주의 사상가들의 것이었다. 이들은 진보 이념을 가지고 역사를 평가하고 역사 오류를 지적했다. 진보의 개념이 "문제를 제기하는 비판적 입장이 아닌 무비판적인 현실성을 자처하는 입장"과 동일시되는 것은 "진보가 **총체적인** 역사의 흐름인 양 행세할 때"뿐이다. 벤야민은 이러한 잘못된 동일시의 기원을 추적한다. 벤야민은 "19세기에 부르주아가 권력을 잡았을 때" 진보 개념이 비판적 효력을 상실했다고 주장한다. 상당히 관습적인 네오마르크스주의 용어다. 그러나 벤야민은 이러한 주장을 파리의 물리적 변형을 중심으로 시각화해낸다. 관습을 상당히 벗어난 시도다.

2

18세기 부르주아 계몽주의는 죄악과 고통으로 가득 찬 세상의 도시와, 구원과 영원한 축복의 장소인 천상의 도시를 모순적 양극으로 놓는 신학적 입장에 도전했다. 계몽주의는 인간이 신에게 받은 자기의 이성을 사용하여 바로 지금 여기에 "천상"의 도시를 만들 것을 종용했다. 물질적 행복은 이러한 지상낙원 건설의 기본적인 구성요소였다. 산업혁명 이후에는 이러한 낙원이 정말로 실현될 것처럼 보였다. 19세기에 유럽 전역 나아가 전 세계의 수도들은 극적인 변신을 거쳐 그야말로 번쩍이는 진열장이 되었다. 그리고 여기서 지상-천국의 도래를 약속하는 새로운 산업 및 테크놀로지를 선보였다. 그중에서 파리보다 화려하게 번쩍이는 도시는 없었다. 19세기 초에서 말까지 살았던 보스턴 시민 토머스 애플턴은 기존의 개념과 새로운 개념을 하나의 문장으로 표현했다. "착한 미국인은 죽어서 파리로 간다." "이 지상의 도시는 가로수가 늘어선 대로, 상점, 술집, 극장, 좋은 음식과 포도주 등 구체적 이미지"가 너무나도 전설적인 것이어서 "천국의 진주 대문과 황금 계단 같은 희미한 환상을 쉽사리 능가할 수 있었다."

② 도시의 화려함과 사치는 역사상 새로울 것이 없지만, 이것이 세속적·대중적으로 이용된 것은 새로운 점이었다. 근대 도시의 광채는 대로와 공원을 거닐거나 백화점, 박물관, 전람회, 유적지를 방문한 모든 사람이 경험할 수 있었다. 파리는 "거울 도시(looking-glass city)"로서 군중을 압도하는 동시에 기만했다. '빛의 도시' 파리는—처음에는 가스등으로, 다음에는 전기로, 다음에는 네온 불빛으로—100년 만에 밤의 어둠을 몰아냈다. '거울 도시'—군중이 스펙터클이 되는 도시—파리는 사람들의 이미지를 생산자가 아닌 소비자로 반영했으며. 그러면서 거울 이면에 존재하는 계급관계와 생산관계를 은폐했다. 벤야민

은 파리의 스펙터클이 "환등상"—착시를 이용한 환등 여흥으로, 상들이 수시로 크기를 바꾸며 다른 방들과 뒤섞인다—이라고 설명한다. 마르크스는 "환등상"이라는 용어로 상품의 기만적 외양을 지칭한 바 있다. 상품은 시장에 등장한 "물신"이라는 것이다. 「파사젠베르크」에서도 상품의 물신적 성격을 다루는 『자본론』을 인용하며, 교환가치로 인해 상품 가치의 원천이 생산 노동에 있다는 사실이 은폐되는 양상을 설명한다. 그러나 ③ 벤야민의 출발점은 역사경험의 철학이지 경제적 자본 분석이 아니었으며 새로운 도시 환등상 문제를 푸는 열쇠는 시장-안-상품이 아니라 진열-중-상품이었다. 진열 중인 상품에서는 교환가치 역시 사용가치와 마찬가지로 실제적인 의미를 상실하며, 순수한 재현적 가치가 전면에 등장한다. 섹스에서 사회적 지위에 이르기까지 욕망할 수 있는 모든 것이 상품으로 변형될 수 있었으며, 진열-중-물신인 상품은 사적 소유의 가능성이 전혀 없는 경우에도 여전히 군중을 매료했다. 오히려 도저히 살 수 없을 고가의 가격표는 상품의 상징적 가치를 더했다. 나아가 새로움 자체가 물신이 되었고, 이와 함께 역사 자체가 상품 형식의 구현체가 되었다.

(출전: 수잔 벅 모스(Susan Buck-Morss), 『발터 벤야민과 아케이드 프로젝트』, 김정아 옮김, 문학동네, 2004, 112-116쪽(발췌))

생각해볼 문제

이 글은 크게 두 부분으로 나뉘어져 있다. 하나는 진보의 역사적 신화를 거부한 벤야민의 입장이 제시된 부분이고 다른 하나는 19세기 유럽의 수도 특히 파리를 중심으로 상품의 성격을 설명한 것이다. (가)의 경우 그 자체로도 신화에 대한 대단히 훌륭한 설명이다. 이 설명에는 많은 사람들이 왜 세계의 불투명성에 직면해서 신화의 영역에 눈을 돌릴 수밖에 없는지, 그리고 왜 벤야민이 신화적 역사를 거부할 수밖에 없는지를 훌륭하게 설명하고 있다. 또한 이 글은 벤야민의 글쓰기 전략을 고찰함으로써 그의 이론적 작업이 가진 특수성을 적절하게 제시하고 있다. 벤야민의 글쓰기 전략은 19세기의 커다란 역사적 변화를 '환등상'이라는 작은 사물을 통해서 제시하는 것이다. 이것은 대우주와 소우주의 관계에 비유할 수도 있다. 대도시의 화려함을 대중적인 차원에서 경험할 수 있었다는 19세기의 역사적 변화를, '환등상'이라는 대상으로 압축하는 동시에 '환등상'으로부터 연역해내고 있는 것이다. 벤야민의 글쓰기 전략을 제시함으로써 벤야민 이론의 독특함을 드러내는 방식은, 이 글에서 선택한 가장 중요한 설명방식 가운데 하나이다.

이 글은 벤야민이라는 이론가의 독특한 입장을 드러내고자 한 의도에 충실하다. 또한 역사의 진보-신화를 거부한 벤야민과 19세기 파리의 특성이라는 주제에 충실하다. 그것은 문제의식의 선명함과 결코 무관하지 않다. 벤야민이 역사적 신화를 거부한 이유는 무엇인가, 그리고 벤야민이 19세기의 파리에서 본 것은 일반적인 대도시의 화려함인가 그렇지 않다면 자본주의적 상품의 물신화 과정인가, 만약 자본주의의 초상을 보았다면 상품이 어떠한 조건에 놓여 있었기에 물신화가 가능했는가, 그리고 상품의 물신화 조건을 보여주는 압축적인 비유는 무엇인가 등등과 같은 물음이 저변에 가로놓여 있기 때문이다. 물음의 섬세한 체계는 논증의 아름다움으로 글쓰기를 이끈다.

사랑의 불가능성 : 울리히 벡 · 엘리자베트 벡-게른하임

제시문

① '도대체 엄마는 왜 결혼하신 거죠?' 커닝햄(Michael Cunningham)의 소설인 『세상 끝의 집(*A Home at the End of the World*)』에서 딸은 어머니에게 이렇게 묻는다. "걱정되지 않으셨어요? 엄마의 진짜 삶은 놓쳐 버리고, 뭐랄까, 어딘가 다시는 돌아올 수 없는 그런 곳으로 가버리는 건 아닐까, 내가 지금 실수하고 있는 건 아닐까라고 말예요." 하지만 어머니는 그 질문이 마치 귀찮은 파리라도 되는 양 손을 내저어 쫓아버렸다. 토마토를 으깨던 엄마의 손은 축축하고 번들번들했다. "그 시절에는 그렇게 거창한 질문은 하지 않았단다." 어머니는 대답했다. "넌 그렇게 많이 생각하고 궁금해하고 계획하고 하는 게 어렵지도 않니?"

이와 비슷하게 터로우(Scott Turow)의 소설 『거증 책임(*The Burden of Proof*)』에도 어떤 미래가 자기를 기다리고 있는지 끊임없이 궁금해하는 딸 때문에 곤혹스러워하는 한 아버지가 나온다. "열망과 고통과 모순과 분노 그리고 온갖 충동과 감정들로 뒤엉킨 쏘니(그의 딸)의 이야기를 들으면서 스턴은 자기와 클라라(그의 아내)는 차라리 운이 좋았다고 생각했다. 그가 한창일 때에는 모든 것이 명쾌하게 규정되어 있었다. 서구 세계 어디서 자라났건 중간 계급 남녀들은 한결같이 결혼하고, 아이를 낳고, 훌륭하게 키우는 것 등을 열망했다. 모두가 똑같은 길을 걸었던 것이다. 그러나 '새로운 시대'에 태어나 느지막이 결혼한 쏘니에게는 모든 것이 선택의 문제가 되었다. 매일 아침에 눈을 뜰 때마다 이러저러한 관계, 결혼, 남자 그리고 자신이 고른(그녀의 말에 따르면) 아직도 반쯤은 어린애 같은 별난 친구에 관해 끊임없이 의문을 던지면서 아무것도 없는 무(無)의 출발선상에 서 있는 자신을 발견하곤 한다. 스턴은 문득 무엇 때문에 남편이 필요한지를 깨닫기만 하면 바로 결혼하겠다고 입버릇처럼 말하곤 했던 마르타가 생각났다."

② 그런데 '새로운 시대'란 도대체 무엇인가? 이 책에서 우리는 사랑과 가족과 개인적 자유 사이에 이해관계가 충돌하는 것이야말로 이 시대의 주요한 특징 중의 하나임을 밝혀 볼 것이다. 남녀의 성별 지위를 중심으로 구성된 핵가족은 이제 해방과 평등한 권리라는 쟁점 앞에서 산산조각이 나고 있다. 해방도 평등권도 이제 더는 편리하게 우리의 사생활 바깥에 머물러주지 않기 때문이다. 그 결과가 사랑이라고 불리는 지극히 정상적인 혼돈이다.

이러한 진단이 옳다면 가정적 지복(至福)의 안식처인 가족 대신에 그 자리를 물려받게 될 것은 과연 무엇일까? 물론, 다시 가족일 것이다. 단지 이전과는 전혀 다른, 그리고 이전보다 더 많은, 그리고 더 좋은, 그러한 가족이 그 자리를 물려받을 것이다. 협상된 가족, 대안적 가족, 복수의 가족, 이혼 후의 새로운 타협들, 재혼, 또 한 번의 이혼, 당신의 아이와 내 아이와 우리 아이들로 구성된 새로운 집합 그리고 과거의 가족과 현재의 가족들로 구성된 새로운 집합. 이것들은 핵가족의 확장이자 그것의 시간상의 연장일 것이다. ③ 그것은 언제나 그래왔듯 개인들 간의 결연일 텐데, 주로 그것이 우리의 풍요하지만 비인격적이고 불확실한—전통도 사라지고 온갖 종류의 위험에 의해 손상된—사회라는 으스스한 환경으로부터 일종의 피난처를 대표하기 때문에 널리 찬양받을 것이다. 사랑은 그 어느 때보다도 더 중요해지겠지만, 동시에 그 어느 때보다도 더 불가능하게 될 것이다.

오늘날의 남녀들은 동거나 이혼, 계약 결혼 등을 시도하기도 하고, 가족과 직장, 사랑과 결혼, '새로운' 모성과 부성, 우정과 단순한 친분을 조정하려고 분투하면서 삶의 올바른 방식을 찾아낼 것을 강요받고 있다. 이러한 움직임은 현재 진행 중이며, 멈춰 세울 방법이 전혀 없다. 이것은 가히 계급투쟁 다음에 닥쳐온 '지위 투쟁'이라 할 만하다. 높은 수준의 번영과 사회보장을 이룩하고 평화와 민주적 권리가 당연시되기 시작한 나라들에서는 이제 더 이상 가족의 요구와 개인적 자유 간의 모순이나 가족의 요구와 사랑 간의 모순들이 고통과 억압에 맞선 일상의 투쟁 뒤로 숨겨질 수 없게 되었다. 전통적인 사회적 정체성이 서서히 사라져감에 따라 남녀의 성별 역할에 대한 남녀 간의 적대 관계가 사적 영역의 심장부에 출현하게 되었다. 누가 설거지를 하느냐 하는 문제로부터 섹스와 '바람피우는 문제' 그리고 이를 통해 드러나는 온갖 태도 문제에 이르기까지, 사소한 것처럼 보이기도 하고 반대로 아주 중요해 보이기도 하는 온갖 문제들에 걸쳐 있는 이러한 적대 관계는 누가 봐도 크든 작든 분명하게 사회를 변화시키기 시작하고 있다. 개인의 성장을 최우선시하는 사회 속에서 사랑은 점점 더 우상화되어 가고 희망들의 무게에 짓눌려 희미해져 가고 있다. ④사람들이 사랑에 더 많은 희망을 걸수록 사랑은 그만큼 더 빨리, 모든 사회적 결속을 잃어버린 채 허공 속으로 사라져가는 듯이 보인다.

이 모든 것이 단지 사랑이라는 영역에서 일어나고 있다는 이유만으로 비밀리에, 즉 왜곡되고 은폐된 방식으로 나타나곤 한다. 처음에 그것은 단지 '나'와 '당신' 간의 어떤 사소한 불일치일 뿐이던 것이 자꾸만 자꾸만 자라난다. 사랑에는 언제나 이런저런 긴장이 따르기 마련인데, 우리는 언제나 사랑에 엄청난 가치를 부여해왔기 때문에 이런 긴장들을 서로 모순된 두 사회적 역할들 간의 충돌로 보지 못하고 각자의 성격이나 실수, 부주의 탓으로 보게 되기 때문이다. 결국 그것은 이런저런 성격을 가진, 혹은 어떤 실수를 한 두 '사람' 사이의 직접적 충돌로 나타나며, 마침내 두 사람의 사활을 건 상호비방전 혹은 지긋지긋하니 헤어지고야 말겠다는 욕망에까지 이르고 마는 것이다. 좀 더 쉬운 예를 들자면, 노동자와 경영자들 역시 서로의 차이를 개인적인 문제로 이해하지만 최소한 그들은 서로 사랑하고, 살림을 차리고, 결혼하고, 함께 일하며 아이들을 길러야 하는 운명은 아니다. 반면에 남자와 여자의 가정적 관계에서는 살림을 함께 해야 하는 사실 자체가 하나하나의 불화를 아주 개인적인 것인 동시에 아주 고통스러운 것으로 만든다. 오늘날의 커플들은 외부 세계로부터 주어지는 요구들을 그냥 따르기를 원치 않으며, 서로에 대한 사랑을 통해 부부만을 위한 세계를 창조하고 싶어한다. 이를 위해 모든 것을 하나하나 조정해 가려고 시도하는데, 바로 그러한 시도가 원래 이러한 관계에 내재해 있던 부조화들을 개인적인 어려움으로 변형시키는 것이다. 두 사람 사이의 사소한 싸움이나 말다툼이 그토록 깊은 상처를 주는 것은 바로 이 때문이다. 다른 어떠한 굳건한 감정적 토대도 없는 상황에서는 바로 그런 사소한 토닥거림들이야말로 커플들이 전적으로 의탁할 수밖에 없는 안전망의 일부이기 때문이다.

⑤ **사랑은 점점 황량해져 가는데, 사람들은 사랑이 깨졌을 때조차도 사랑을 포기하지 못한다. 그 어느 때보다도 더 커다란 희망을 사랑에 걸고 있는 것이다. 사랑이야말로 온갖 개인적 배신이 난무하는 불쾌한 현실에 맞설 수 있는 버팀목이라고 믿기 때문이다.** "다음번엔 모든 것이 나아질 거야"라는 상투적인 위로의 말은 희망과 절망이라는 두 측면을 하나로 결합시키고 있는데, 이것은 헤어진 두 사람 모두의

기운을 북돋워주고 각자를 개인화시켜 준다. 우스꽝스럽고 진부하고 희비극적이며 때로는 비극적이기까지 한, 온갖 복잡한 문제와 혼란으로 가득 차 있는 이 모든 것—이 책은 바로 이것들을 살펴보고자 한다. 어쩌면 단지 사람들이 다른 문제로 눈을 돌리지 않기 때문일 수도 있지만 '사랑', 온갖 기대와 좌절에 짓눌려 버린 이 '사랑'이야말로 전통이 해체된 시대에 사는 우리들의 새로운 삶의 중심일지도 모른다. **⑥사랑은 희망, 배신, 갈망, 질투로 나타날 수도 있다. 독일인들처럼 심각한 국민들까지도 괴롭히고 있는 이 모든 중독들 말이다. 사랑이 혼란에 빠져 있는 것이야말로 현 상황에서는 지극히 정상적인 상태라는 말은 바로 이러한 의미로 이해해야 한다.**

출전: 울리히 벡·엘리자베트 벡-게른하임,
『사랑은 지독한 그러나 너무나 정상적인 혼란』, 강수영 외 옮김, 새물결, 1999, 21-24쪽

생각해볼 문제

①은 평범한 어머니와 자식 간의 '대화'를 생생하게 '인용'함으로써 글의 도입부를 긴장감 있게 엮어가고 있다. 소설 속 인물들의 대화 장면을 현장감 있게 재구성함으로써 자신의 논리로 진입하기 위한 흥미로운 입구를 만들고 있는 것이다. 엄마와 딸의 대조적인 사고방식을 대화라는 간접적인 방식으로 보임으로써 세대 간의 사고방식의 차이를 효과적으로 드러내고 있다. ②는 문제제기적 문장("그런데 '새로운 시대'란 도대체 무엇인가?")으로 화제를 전환하면서 앞으로 전개될 내용을 요약적으로 암시("이 책에서 우리는 사랑과 가족과 개인적 자유 사이에 이해관계가 충돌하는 것이야말로 이 시대의 주요한 특징 중의 하나임을 밝혀 볼 것이다")하고 있다. 그리고 현대사회의 보편적 상황을 서술하면서 자신이 의도하고 있는 테마인 '사랑'의 문제로 접근해

가고 있다.

③은 역설적 문장을 통해 자신의 의도를 더욱 강렬하게 부각시키는 서술 방법을 보여주고 있다. 저자는 "사랑은 그 어느 때보다도 더 중요해지겠지만, 동시에 그 어느 때보다도 더 불가능하게 될 것이다."라는 역설적인 화법 속에 글의 핵심적인 주장을 담아내고 있다. 독자는 이 핵심적 문장을 통해 글의 분위기를 예감하고 각 문단마다 주제를 반복적으로 상기할 수 있게 된다. ④, ⑤, ⑥은 ③의 내용과 형식을 조금씩 변주하면서 그 내용을 구체적으로 확장시키고 있는 문장들이다. 저자는 ③, ④, ⑤, ⑥처럼 미세하게 변주되는 역설적인 문장들을 통해서 이 글의 주제를 점진적으로 확장시키는 동시에 반복적으로 각인시키고 있다.

IV. 생각의 길이와 글의 길이를 같게

1. 한국 미술의 대외교섭 : 안휘준
2. 무협소설의 사상적 연원 : 전형준
3. 장간의 노래(長干行) : 요시카와 고지로·미요시 다쓰지
4. 꿈의 해석 : 프로이트
5. 동화의 매력 : 브루노 베텔하임
6. 유행의 역사 : 페르낭 브로델
7. 일망 감시시설과 근대적 규율의 탄생 : 미셸 푸코

“

흔히 글의 길이라는 문제를 간과하기 쉽다. 목차를 짜며 각 논점을 다루는 데 필요한 글의 길이를 염두에 두어야 좋은 글을 쓸 수 있다. 얼마만큼의 길이가 제일 합당한가에 대해 딱히 무어라 말할 수 없지만, 생각의 길이와 글의 길이를 서로 같게 한다는 원칙을 제시할 수 있을 것이다. 생각을 충분히 드러내기에 말이 부족하면 글이 모호해지고, 생각은 없이 말만 길게 늘어뜨리면 글이 지루해지기 마련이다.

”

한국 미술의 대외교섭 : 안휘준

제시문

높은 수준으로 발전된 미술이나 문화에서는 두 가지 대조적인 현상이 엿보인다. 그 하나는 오랫동안 자체적으로 가꾸고 계승된 전통이고 다른 하나는 외국이나 다른 지역으로부터 수용된 외래적 요소이다. 전자가 독자적 특수성을 드러내는 반면에 후자는 대체로 국제적 보편성을 반영한다.

이 두 가지 이질적이고 상반되는 요소들이 서로 균형을 이루며 조화될 때 미술이나 문화는 더욱 발전하게 되고, 그러한 균형과 조화가 깨지게 되면 심각한 문제들이 야기된다. 자체의 전통만을 외곬으로 고집하고 외래 미술문화의 좋은 점을 받아들이지 않는다면 마치 고인 물이 썩듯이 그 미술이나 문화는 시들게 된다. 반대로 자체의 훌륭한 전통을 경시하고 올바르게 계승하지 않으면서 외래의 미술문화만을 무비판적으로 선호하고 무작정 받아들인다면 그 미술이나 문화는 독자적 특성과 정체성(正體性)을 결국 상실하는 결과를 초래하게 된다. 그러므로 이 두 가지 요소들의 적절하고 원만한 조화는 세련되고 정체성 있는 미술이나 문화를 발전시키는 데 있어서 더없이 중요하다고 하겠다.

우리의 선조들은 선사시대부터 조선왕조시대에 이르기까지 전통을 바탕으로 하면서 외래 미술문화의 좋은 점을 수용하고 활용함으로써 우리만의 수준 높은 미술과 문화를 발전시켰다. 선사시대 이래 시베리아, 몽골, 만주, 중국, 중앙아시아, 인도, 일본 등 여러 나라나 지역과 문화적 교류를 하면서 높은 수준의 독특한 미술과 문화를 형성하였다. 그러나 우리나라의 전통미술과 관련하여 특히 주목되는 것은 중국이나 일본과의 관계이다. 즉 ① 널리 알려져 있는 것처럼 우리나라의 전통미술과 문화는 중국으로부터 크게 영향을 받아 독자적인 문화를 발전시켰고 이렇게 한국화된 미술문화를 일본에 전해주어 그곳의 미술과 문화의 발전에 결정적인 기여를 하였던 것이다. 여기서 중국이나 일본과의 관계를 어떻게 볼 것인가 하는 문제가 제기된다. 특히 한·중·일 3국 간에는 미술과 문화에 있어서 차이점 못지않게 유사성이 두드러져 보이는 경우도 적지 않으므로 이에 대한 올바른 이해가 요구된다.

흔히 영향을 미친 쪽은 우수하고 자랑스러우며 영향을 받은 쪽은 열등하고 수치스러운 것으로 미술이나 문화를 이해하는 경향이 있는데 이는 크게 잘못된 것이라 하겠다. 영향을 주고받으려면 쌍방의 수준이 엇비슷해야만 한다. 영향을 받는 쪽의 역량이 부족할 경우에는 그 영향이 새로운 발전이나 창작에 유익하게 작용할 수가 없다. 오히려 부작용의 원인만 제공할 뿐이다. 그러므로 우리가 중국의 미술문화를 받아들여 중국과 다른 우리만의 미술과 문화를 창출할 수 있었던 것은 곧 우리 민족의 우수함을 말해 주는 것이라 하겠다.

그러면 우리의 선조들은 중국의 미술문화를 어떠한 입장에서 받아들였으며 우리는 그것을 어떻게 이해할 것인가 하는 문제를 짚고 넘어갈 필요가 있다.

첫째, 우리 선조들이 수용한 중국의 미술문화는 중국만의, 혹은 한족(漢族)만의 것이 아니라는 점을 먼저 유의해야 하겠다. 대개 중국의 미술문화는 한족이 단독으로 일구어낸 중국만의 것으로 인식되고 있으나, 사실은 중국과 관계가 깊었던 여러 나라, 여러 민족들이 한족을 중심으로 하여 함께 기여해서 만들어낸 것이라고 할 수 있다. 이는 마치 오늘날의 미국문화가 세계 각국, 각 민족이 어울려 만들어진 것과 정도의 차이는 있어도 마찬가지인 것이다. 이처럼 중국의 미술문화는 옛날 동아시아에 있어서 가장 영향력 있던 국제적 성격의 미술과 문화였으며 이것을 받아들인 것은 오늘날 우리가 구미의 문화를 받아들여 발전을 추구하는 것과 하등 다를 바 없는 국제문화의 수용이었다고 할 수 있다. 즉 옛날에는 너무도 당연하고 자연스러운 일이었다고 생각된다.

이와 함께, 우리가 중국 것만을 일방적으로 받기만 한 것이 아니라 우리 것을 중국에 많이 전했고 또 기여를 했음을 간과해서는 안 된다고 본다. 원대(元代)에 비록 타의적인 역사적 상황에서 비롯된 것이기는 하지만 고려의 문물이 그곳에 많이 전해져 소위 '고려양(高麗樣)'을 형성했던 것은 그 좋은 예이다.

둘째, 우리의 선조들은 중국의 미술문화를 피동적, 수동적 입장에서 받아들인 것이 아니라는 점을 직시해야 한다. 많은 노력과 비용을 들여서 능동적, 주체적으로 수용하였다. 결코 통념처럼 지리적으로 인접해 있기 때문에 저절로 이루어진 일이 아니다. 많은 문헌기록들은 이를 분명하게 밝혀 준다. 이와 관련하여 문익점이 목화씨를 어떻게 전래하였는가 하는 고사는 우리에게 많은 것을 시사해 준다.

셋째, 우리의 선조들은 중국 것이면 무엇이든 분별없이 받아들인 것이 아님도 유념해야 한다. 우리가 꼭 필요로 했던 것, 우리의 미감이나 기호에 맞는 것만을 선별적으로 지혜롭게 수용하였다. 한・중(韓・中) 양국의 대표적 박물관들을 돌아보면 중국인들이 특히 좋아하고 흔한 것이 우리에게는 없고 반대로 우리에게는 보편적인 것이 그쪽에는 없는 것이 적지 않게 보이는데, 이것은 바로 우리와 중국인들 사이의 미의식이나 기호의 차이에서 연유한 것임을 부인할 수 없다.

넷째, 우리의 선조들은 중국의 미술문화를 받아들여 중국과는 다르거나 그것보다 훨씬 수준 높은 미술과 문화로 발전시켰음을 가장 중요하게 보아야 한다. 이러한 청출어람(靑出於藍)의 예는 고려의 불교회화와 청자, 조선왕조의 초상화, 진경산수, 풍속화, 분청사기 등등 허다하다. 그러므로 영향을 받았느냐 안 받았느냐의 여부 문제가 아니라 받은 영향을 바탕으로 무엇을 창출하였는가가 역사적 평가의 대상과 기준이 되어야 한다고 본다. 이와 같이 우리가 받은 중국 미술문화의 영향을 새로운 관점에서 재조명해 볼 필요가 있다고 생각한다.

마찬가지로 우리가 일본의 미술문화에 끼친 영향도 새롭게 보아야 한다. 일제시대 식민주의 일인학자들은 흔히 우리가 반도국가로서 선진의 중국문화를 일본에 전해주는 교량적 역할을 하였다고 얘기하곤 하였다. 언뜻 들으면 그럴듯한 이 얘기는 사실은 전혀 옳지 않다. ② 우리가 일본에 전한 것은 중국 것이 아니라 우리가 발전시킨 우리의 미술문화였기 때문이다. 따라서 우리 선조들이 한 역할은 교량적인 것이 아니라 주체적인 것이었다.

이와 더불어 ③ 일본인들이 선사시대부터 조선시대에 이르기까지 우리 미술문화의 영향을 다소간을 막론하고 받았지만 그들도 우리처럼 자기들만의 수준 높은 문화를 발전시켰음을 인정해야 한다고 생각한다. 한·중·일 3국은 이처럼 긴밀한 문화적 유대관계를 유지하면서 현대까지 발전하여 왔으며 이 점은 삼국의 미술문화의 이해나 연구에 있어서 필수불가결한 요소라 하지 않을 수 없다.

그렇지만 삼국 간의 미술문화의 교류가 어떤 틀에 박힌 것처럼 일정한 것은 아니었다는 점이 주목을 요한다. 그것은 시대적, 역사적, 지리적, 정치 외교적 상황에 따라 늘 가변적일 수밖에 없었다. 그러므로 하나의 미술양식이 중국으로부터 한국, 한국으로부터 일본에 전해지는 데 걸리는 시간도 당연히 일정하지 않았다. 일례로 고 김원용 박사가 이미 밝혔듯이 당나라의 불상양식이 통일신라에 전해지는 데 10~20년 이상 걸리지 않았던 것이 분명하다. 교통과 통신의 발달이 오늘날 같지 않았던 8세기 당시로서는 대단히 신속한 편이었다고 믿어진다.

반면에 중국의 원말 14세기에 강남지방에서 꽃피었던 사대가, 즉 황공망(黃公望)·오진(吳鎭)·예찬(倪瓚)·왕몽(王蒙)의 화풍이 우리나라에 전해진 것은 17세기에 이르러서인 것으로 믿어진다. 무려 3세기나 지난 후의 일이다. 이처럼 전래가 늦어진 이유로 전란, 조선 사대부들의 생활의 빈곤 등을 들기도 하지만 그보다는 중국 강남지방과의 해상을 통한 교류가 끊겼던 데에 더 큰 원인이 있었다고 간주된다. 어쨌든 이 사례는 통일신라와 당(唐) 사이에 이루어진 불상양식의 전래와는 크게 대조적이다. 이처럼 국가 간의 미술문화의 교류에는 유의할 사항이 대단히 많다.

(출전: 안휘준, 『한국의 미술과 문화』, 시공아트, 2000, 37-40쪽)

생각해볼 문제

이 글은 주제와 관련된 일반적이며 보편적인 주장을 먼저 제시한 후에 구체적인 대상에 접근하는 방식으로 씌어졌다. 먼저, 문화의 독자적 특수성과 국제적 보편성은 문화적 정체성을 구성하는 기본적인 요소이며, 이 두 가지 요소가 서로 조화와 균형을 이룰 때 보다 수준 높은 문화가 형성될 수 있음을 지적하고 있다. 문화의 특수성과 보편성의 관계가 이러하다면 한국의 미술사는 어떠한 양상을 보이는 것일까? 그와 관련된 구체적인 물음을 정식화하고 있는 지점이 바로 ①이다. "우리나라의 전통미술과 문화는 중국으로부터 크게 영향을 받아 독자적인 문화를 발전시켰고 이렇게 한국화된 미술문화를 일본에 전해주어 그곳의 미술과 문화의 발전에 결정적인 기여를 하였던 것이다. 여기서 중국이나 일본과의 관계를 어떻게 볼 것인가 하는 문제가 제기된다." 이 물음으로부터 저자는 우리가 가지고 있는 일반적인 통념을 문제 삼으며 논지를 전개하고 있다. 첫 번째는 중국과 관련된 역사적 이해이다. 저자는 동아시아의 미술 교류에 있어서 중국은 단일한 국가 또는 문화적 공동체가 아니라 다양한 문화가 소통하고 교류하는 장소였음을 지적하고 있다. 두 번째는 한중일의 미술 교류에서 한국이 교량적 역할을 담당했을 뿐이라는 주장에 대한 비판이다. 한국은 중국의 문화를 일본에 전달하는 중간자가 아니라 독자적인 문화를 형성했으며, 한국이 일본에 전달한 것은 중국문화가 아니라 한국의 문화라는 지적이 그것이다. 세 번째는 일본 미술의 정체성에 대한 인정이다. "일본인들이 선사시대부터 조선시대에 이르기까지 우리 미술문화의 영향을 다소간을 막론하고 받았지만 그들도 우리처럼 자기들만의 수준 높은 문화를 발전시켰음을 인정해야 한다고 생각한다." 문화적 자존심은 타국의 문화에 대한 우월적 지위를 고집하는 데서 주어지는 것이 아니라 역사적으로 교류했던 타 문화에 대한 긍정과 존중에 근거할 때 형성될 수 있음을 보여주고 있는 것이다. 이 글의 품격은 외국문화의 수용(보편성)과 자국문화의 발달(특수성)이라는 방법론적인 틀을 한국, 일본, 중국에게 균질적으로 적용한 데서 주어진다.

무협소설의 사상적 연원 : 전형준

제시문

① 무협소설이 장르 문학으로서 갖는 관습적 장치 중 가장 중요한 것은 무공(武功)이고 그중에서도 내공(內攻)이다. 오늘날에도 적지 않은 사람들이 가르치고 배우는 단전호흡이나 기공(氣功)은 바로 이 내공에 해당하는바, 내공의 효용에 대한 과장은 무협소설의 핵심적 상상이다. 그런데 이 상상에는 사상적 연원이 있다. 그것은 도교이고, 또 도교 이전의 신선사상이다. 죽음을 넘어서 존재하는 삶에 대한 희망은 동서고금을 불문하고 인류에게 보편적으로 나타난다. 그 희망으로부터 죽음 이후의 내세에 대한 상상이 나오게 되는데, 기독교의 천국/지옥이나 불교의 극락/지옥이 바로 그러하다. 불교 전래 이전의 중국을 포함한 동아시아 지역에 널리 퍼져 있었던 불사(不死)의 관념도 바로 그러한 희망으로부터 나온 것이다. 그런데 기독교나 불교의 내세가 육체의 죽음 이후에도 계속해서 존재하는 영혼 내지 분신을 믿는 것이라면(여기서는 진정한 존재는 육체가 아니라 그 영혼 내지 분신이 된다), 불사 관념은 육체까지 포함하고 있다는 점이 특징적이다. 정신과 육체의 이분법을 벗어나 그 양자를 다 포함하는 것으로 요즘 새롭게 제시되고 있는 신체 개념과 불사 관념은 상통하는 면이 있다. 불사의 상징은 『산해경(山海經)』에 무수히 나타난다. ② 『산해경』 연구자이며 도교 연구자인 정재서 교수는 그것을 선약(仙藥), 장생불사적 존재, 낙원 세 가지로 나누어 설명한다(정재서 1994, 73-87 참조). 동 · 식물, 광물질로 된 많은 약재들이 등장하는데 같은 것이 같은 것을 낳

는다는 공감주술의 원리에 의해 그 치병과 장생불사의 효능이 인정되는 이 약재들이 바로 선약이다(『산해경』에서는 광물질이 우월한 자리를 차지하면 선호된다. 그것은 광물질의 불변성과 고정성이라는 속성이 중시되었기 때문이다). 8백 살 이상을 살거나(장생) 죽어도 다시 살아나는(불사) 사람들이 장생불사적 존재이다. 낙원은 불사약이 있고 불사가 가능한 곳이다. 이 불사의 상징이 보다 구체화되고 체계화되는 것은 신선사상에 와서이다. ③ 전국시대 이래로 유행한 신선사상을 집대성한 위진남북조 시대 갈홍(葛洪)의 『포박자(包朴子)』는 완전한 인간, 즉 불사적 존재의 경지에 도달할 것을 목표로 하는 신선술의 방법을 자세히 논하고 있다. 그 방법은 크게 양신(養神: 정신수련)과 양형(養形: 육체수련)이 있고, 양형에는 다시 복약(服藥)과 호흡 수련, 방중술(房中術), 그리고 그 밖에 벽곡(辟穀), 도인(導引) 등이 있다. 단식인 벽곡과 체조인 도인은 보조적 수단에 지나지 않고 성적 교합을 수련의 방법으로 삼는 방중술도 제한적으로만 신뢰되었다. 보다 중요한 것은 복약과 호흡 수련이다. 그리고 복약과 호흡 수련이 다 같이 목표하는 것은 단(丹)의 획득이다. 여기서 단은 무한성, 완전성, 영속성의 상징인데, 복약은 그런 속성을 실현한 단약을 제조하여 그것을 먹음으로써 단을 획득하는 방법이고, 호흡 수련은 대기 중의 기(氣)를 흡입하여 체내에 축적하고 그것을 체내의 경로를 따라 운행시킴으로써 단을 획득하는 방법이다. 단을 획득하게 되면 인간은 불사의 존재인 신선이 되는 것이다. 전자는 몸 밖에서 단이 만들어지므로 외단(外丹)이라 부르고 후자는 몸 안에서 단이 만들어지므로 내단(內丹)이라고 부른다. 『포박자』의 서술은 외단 위주로 되어 있다. 그러나 내단파에 의하면 갈홍의 서술은 직설이 아니라 비유이다. 즉, 체내에서 이루어지는 내단 형성의 과정과 방법을 단약 제조로 비유한 것이다. 실제로 외단술이 금속 중독이나 극약 중독에 의한 사망을 숱하게 불러온 것을 생각해 보면 내단파의 주장은 흥미로운 바가 있다. 무협 소설의 내공은 바로 이 내단파 이론을 근거로 한 상상의 소산이다.

갈홍의 『포박자』는 신선사상의 집대성일 뿐만 아니라 동시에 도교 중의 단정파(丹鼎派) 도교의 대표적 경전이다. 본래 후한(後漢) 말에 생겨난 원시도교는 부록파(符籙派) 도교였고 민간도교였다. 그 대표적 경전이 『태평경(太平經)』인데 이 책은 방사(方士)들의 저작이다. 방사는 무당에서 도사로 변신하는 과정의 중간적 존재이다. 한나라 때에 무속, 신선설, 참위설, 도가사상 등이 뒤섞이며 차츰 도교의 종교적 성립을 향해 수렴되어 가다가 후한 말에 이르러 부록파 도교를 탄생시키고 오두미도, 태평도 등의 교단 조직을 성립시킨 것이다. 부록파 도교는 농민반란과 결합하면서 민중의 저항 이데올로기로 작동하곤 했다. 단정파 도교는 위진 시대에 도교가 귀족화하면서 생겨났는데, 이로부터 관방(官方)도교가 유래하여 당나라 때에는 국교가 되기까지 했다. 이렇게 보면 도교의 사회 정치적 성격은 양면성을 지니고 있다고 할 수 있는데, 정재서 교수는 그 양면성을 다 포괄하는 넓은 의미에서의 도교를 '기층문화로서의 도교'라는 단일한 정체성으로 파악한다. 철학적 의미의 도교(도가 사상)나 단정파 도교 모두 "중국 문화 전체의 견지에서 보면 결코 주류나 지배 문화에 속하지 않았"으며 "보편 이념인 유교 이데올로기의 입장에서는 이단적·주변적 성격을 띤 문화임에 틀림없"기 때문이다(정재서 2000, 280-281). 물론 그 단일한 정체성 안의 다양한 차이들에 대해서는 섬세한 고찰이 필요하겠으나 그 필요성이 '기층문화로서의 도교'라는 파악과 양립할 수 없는 것은 아니라고 생각된다. 도교가 기층문화로 파악될 수 있는 것은 인구의 절대 다수인 농민의 종교가 도교라는 사실도 중요한 근거가 되겠지만, 그보다 더욱 중요한 것은 유교 이데올로기가 공식적이고 의식적인 차원에서 중국 문화를 지배한 데 비해 도교는 비공식적이고 무의식적인 차원에서 중국 문화의 근저가 되었기 때문이다. 농민의 종교가 사실상 도교였다고 해도 농민에게 침투된 유교 이데올로기의 공식적이고 의식적인 작용 또한 부인할 수 없는 사실이며, 거꾸로 유교 이데올로기의 담당자인 상층 사회의 사대부 계급 또한 그 비공식적이고 무의식적인 차원에 있어서는 도교적인 것에 침윤되어 있었던 것이다. 이렇게 보면 '기층문화로서의 도교'와 유교 이데올로기의 관계는 반드시 대립적인 것만이 아니고 교묘하게 상호 결탁한 측면도 있다고 할 수 있겠다. 유교 비판자였던 소설가 루쉰(魯迅)이 "중국의 뿌리는 모두 도교에 있다"라고 말했을 때 이 유명한 말의 본뜻은 유교를 부정하고 도교를 긍정하는 데 있는 것이 아니라 유교는 물론이고 도교도, 혹은 유교보다도 더 도교를 비판하는 데 있었던 것 같다. ④ 루쉰의 이 유명한 말은 친구 쉬서우창(許壽裳)에게 보낸 1918년 8월 20일자의 편지에 나오는데 그 전후 문맥을 보면 다음과 같다._

> 「광인일기」는 실은 내 작품이고 또 백화시(白話詩: 구어로 쓴 시)로 '탕이(唐矣)'라고 서명한 것도 있소. 중국의 뿌리는 모두 도교에 있다고 전에 말했었는데, 이 설이 근자에 자못 널리 유행하고 있소. 이로써 역사를 읽으면 여러 가지 문제들이 잇달아 해결될 수 있소. 나중에 우연히 『통감(痛鑑)』을 읽다가 중국인은 예부터 식인(食人) 민족이었다는 것을 깨달았고, 그리하여 이 작품을 쓴 것이오.(魯迅 1981, 11: 353)

루쉰의 데뷔작으로 1918년 5월에 발표된 단편소설 「광인일기」는 식인 민족으로서의 중국인, 식인 문화로서의 중국 문화에 대한 통렬한 비판이고 부정이다. 위 인용문의 문맥을 보면 그 식인 민족, 식인 문화의 근저가 도교인 것으로 읽힌다. 도교를 뿌리로 하는 식인 민족, 식인 문화에 대한 루쉰의 거부가 얼마나 강렬한가 하면, 같은 편지의 말미에서 "만약 인류라는 관점에서 본다면, 중국이 개량한다면 인류 진보의 증거가 되기에 족하고(이런 나라도 개량할 수 있기 때문에), 중국이 멸망한다면 이 또한 인류 향상의 증거가 되는데 이런 국민들이 생존할 수 없는 것은 바로 인류가 진보한 까닭이기 때문이오"(魯迅 1981, 11: 354)라고 말할 정도이다. 루쉰은 비판과 부정을 위해 지적한 것이고 우리는 이 편지에서의 루쉰과는 달리 도교의 양면성과 나아가서는 복합성을 모두 보아야 한다고 생각하지만, 어쨌든 "중국의 뿌리는 모두 도교에 있다"라는 그의 지적은 도교의 기층문화적 성격에 대한 정확한 지적이라 할 것이다(루쉰도 나중에 가서는 도교의 양면성과 복합성을 인식하게 된다). 무협소설의 관습적 장치와 모티프 중 다수는 바로 그 기층문화로서의 도교에서 연유한다.

(출전: 전형준, 『무협소설의 문화적 의미』, 서울대학교출판부, 2003, 19-23쪽)

생각해볼 문제

①은 단도직입적 화법으로 테마에 직접 돌입하는 글쓰기를 보여주고 있다. 특별한 수사학적 기법을 활용하지 않고서도, 이러한 담백하고 건조한 화법은 독자를 향해 투명한 의사전달을 가능하게 해준다. 물론 이것은 설명하려고 하는 대상에 대해 전문가적 수준으로 지식을 습득하고 있을 때 가능한 화법이다. '핵심적', '가장 중요한', '주목할 만한' 등과 같은 교과서적 강조 어법은 너무 자주 쓰면 상투화되지만 적재적소에서 활용한다면 정확하면서도 설득력있는 표현의 효과를 발휘한다.

또한 이 글은 인용의 출처가 어디인가, 어떤 사람의 말을 인용했을 때 독자가 가장 신중하게 귀 기울이는가라는 문제를 다시 한 번 생각하게 해주는 글이다. ②는 저명한 석학의 말을, ③은 독특한 고전의 작품을, ④는 위대한 사상가의 말을 인용하고 있다. 저명한 석학, 독특한 고전, 위대한 사상가의 말은 인용의 권위와 신뢰감을 확보하는 가장 합리적인 선택의 기준이 될 수 있다. 인용의 가장 중요한 장점은 인용된 말 자체의 흥미에도 있지만, '누구의 말'인지, '출처가 어딘지'라는 문제가 우선적 관건이 되기 때문이다. 특히 무협소설처럼 그동안 학문적인 연구가 축적되지 않은 대상의 성격을 명확하게 하고 그 역사적 의미와 사상적 배경 그리고 현재적 의의를 살피는 데 있어서 인용의 성격과 방법은 매우 중요한 의미를 갖는다. 일반적으로 독자의 신뢰를 얻을 수 있는 가장 전형적인 인용의 출처는 바로 '고전'이다. 고전은 시대의 변화 속에서도 새로운 물음과 답변을 우리에게 제시하며 그 과정에서 새로운 의미를 창출해 내는 '살아 숨쉬는 텍스트'이기 때문이다.

장간의 노래(長干行) : 요시카와 고지로 · 미요시 다쓰지

제시문

長干行 장간의 노래

妾髮初覆額　소첩의 머리가 이마를 덮을 무렵
折花門前劇　꽃 꺾어 문 어귀에서 장난할 때
郎騎竹馬來　낭군은 죽마 타고 오시어
遶牀弄青梅　침상을 돌면서 청매를 흔들어댔죠
同居長干里　장간 마을에 같이 살면서
兩小無嫌猜　둘 다 어려 남세스러움 모르고
十四爲君婦　열넷에 당신의 아낙이 되어선
羞顔未嘗開　부끄러워 얼굴을 펴지 못하고
低頭向暗壁　고개 숙여 어두운 벽만 향하여선
千喚不一回　천 번을 불러도 대답 한 번 없었더니
十五始展眉　열다섯에야 미간을 펴
願同塵如灰　티끌과 재나 같기를 바랐기에
常存抱柱信　기둥 안고 죽을 믿음을 지녔어도
豈上望夫臺　망부의 대에야 어찌 오르겠어요
十六君遠行　열여섯 그대 먼 길을 떠나시니
瞿塘灩澦堆　구당의 염예퇴를
五月不可觸　오월에 맞닥뜨리지 마십사고
猿聲天上哀　잔나비 소리 하늘 위에 구슬픈 곳

門前舊行跡　문앞 당신의 옛 발자국은
一一生綠苔　하나하나 이끼가 끼었구려
苔深不能掃　이끼 깊어 걷어내질 못하는데
落葉秋風早　가을바람에 낙엽이 이르기도 해라
八月蝴蝶來　팔월에 온 나비
雙飛西園草　쌍쌍이 서원 풀에 날아
感此傷妾心　그 때문에 소첩의 마음 상하여
坐愁紅顔老　붉은 뺨 시들까 괜스레 근심해요
早晩下三巴　조만간 삼파를 내려오시거든
預將書報家　미리 글월로 알려주세요
相迎不道遠　길 멀다 않고 마중을 나가
直至長風沙　곧바로 장풍사에 닿을게요

① 여항의 애정에도 본디 우수가 있다. 그것도 이백은 가장 아름다운 언어로 노래하였다. '장간의 노래(長干行)'라고 이름 붙인 이 시는 행상 나간 남편을 둔 젊은 여인이 남편을 그리는 마음을 노래하였다.

장간(長干)은 지금의 남경시 남부에 위치한 번화한 저잣거리. 지금도 그렇지만 수운이 종횡으로 연결되어 상업이 발달한 양자강 하류의 이 지역에서는 강물에 임한 집들이 종종 활발하고도 번화함을 그대로 드러낸다. 장간이라는 곳도 그러한 지역이었으리라. 장간의 간(干)이라는 것은 강기슭이니, 결국 장간이란 곳은 장(長) 기슭이라는 뜻.

시는 모두 젊은 여인의 독백. 우선 아주 먼 추억으로부터 시작한다.

② 제 앞머리가 겨우 이마에 늘어져 있었을 무렵, 꽃가지를 꺾어 들고 문 앞에서 놀고 있었지요. 그러자 낭군은 죽마를 타고 오셨어요. 중국의 죽마는 일본의 죽마와 다르다. 한줄기 대나무를 사타구니 사

이에 끼고 달린다. 한쪽 끝에는 말갈기를 흉내 내어 술이 드리워져 있고 한쪽 끝은 땅을 끈다. 그런데 죽마를 타고 달려온 당신은 침상 주위를 빙글빙글 돌면서 손에 든 청매 열매를 흔들흔들 내게 보여주었죠. 둘이 다 장간의 마을에 살았고, 둘이 다 아이 적의 일. 조금도 부끄럼을 타지 않았지요.

당신의 신부가 된 것은 열네 살 나던 해. 부끄러워 도무지 부끄러워서 방긋 웃지도 못하고 벽을 향하여 고개를 파묻고 있을 뿐, 부르셔도 대답도 못하였지요. 그러는 사이에 부부의 애정을 막 알게 된 것이 열다섯 살 나던 해. 가까스로 그때까지 어려워하던 얼굴을 거두고 찌푸리고 있던 눈썹을 펴서 티끌과 재 사이처럼 금슬(琴瑟) 좋은 부부가 되기를 바라게 되었지요. 주석에는 '티끌과 재'는 한데 뒤섞여 격의가 없는 것이라고 되어 있다. 어떤 어감일까. 설마 깨진 냄비에 잔뜩 묻은 때라는 뜻은 아닐 것이다.

그래서 당신에게 정절을 바치겠다고 마침내 다짐하게 되었어요. 옛날 미생(尾生)이라는 사람은 다리 아래에서 만나기로 한 여인을 기다리는 사이에 갑자기 홍수를 만났지만, 그래도 그곳을 떠나지 않고 끝내 교각의 기둥을 끌어안은 채 물에 빠져 죽고 말았다지요. 이것은 '포주(抱柱)의 믿음'이라는 옛이야기지요. 여자이지만 나도 '포주의 믿음'을 지키겠다고 다짐하게 되었어요. 하지만 '포주의 믿음'처럼 우직한 정직함을 지키겠다고 마음먹기는 하였어도 저 '망부(望夫)의 대', 남편과 헤어진 여인이 그 위에 올라서 남편이 떠나간 쪽을 바라보았다고 하는 옛이야기에 나오는 '망부대', 그런 곳에 기어오르는 경우가 되리라고는 생각지도 못하였어요.

그런데 지금 저는 그런 경우가 되고 말았어요. 제 나이 열여섯. 당신은 사천성 쪽으로 행상 나간다며 먼 여행길에 올라 양자강을 서쪽으로 거슬러 올라가셨지요. 양자강 상류의 사천성으로 들어가는 곳에는 구당(瞿塘)이라는 급류가 있고, 그중에서도 커다란 암초는 염예퇴(灩澦堆). 물이 불어나는 오월에는 자칫 부딪히지 않길 바래요. 그리고 그 언저리에 많이 들린다는 잔나비 소리가 절벽 위켠에서 구슬프게 천상의 소리처럼 들려온다지요. 당신 정말로 아무 일 없으신가요.

집 문 앞까지 나가 보니 당신이 매일 밟고 지나다니시던 곳에는 완전히 이끼가 끼어 그리운 당신의 발자국을 뒤덮고 말았어요. 이끼를 걷어내려고 했지만 너무도 두텁게 자라서 도무지 청소를 못할 정도. 게다가 올해는 마음 탓인지 가을바람도 빨리 불어와 벌써 풀풀 나뭇잎이 떨어져요.

계절은 이미 8월(즉 양력 9월). 폴폴 날아오는 나비는 올해 마지막 나비겠지요. 그래도 두 마리가 나란히 서쪽 화원의 풀 위를 날고 있어요. 나비조차도 사이좋게 쌍을 이루는 걸 생각하면 왠지 애달프고 애달파, 아직도 붉게 눈부실 터인 제 얼굴도 급작스레 할멈처럼 될 지경이에요.

사천성을 두고 삼파(三巴)라고도 한다지요. 그 삼파에서 배로 내려오시는 것은 언젠가요. 그때는 미리 편지를 집에 보내주세요. 마중 나갈게요. 적어도 장풍사 언저리까지는요. 네, 정말 가고말고요. 곧바로 장풍사 부근까지.

그렇게 말하는 장풍사는 지금의 안휘성 지주(池州) 근처에 있다고 한다. 그렇다면 장간에서는 사십오 킬로미터. 부인 혼자서 여행하기에는 어려울 듯하다.

이 시는 여러 가지로 영역되어 있는데, 에즈라 파운드의 번역이 가장 뛰어나다.

THE RIVER-MERCHANT'S WIFE: A LETTER

While my hair was still cut straight across my forehead
I played about the front gate, pulling flowers.
You came by on bamboo stilts, playing horse,
You walked about my seat, playing with blue plums,
And we went on living in the village of Chokan:
Two small people, without dislike or suspicion.

At fourteen I married My Lord you.
I never laughed, being bashful.
Lowering my head, I looked at the wall.
Called to, a thousand times, I never looked back.

At fifteen I stopped scowling,
I desired my dust to be mingled with yours
For ever and for ever, and for ever.
Why should I climb the look out?

At sixteen you departed,
You went into far Ku-to-yen, by the river of swirling eddies,
And you have been gone five months,
The monkeys make sorrowful noise overhead.

You dragged your feet when you went out.

By the gate now, the moss is grown, the different mosses,
Too deep to clear them away!
The leaves fall early this autumn, in wind.
The paired butterflies are already yellow with August
Over the grass in the West garden;
They hurt me. I grow older.
If you are coming down through the narrows of the river Kiang.
Please let me know beforehand,
And I will come out to meet you.
As far as Cho-fu-Sa.

(출전: 요시카와 고지로 · 미요시 다쓰지,
『당시 읽기』, 심경호 옮김, 창작과비평사, 1998, 100-106쪽)

생각해볼 문제

이 글에서 주목해야 할 대목은 시점(視點)이다. 한문으로 씌어진 한시는 현대어로 번역을 해도 독자에게 쉽게 이해되지 않는다. 이러한 어려움을 극복하기 위해서 글쓴이가 사용하고 있는 방법은 1인칭 시점과 3인칭 시점을 함께 사용하는 것이다. ①에서는 '장간의 노래'를 해석하는 저자의 관점을 반영한 3인칭 시점을 적용하고 있고, ②부터는 '장간의 노래'에 등장하는 여성화자(행상 나간 남편을 둔 젊은 여인)의 목소리를 1인칭 시점을 통해서 재현하고 있다. 달리 말하면, 시적 화자의 1인칭 시점과 해석자의 3인칭 시점을 적절히 병용함으로써, '장간의 노래'에 내재된 시적 감수성을 보다 섬세하게 드러내는 동시에 '장간의 노래'에 대한 현재적인 이해의 지평을 제시할 수 있었던 것이다. 또한 글의 처음에는 한시 원문을 제시하고 글의 마지막 부분에는 한시의 영역(英譯)을 인용함으로써, 일종의 수미상관적 효과도 자아내고 있다. 이 글은 대단히 쉽게 읽힌다. 하지만 쉽게 읽히는 글을 쓸 수 있는 능력은 쉽게 얻을 수 있는 것이 아니다. 오랜 세월 동안 갈고 닦은 학문적 내공이 군더더기 없는 정확한 번역문을 통해서 우리에게 전해지고 있다.

꿈의 해석 : 지그문트 프로이트

제시문

① 산비탈 사이의 좁고 험난한 길을 지나 갑자기 언덕에 이르면, 길이 여러 갈래로 나뉘면서 사방 멀리까지 전망이 툭 트인다. 그러면 잠시 발길을 멈추고 먼저 어디로 갈 것인지 생각하게 된다. 첫 번째 꿈-해석을 무사히 마치고 난 우리의 상황이 그와 흡사하다. 우리는 예기치 않게 인식에 이르렀다. 연주자의 손 대신 외부 충격을 받고 제멋대로 울리는 악기 소리에 꿈을 비할 수는 없다. ② 꿈은 의미 없이 부조리한 것도 아니며, 풍부한 우리 표상들의 일부가 잠자는 동안 다른 일부가 깨어나기 시작해야 가능한 것도 아니다. 그것은 완벽한 심리적 현상이며, 정확히 말해 소원 성취이다. 또한 우리가 이해할 수 있는 깨어 있는 동안의 정신 활동 속에 배열될 수 있으며, 아주 복잡한 정신 활동에 의해 형성된다.

그러나 이러한 인식을 반기려는 순간 많은 문제들이 우리를 덮친다. ③ 꿈-해석의 결과 꿈이 성취된 소원을 묘사한다면, 이 소원 성취는 무엇 때문에 의아하고 이상한 형식으로 표현되는 것일까? 꿈-사고가 어떤 변화를 겪기에 눈을 뜰 때 우리의 기억에 남아 있는 것 같은 외현적 꿈이 형성되는 것일까? 이러한 변화는 어떤 경로를 통해 이루어지는 것일까? 꿈으로 엮어지는 재료는 어디서 비롯된 것인가? 우리가 꿈-사고에서 볼 수 있었던 많은 특성들은 어디서 유래할까? 예를 들어 왜 꿈-사고들은 서로 모순되는 것일까? 과연 꿈은 우리 내면의 심리적 사건에 관해 새로운 것을 알려 줄 수 있을까? 그리고 그 내용

은 우리가 낮 동안 믿었던 의견을 정정해 줄 수 있을까? (중략)

꿈이 자주 소원 성취의 특성을 노골적으로 드러낸다는 것을 보여 주기는 쉽다. 그래서 왜 진작 꿈의 언어를 이해하지 못했는지 의아할 정도이다. 예를 들어 내가 종종 실험 삼아 마음대로 만들어 낼 수 있는 꿈이 있다. 소금에 절인 생선이나 올리브 등의 아주 짠 음식을 저녁 때 먹었다면, 나는 잠에서 깰 정도로 한밤중에 갈증을 느낀다. 그러나 깨어나기 전 매번 같은 내용의 꿈을 꾼다. 즉 물을 마시는 꿈이다. 벌컥벌컥 물을 들이마시는데, 진짜로 무척 목이 말라 고생하다가 시원한 물을 들이킬 때처럼 맛이 아주 좋다. 그런 다음 잠에서 깨어나 실제로 물을 마셔야 한다. 이 단순한 꿈의 동기는 깨어날 때 느끼는 갈증이다. 갈증에서 물을 마시고 싶다는 소원이 생겨나고, 꿈은 이 소원을 성취시켜 준다. 이 과정에서 꿈은 내가 즉시 알아낼 수 있는 한 가지 기능을 수행한다. 나는 잠을 잘 자는 편이라 어떤 욕구 때문에 잠에서 깨어나는 법이 별로 없다. 물을 마시는 꿈을 통해 내 갈증을 달랠 수 있다면, 갈증을 해소하기 위해 굳이 깨어날 필요가 없다. 따라서 그것은 편의-꿈(Bequemlichkeitstraum)이다. 평소 깨어 있을 때처럼 꿈이 행위를 대신하는 것이다. 유감스럽게도 친구 오토나 의사 M을 향한 복수욕과는 달리 갈증을 해소하기 위해 물을 찾는 욕구는 꿈으로 충족될 수 없다. 그러나 좋은 의도가 두 경우 모두에 존재한다. 얼마 전의 갈증-꿈(Dursttraum)은 좀 색달랐다. 그날 밤 나는 잠들기 전부터 갈증을 느껴 침대 옆 탁자 위의 컵을 이미 비워 버린 터였다. 몇 시간 후 한밤중에 다시 갈증이 찾아왔고, 그것은 참 번거로운 일이었다. 물을 마시기 위해서는 침대에서 일어나 아내 쪽 탁자 위의 물 컵을 가져와야 했다. 그래서 나는 편리하게 아내가 그릇의 물을 따라 주는 꿈을 꾸었다. 그릇은 내가 이탈리아 여행에서 가져와 후에 다른 사람에게 선물한 에트루리아 유골단지였다. 그릇 속의 물이 너무 짜서(분명 유골 때문이었다) 나는 그만 잠에서 깨어났다. 꿈이 얼마나 편안한 쪽으로 구성되는지 알 수 있다. 소원 성취가 유일한 목적이기 때문에 완벽하게 이기적일 수 있는 것이다. 편안함을 좋아하는 마음은 실제로 다른 사람에 대한 배려와 합치될 수 없다. 유골 단지의 등장은 또 다른 소원 성취일 가능성이 높다. 지금 이 그릇을 소유하고 있지 않는 것은 아내 쪽의 물 컵이 손에 닿지 않는 것처럼 유감스러운 일이다. 또한 유골 단지는 심해지는 짠맛 감각과도 잘 부합한다. 나는 그러한 감각 때문에 잠에서 깨어날 수밖에 없다는 것을 잘 알고 있다. (중략)

내가 건강한 사람들에게 들은 얼마 안 되는 꿈에서도 어렵지 않게 소원 성취를 발견할 수 있다. 내 꿈-이론을 알고 있어 자기 부인에게도 그 이야기를 들려준 어떤 친구가 어느 날 내게 말했다. "어제 내 아내가 생리하는 꿈을 꾸었다면서, 자네에게 이야기해 주라고 하더구먼. 그것이 무엇을 의미하는지 자네는 알고 있겠지." 물론 나는 잘 알고 있다. 젊은 부인이 생리하는 꿈을 꾸면, 생리가 중단된 경우이다. 어머니로서의 노고가 시작되기 전 잠시 더 자유를 즐기고 싶어하는 심정은 충분히 가늠할 수 있다. 그것은 첫 임신을 알리는 재치 있는 방법이다. 부인이 얼마 전 셔츠의 가슴 부분에 젖이 묻어 있는 꿈을 꾸었다는 편지를 보내 온 친구도 있다. 이것 역시 임신을 알려 주는 꿈이지만, 첫 임신은 아니다. 젊은 어머니는 첫아이보다 둘째 아이에게 젖이 더 많기를 바란다. (중략)

오로지 소원 성취로 이해할 수 있으며 그 내용을 노골적으로 드러내는 꿈들을 다양한 조건하에서 자주 발견할 수 있다는 것을 증명하기 위해서라면 이 정도의 사례로 충분할 것이다. 대개 이런 꿈들은 근본적으로 연구가들의 이목을 집중시켰던 혼란스럽고 복잡한 구성의 꿈들과 기분 좋게 대조되는 짧고 단순한 꿈들이다. 그러나 이런 단순한 형태는 심리적 활동이 확실히 성인들보다 덜 복잡한 어린이들에게서 기대할 수 있다. 내 생각으로는 아동 심리가 성인 심리의 이해에 많은 보탬이 된다. 이것은 하등 동물의 조직이나 진화에 대한 연구가 고등 동물류의 구조 연구에 도움이 되는 것과 비슷하다. 아동 심리를 이러한 목적에 이용하기 위한 방법은 아직까지 거의 답보 상태이다.

어린 아동들의 꿈은 단순한 소원 성취인 경우가 많으며, 성인들의 꿈과는 반대로 전혀 관심을 끌지 못한다. 아동들의 꿈에서 풀어야 할 수수께끼는 없다. 그러나 그들의 꿈은 꿈의 내적 본질이 소원 성취라는 것을 증명하는 데는 더할 나위 없이 중요하다. (중략)

나는 아들의 꿈과 아주 흡사한 사례를 한 친한 친구에게서 들었다. 그것은 여덟 살 난 소녀의 꿈이었다. 아버지는 아이들과 함께 로러 산장을 찾아볼 생각으로 도른바하에 산책을 나갔다. 그러나 시간이 너무 늦었기 때문에 도중에서 발길을 돌렸으며, 다음 기회에 그곳까지 데려다 주겠다고 약속했다. 그들은 귀가 도중 하메아우를 가리키는 이정표를 지나쳤다. 그러자 아이들은 하메아우에 데려다 달라고 졸랐다. 그러나 이번에도 같은 이유에서 다른 날로 미룰 수밖에 없었다. 다음날 아침 여덟 살 된 딸이 만족스러운 얼굴로 아버지에게 다가왔다. "아빠, 어젯밤 아빠와 함께 로러 산장과 하메아우에 간 꿈을 꿨었어요." 아이의 조급함이 아버지의 약속을 미리 앞당겨 꿈에서 실현시킨 것이다.

당시 세 살 4개월이었던 딸아이가 아우스제의 아름다운 경치를 보고 흥분해 꾼 꿈 역시 아주 솔직하다. 딸아이는 생전 처음 배를 타고 호수를 건넜는데, 배를 타는 동안 시간이 너무 빨리 지나가 버린 것이다. 그래서 선착장에 도착해 배에서 내리려 하지 않고 엉엉 울었다.

이튿날 아침 아이는 어젯밤 배를 타고 호수를 건넜다고 이야기했다. 꿈에서는 원하는 대로 실컷 배를 타 그 애가 만족했기를 바란다.

내 장남은 여덟 살 때 벌써 자신의 공상을 실현시키는 꿈을 꾸었다. 그 자신은 아킬레우스와 같은 마차를 타고 있었고, 마부는 디오메데스였다. 물론 그는 전날 누나에게 선물을 받은 그리스 전설에 열광해 있었다.

어린이들의 잠꼬대 역시 꿈의 범주에 속한다는 내 말에 동의하면, 내가 알고 있는 것 중 가장 어린 어린아이의 꿈을 여기에서 이야기할 수 있다. 내 막내딸은 생후 19개월에 접어들었을 무렵 어느 날 아침 토했고, 그 때문에 온종일 음식을 먹지 못했다. 하루 종일 굶은 그날 밤 아이는 잠자면서 흥분해 소리쳤다. “안나 프·오이트, 따(ㄹ)기, 산딸기, 오므(ㄹ)렛, 빵죽.” 당시 그 아이는 자신의 소유라는 것을 표현하기 위해 자기 이름을 사용하던 습관이 있었다. 음식들은 전부 그 애가 아주 먹고 싶다고 생각한 것들이 분명했다. 그중에 딸기가 두 종류나 포함된 것은 집의 위생 점검에 대한 일종의 시위였다. 보모가 소화 불량의 원인이 딸기를 너무 많이 먹은 데 있다고 말한 상황을 그 아이 자신도 잘 알고 있었기 때문이다. 그러므로 아이는 꿈속에서 자신의 마음에 안 드는 판단에 복수한 것이다. 우리는 어린 시절이 성적인 욕망을 모르기 때문에 행복하다고 찬미하면서도, 또 다른 커다란 삶의 본능이 많은 실망과 체념을 안겨 주고 따라서 꿈-자극의 풍부한 출처가 될 수 있다는 것을 부인하지 않는다. (중략)

④ **동물들은 어떤 꿈을 꾸는지 나는 알지 못한다. 어느 청중에게 들은 속담은 그것을 안다고 주장한다. 속담은 “거위는 어떤 꿈을 꾸는가?”라고 질문을 던진 후, “옥수수 꿈을 꾼다.”라고 대답한다. 이 두 문장 속에는 꿈이 소원 성취라는 이론 전부가 집약되어 있다.**

언어 관습만 참조해 봐도, 꿈의 숨어 있는 의미에 관한 우리의 이론에 아주 쉽게 이를 수 있다는 것을 알 수 있다. 학식 있는 언어는 간혹 꿈에 관해 아주 경멸적으로 말하자면—“꿈이 물거품 같다.”라고 판단하면 학문의 정당성을 인정하는 것이라고들 생각한다—언어 관습에서 꿈은 주로 사랑스러운 소원 성취자이다. 현실에서 기대 이상의 일이 생길 때, 사람들은 “그런 일은 꿈에도 생각지 못했다.”라고 기쁨에 넘쳐 소리친다.

(출전: 지그문트 프로이트, 『꿈의 해석』, 김인순 옮김, 열린책들, 1997/2005, 163-175쪽(발췌))

생각해볼 문제

①은 비유적 표현으로 독자의 흥미를 유발하는 글쓰기의 전형을 보여준다고 하겠다. 세계 어디서나 역사의 어느 시점에서나 공통적으로 가능한 비유가 아마 ①과 같은 사례일 것이다. 역사적으로나 공간적으로 보편적인 시공간은 바로 자연 속의 시공간일 것이다. 자연의 시공간 속에서 행동하는 인간의 모습은 이렇게 효과적인 비유의 재료로 쓰일 수 있는 것임을 이 글은 보여주고 있다. ②는 ‘not A but B’와 같은 영어식 표현을 연상시키는데, B를 강조하기 위해 A가 아님을 먼저 보여주는 방식은 B를 독자에게 각인시키고 강조하기 위한 효과적은 글쓰기 전략이 될 수 있음을 보여주는 사례다.

③은 연쇄적인 질문의 덩어리들을 독자들에게 적극적으로 제시함으로써 글의 전개 방향을 암시함과 동시에 독자의 궁금증을 유발하고 있다. 독자에게 지적인 자극을 줄 수 있는 가장 좋은 방법 중 하나가 바로 독자들에게 필자가 ‘질문을 던지는 형식’일 것이다. 이 글은 한두 문장이 아닌 문단 전체를 질문의 연쇄로 구성함으로써 독자들에게 적극적으로 지적인 성찰을 유도하는 좋은 사례다. 뿐만 아니라 이 글

에서 저자 프로이트는 정신분석가로서의 자신의 직업적 이점을 잘 살려 수많은 임상 사례를 제시함으로써 독자의 호기심을 자극하고 있다. ④에서 프로이트는 자신이 '알지 못하는 부분'까지 솔직하게 고백하면서 자신의 주 설명 대상이 아닌 동물의 사례를 들고 있다. 그는 어느 청중에게 들은 속담을 '인용'하면서, 그 인용을 통해 자신의 꿈의 해석 이론을 명쾌하게 정리하고 있다. "이 두 문장 속에는 꿈이 소원 성취라는 이론 전부가 집약되어 있다"라고 말함으로써 평범한 사람들 사이에서 오가는 속담을 자신의 학문적 이론과 조화롭게 융합시키고 있다. 상아탑에 갇힌 학문이 아닌 생생한 생활세계와 소통하는 글쓰기의 사례라 할 수 있다.

동화의 매력 : 브루노 베텔하임

제시문

① 어린이들은 성장하면서 심리적으로 여러 가지 난관을 겪는다. 자아도취에서 비롯된 실망, 오이디푸스적 갈등oedipal dilemmas, 형제간의 경쟁심sibling rivalry 등을 극복해야 하고, 또 소아적 의타심을 버려야 하며, 자신감과 자긍심을 기르고 윤리적인 감각을 익히기 위해서 자기의 내면을 이해할 수 있어야 한다. 그래야만 자신의 무의식 속에서 일어나는 일에 대처할 수 있기 때문이다. 어린이는 이성의 힘으로 무의식을 이해하고 여기에 대처하는 능력을 발달시키는 것이 아니다. 어린이는 백일몽 속에서 천천히 무의식과 친숙해지면서 그런 능력을 얻게 된다. 이야기 속에서 자신의 무의식적 억압과 부합되는 요소들을 만나면, 그것들을 되새겨 보고 이리저리 맞추어 보고 공상하다가 자연스럽게 그런 억압과 친숙하게 된다. 이 과정에서 어린이는 무의식적 내용을 환상의 형태로 의식하게 되는데, 이 환상으로 무의식적 억압에 대처하게 된다. 옛이야기의 가장 소중한 가치가 바로 여기에 있다. 옛이야기는 스스로는 발견하지 못했을 어린이의 상상력에 새로운 차원을 부여하기 때문이다. 더욱더 중요한 것은, 옛이야기의 형식과 구조가 제시하는 이미지를 통해 어린이들은 백일몽을 만들며 보다 나은 삶의 방향을 알게 된다는 사실이다.

어른에게든 아이에게든 무의식은 그 사람의 행동을 결정짓는 강력한 요인이 된다. 무의식을 억압하고 무의식의 내용이 의식으로 떠오르지 못하게 출구를 막아 놓으면, 나중에는 의식까지도 이런 무의식적인 억압이 파생시킨 영향에 부분적으로 지배를 받게 될 것이다. 그렇지 않으면 자신의 무의식을 강제로 억제해야 하는데, 그러다가 성격이 심하게 비뚤어지게 된다. 그러나 무의식의 내용이 어느 정도 의식의 층으로 떠오르도록 허용이 되고 상상 속에서라도 작동을 할 수 있으면, 무의식이 자신에게나 남에게 해를 끼칠 가능성은 훨씬 줄어든다. 오히려 무의식적 욕망이 긍정적인 용도로 활용될 수도 있다. ② 그러나 대부분의 부모들은 어린이를 혼란시키는 그런 힘들로부터 어린이를 떼어놓아야 한다고 믿고 있다. 즉 어린이들은 형체 없고 이름 모를 불안, 혼돈, 분노, 심지어는 폭력적인 환상까지 지니고 있는데, 여기에서 어린이들의 주의를 돌려놓아야만 한다고 믿는다. 오로지 실제로 의식되는 현실이나 즐겁고 소망스러운 이미지들과 같은 사물의 밝은 면만 보여 주어야 한다는 것이다. 그러나 현실은 절대로 밝은 면만 있는 것이 아니기 때문에 그런 정서적인 편식은 마음의 한쪽 면만 살찌우게 된다.

일반적으로 부모들은 세상의 많은 악의 근원이 바로 우리 자신에게 있다는 사실을 어린이에게 알리는 데에 거부감을 느낀다. 모든 인간에게는, 공격적이고 배타적이고 이기적이며 화를 잘 내는 성향이 있다는 사실을 어린이들에게 밝히고 싶어하지 않는다. 그 대신 모든 인간이 본질적으로 착하다고만 가르치려고 한다. 그러나 어린이들은 자신이 항상 착하지는 않다는 사실을 알고 있으며, 또 비록 착한 행동을 하더라도 마음속은 그렇지 않은 경우도 많다는 것까지 알고 있다. 이런 점은 부모가 가르쳐 준 것과는 모순이 되며, 따라서 어린이는 자신을 괴물처럼 느낄 수도 있다. (중략)

모든 악에는 매력적인 요소가 있다. 옛이야기에서 악은 힘센 거인이나 용, 마녀의 힘, 『백설공주(*Snow White*)』에 등장하는 사악한 여왕 등으로 상징되고 있으며, 일시적이나마 우월한 위치에 서 있는 경우가 많다. 또 『신데렐라』에 나오는 간사한 언니들처럼, 마땅히 주인공이 차지해야 할 지위를 잠시 강탈하고 있는 경우가 많다. 악한이 벌을 받는 결말 부분에서 어린이가 도덕적 교훈을 얻는 것은 아니다. 현실에서나 옛이야기에서나 처벌에 대한 두려움은 악행을 제한적으로 억제할 뿐이다. 악행으로는 결코 승리할 수 없다는 확신이야말로 훨씬 더 효과적인 악행 억제 수단이다. 이것이 바로 옛이야기 속에서 악한이 마지막에는 모든 것을 잃게 되는 이유이다. 또 마지막에는 선이 승리한다는 사실보다 주인공이 너무나 매력적이라는 사실이 어린이들의 도덕성 증진에 더 기여한다. 어린이는 주인공과 자신을 동일시하는데, 주인공과 더불어 온갖 시련과 고통을 겪다가 마지막에 승리하면, 자기도 함께 승리하였다고 상상한다. 어린이들은 이런 동일시를 통해, 주인공의 내적 외적 투쟁으로부터 얻은 도덕률을 마음속 깊이 새기는 것이다.

옛이야기 속의 인물들은 현실 속의 우리와는 달리 선악을 동시에 지니지 않는다. 어린이들은 편 가르기를 즐겨하므로, 옛이야기 속에서도 좋은 편과 나쁜 편이 분명히 갈라진다. 그리하여 등장인물은 착하거나 나쁘거나 둘 중의 하나이지, 그 중간이란 있을 수 없다. 형이 어리석으면, 동생은 현명하다. 동생이 착하고 부지런하면, 언니는 비열하고 게으르다. 한 사람이 아름다우면, 다른 사람은 추하다. 아버지가 선하면, 어머니는 사악하다. 이런 대립적 성격의 병치는, 교훈적인 문학과 달리, 선한 행동을 강조하기 위해서가 아니다(선악이나 미추가 아무런 기능도 하지 않는, 도덕과 무관한 옛이야기들도 얼마든지 있다). 상반되는 성격을 등장시키는 것은 어린이가 둘의 차이를 쉽게 이해할 수 있게 하기 위해서이다. 만약에 옛이야기 속 인물을 실제 인물처럼 실감나게 그린다면, 어린이는 인물들 간의 차이를 파악하기 힘들다. 바람직한 인물과의 동일시를 통하여 비교적 확고한 인격이 자리 잡을 때까지 모호한 요소들은 뒤로 미루어져야 한다. 그래야만 어린이는 사람들 사이에 큰 차이가 있다는 것을 깨닫게 되며 자기도 어떤 쪽이 되고 싶은지를 선택할 수 있다. 이런 기초적인 선택은 훗날 내면적 성숙을 이루는 바탕이 된다. 옛이야기 속 인물의 양극화는 바로 이 선택을 수월하게 만드는 것이다.

더욱이 어린이는 옳고 그름의 기준보다는 자기의 맘에 드는지 아닌지의 여부로 선택한다. 따라서 선한 인물이 더욱 단순하고 명료하게 그려질수록 어린이는 그 인물과 쉽게 동일시되며 나쁜 인물을 거부한다. 어린이는 주인공이 선하기 때문에 동일시하는 것이 아니라, 주인공의 조건이 마음에 들기 때문에 동일시하는 것이다. 어린이가 스스로에게 하는 질문은 "착한 사람이 될까?"가 아니라 "누구처럼 될까?"이다. 어린이는 옛이야기 속의 인물에 자신을 전적으로 투사시킴으로써 그 질문의 답을 결정한다. 만약 옛이야기 속의 그 인물이 착하다면, 자기도 착한 사람이 되겠다고 마음먹는 것이다.

도덕과 무관한 옛이야기들은 선악으로 양극화하거나 선악을 병치하지 않는다. 왜냐하면 이런 이야기들은 전혀 다른 목적을 지니고 있기 때문이다. 『장화 신은 고양이(*Puss in Boots*)』의 주인공은 속임수를 통해 성공하며, 『잭과 콩나무(*Jack and the Beanstalk*)』에서 잭은 거인의 보물을 훔친다. 이런 이야기들은 선과 악 사이의 선택은 중요하지 않으며, 보잘것없는 인물도 인생에서 성공할 수 있다는 희망을 어린이들에게 심어 줌으로써 인성 발달을 돕는다. 자신이 너무나 하찮아서 아무 일도 못 해낼 거라고 두려워하는 어린이에게 착한 사람이 되겠다는 선택이 무슨 소용이 있겠는가? 이런 옛이야기의 주제는 도덕성이 아니며, 누구나 성공할 수 있다는 확신이다. 어려움을 극복할 수 있다는 믿음으로 사느냐, 아니면 패배를 예상하며 사느냐는 매우 중요한 문제이다.

대부분의 현대 창작동화는 원초적 충동과 폭력적 감정에서 비롯되는 깊은 내면적 갈등을 다루지 않는다. 이런 창작동화를 읽으면서 어린이들은 그런 내적 갈등을 해결하는 데 아무런 도움도 받지 못한다. 오히려 어린이들은 고독감과 소외감 등의 자포자기적 감정에 휘말리기 쉽고, 종종 죽음에 대한 불안 같은 절망감도 경험한다. 그런 경우 대개는 자기의 감정을 언어로 표현하지 못하며, 한다 해도 우회적으로 표현할 수밖에 없다. 예를 들어, 어둠이나 어떤 동물을 무서워한다든지, 자신의 신체에 대한 불안 등에 대한 표현이다. 부모들은 어린이의 그런 불안감의 표현을 무시하거나 가볍게 여기는 경향이 있다. 어린이의 그런 정서를 인정하게 되면 부모의 심경이 불편해지기 때문이며, 그런 태도가 어린이의 공포를 덮어 줄 수 있다고 믿기 때문이다.

그러나 옛이야기에서는 이러한 존재의 불안과 어려움을 매우 진지하게 다루며 직접 말해 준다. 예를 들어, 애정에 대한 욕구, 자신의 가치에 대한 불안감, 또 삶에 대한 애착이나 죽음의 공포 등을 직접 다룬다. 게다가 옛이야기는 어린이의 이해 수준에 맞게 해결책을 제시한다. 예를 들어, 옛이야기는 "그들이 만약 죽지 않았다면, 아직도 살아 있을 것이다."라는 결말을 통해 오래 살고 싶어하는 욕구를 표현한다. 또 다른 결말에 사용되는 "그 후 그들은 영원히 행복하게 살았답니다." 라는 표현은 마치 영원한 삶이 가능한 것처럼 어린이를 속이는 것이 아니다. 홀로 살면 이 세상의 삶이 고통스럽지만 다른 사람과 진실로 만족스러운 관계를 맺으면 그런 고통이 사라진다는 것을 말하고 있다. 그런 유대를 통해 사람은 궁극적으로 정서적인 안정감과 관계의 영속성에 도달하고, 또 죽음의 공포까지도 사라지게 한다고 가르친다. 옛이야기는 또 진실하고 성숙한 사랑을 발견한 사람은 더 이상 영원한 삶을 바랄 필요가 없음을 말해 준다. "그 후로 그들은 오래오래 행복하게 살았답니다"로 끝나는 옛이야기들이 다 그러하다. (중략)

오늘날 어린이들은 더 이상 대가족 제도나 잘 화합된 공동체와 같은 안전한 울타리 안에서 양육되지 않는다. 그러므로 오늘날의 어린이들에게 옛이야기는 더욱 중요하다. 혼자 세상 속에 뛰어들어야 하는 주인공의 이미지가 더욱 필요해졌기 때문이다. 처음에는 어디로 가는지 잘 몰랐으나 깊은 내적 확신을 가지고 올바른 길을 따라가다 보니 어느덧 세상에서 안전한 곳을 찾게 되는 주인공의 이미지를 어린이들에게 심어 줄 필요가 있는 것이다.

③ 요즈음 어린이들이 종종 고립감을 느끼는 것과 마찬가지로 옛이야기 속의 주인공도 일정 기간 고립되어 지낸다. 또 어린이들이 어른들보다 나무와 동물 같은 자연물과 쉽게 친해지는 것과 마찬가지로, 옛이야기 속의 주인공 역시 자연물과 친하게 지내며 자연물의 도움을 받게 된다. 어린이들은 마치 이야기 속의 주인공처럼 자기도 낯선 세상 속으로 쫓겨났으며 버림받고 어둠 속을 헤매고 있다는 느낌이 들기도 한다. 하지만 자기도 주인공처럼 한 걸음 한 걸음 삶의 길로 인도될 것이고 필요할 때 도움을 받을 거라고 믿게 된다. 과거 어느 때보다 오늘날의 어린이들은, 고립되어 있으면서도 마침내 주변 세계와 의미심장하고 소중한 관계를 맺을 수 있는 주인공의 이미지에서 안도감을 느낄 필요가 있다.

(출전: 브루노 베텔하임, 『옛이야기의 매력 1』, 김옥순 외 역, 시공주니어, 1998/2002, 18-25쪽(발췌))

생각해볼 문제

이 글은 이론적인 개념과 일상적인 이미지를 골고루 배합함으로써 독자의 보편적 상식과 일반적 감수성에 호소하고 있다. ①은 인류의 보편적인 문제, 즉 인간의 성장과정을 일반화하여 제시함으로써 읽는 이의 관심을 유도하고 있는 대목이다. 누구나 겪어왔고 누구나 겪어야만 하는 보편적인 경험에 호소함으로써, 저자 자신이 의도하는 테마("옛이야기의 가장 소중한 가치가 바로 여기에 있다. 옛이야기는 스스로는 발견하지 못했을 어린이의 상상력에 새로운 차원을 부여하기 때문이다.")를 효과적으로 제시하고 있다. ②는 '부연'의 좋은 사례이다. 널리 알려진 바와 같이 '즉', '환언하면', '다시 말해', '바꿔 말하면' 등의 접속사(접속부사)는 제시된 주장을 부연할 때 자주 쓰이는 말들이다. 여기에서는 접속사와 경험적인 사례를 효과적으로 사용하면서 이상과 현실의 차이를 섬세하게 드러내고 있다. 물론 접속사를 너무 많이 사용하면 글의 흐름이 오히려 끊어질 수 있지만, 적당한 대목에서 적절하게 접속사를 사용하면 자신의 논지를 더욱 풍부하고 정확하게 전달할 수 있다. ③은 글쓴이의 주장과 현실의 차이를 보여주면서, 자신의 주장에 독자가 무리 없이 동의할 수 있도록 독자의 감정적 욕구를 섬세하게 포착하려는 태도가 엿보이는 부분이다. 글쓰기가 논리적인 사고의 표현만으로 이루어지는 것은 아니다. 독자의 무심한 내면으로 들어가 감정의 파도를 일으키고, 그 과정에서 논리적 균형을 유지하는 글을 쓰려면, 글 쓰는 이가 스스로 독자의 마음이 되어 자신의 글을 다시 읽고 '퇴고'하는 과정도 매우 중요할 것이다.

유행의 역사 : 페르낭 브로델

제시문

① 앙리 4세의 궁정에서 한 베네치아 대사는 이렇게 말했다: "25~30벌의 양복을 가지고 날마다 옷을 바꾸어 입지 않으면 부자라고 할 수 없다." 그러나 유행이라는 것은 단지 양이 풍부하다는 것만을 의미하는 것은 아니다. 그것은 또 필요한 순간에 방향을 잘 바꾸는 것이기도 하다. 이것은 계절, 날, 시간의 문제이다. 이런 엄격한 의미에서 ② 유행이라고 하는 제국은 1700년 이전에는 존재하지 않았다. 1700년경에 이 단어는 두 번째 젊음을 되찾아서 새 뜻을 가지고 전 세계를 휘저었다: 그것은 시세(時勢)를 좇아갔다. 그때까지 사물들은 그렇게 빨리 변화하지 않았었다. (중략)

유행의 메커니즘은 문화의 전달, 적어도 그 전파 법칙과 관련을 가진다. 그리고 이런 것들의 보급과정은 성질상 매우 느리며, 그 메커니즘과 그 제약에 연결되어 있다. (중략)

"우리 어머니들 세대에 사용하던 고래뼈 코르셋, 주름장식을 달고 (안감이 보이도록 홈을) 파놓은 천, 허리 받침대, 무수히 많이 얼굴에 붙이는 애교용 점들(mouche)—그중의 일부는 진짜 고약 같았다—과 같은 이 모든 것은 이제 완전히 없어졌다. 다만 머리를 터무니없이 높이 말아 올리는 것만은 그대로 남아 있다. 아무리 조롱해도 이 마지막 것은 고치지 않으려고 하나 그 약점은 머리 모양새의 구조를 우아하게 다듬는 취향과 맵시 때문에 완화된다. 전반적으로 여성들은 그 어느 때보다도 더 낫게 치장했으며, 그들의 의상은 경쾌함, 우아함, 신선함, 그리고 맵시를 모아놓았다. 가벼운 직물[인도 직물]로 된 의상은 금박, 은박을 한 옷보다 훨씬 더 자주 바뀐다. 그 옷은 말하자면 철마다 피어나는 꽃들의 뉘앙스를 띠고 있다.

이 이야기는 다음 사실을 증명해준다: 유행은 지나갔다가는 혁신된다는 것, 그것은 이중의 작업이며 곧 이중의 어려움이다. 앞의 이야기에서 문제가 되고 있는 혁신은 염색한 인도 직물로서 상대적으로 싼 면직물이다. 그러나 그것 역시 하루아침에 유럽에 도달한 것이 아니다. 그리고 직물의 역사를 보면, 첫눈에 보는 것보다는 '초대된 손님들의 행동이 훨씬 자유롭지 못한 유행의 무도회'에서는 결국 모든 것이 서로 연관되어 있다는 것을 알 수 있다.

③ 사실 유행이 그렇게 무용한 것인가? 아니면 우리가 생각하듯 주어진 사회, 경제, 문명을 깊은 내부로부터 증언하는 표시인가? 다시 말해서 유행은 사회, 경제, 문명의 도약, 가능성, 권리주장, 삶의 즐거움에 대한 증거가 아니겠는가? 1609년, 임시총독이었던 로드리고 비베로는 2,000톤 급의 배를 타고 마닐라에서 뉴-스페인의 아카풀코로 가던 중 일본 근해에서 배가 침몰했다. 곧 이 난파인은 외국인을 보려고 축제를 벌이다시피 하는 섬사람들의 손님이 되었고, 다음으로는 일종의 특사가 되어, 실패에 그치기는 했지만 이 섬에서 네덜란드 무역을 배제시키려고 했고, 또 역시 실패에 그쳤지만 뉴-스페인의 광부를 데려다가 이 제도의 은광과 동광을 더 낫게 개발하려고 했다. 그는 호감을 주는 사람이었을 뿐 아니라 또한 지성적이고 훌륭한 관찰자였다. 어느 날 그는 두서없는 대로 에도의 쇼궁의 비서와 이야기를 나누게 되었다. 그 비서는 스페인 사람들의 오만, 그들밖에 모르는 태도를 비난했고 곧 그들의 옷 입은 태도에 대해서도 이야기했다: "그들 의복의 다양성이란 정말이지 지속적이지 못해서 2년마다 다른 옷을 입는

다.” 이렇게 변화하는 것이 그들의 경박성이나 또는 그들의 그렇게 하도록 내버려두는 통치자의 경박성 탓이 아니면 무엇이겠는가? 이 비서는 그에게 “전통과 고문서의 증거를 통해 천 년 동안 일본 민족의 의상이 변하지 않았음을” 보여줄 수 있다는 것이다. (중략)

나는 이런 언급들이 무익하지 않다고 본다. 단순한 우연의 일치에 불과할지 모르나, 사실 의상의 색깔과 원료, 형태를 바꾸는 아주 경박한 사회야말로 사회계층의 질서와 세계지도를 바꾸려고 하는 사회이다. 이 사회는 전통에서 벗어나려는 사회이며 미래는 바로 이런 사회에 속하는 것이다. 왜냐하면 모든 것이 서로 관련되기 때문이다. 샤르댕은 또 페르시아 인들에 대해서 그들이 “새로운 발명, 발견에 대한 욕구가 전혀 없으며” 또 “자신들의 삶에서 필요한 것, 편안한 것을 모두 가지고 있다고 믿고 거기에 안주하려고 한다”고 보고 있다. 전통은 미덕이며 동시에 감옥인 것이다.……아마 모든 진보의 도구인 혁신의 문을 열기 위해서는 의상, 신발과 머리모양에 이르기까지 모든 것에서 일종의 조바심이 필요한 것이 아닐까? 그러면서 동시에 발명의 움직임을 지탱시켜 줄 일종의 부유함이 필요한 것이 아닐까?

그러나 유행에는 또 다른 의미도 있다. 나는 유행의 문제에서는 특권층 사람이 어떤 비용이 들더라도 그들의 추종자들과 구분되기를 원해서 일종의 장애물을 설치하려는 욕구가 큰 비중을 차지한다고 생각한다. 그것은 마치 1714년 파리를 지나가던 한 시칠리아 인이 말한 것처럼, “귀족들이 입는 황금빛 옷과 똑같은 옷을 가장 미천한 사람이 입고 있는 것을 보는 것만큼 경멸스러운 것은 아무것도 없는 것이다.” 따라서 새로운 “황금빛 옷”, 또는 그것이 무엇이든 간에, 새로운 독특한 표시를 만들어야지, 그러지 않고 “모든 것이 변해서 남자든 여자든 부르주아의 새로운 옷이 귀족들의 옷과 같아지는 것을” 볼 때마다 그들은 슬퍼하는 것이다(1779). 모든 증거로 볼 때, 추종자나 모방자의 압력은 이 경주를 끊임없이 부추긴다. 그렇지만 그러한 것이 이루어지는 것은 또한 사회의 번영으로 인하여 일정한 수의 새로운 부자들이 특권을 가지게 되고 전진해갔기 때문이기도 하다. 사회적 상승이 있다는 것은 그 사회가 어쨌든 유복하다는 것을 확인해주는 것이다. 물질적 진보가 없다면 어느 것도 그렇게 빨리 변화하지 못할 것이다.

무엇보다도 유행은 상인들이 의식적으로 이용한다. 1690년 니콜라스 바번은 이렇게 찬사를 보냈다: "유행, 다시 말해서 의복의 변화는…… 상업의 정수이며 생명이다(Fashion or alteration of Dress……is the spirit and life of Trade). 그것 때문에 상업을 영위하는 사람들 집단은 움직임 속에 있을 수 있고 사람들은 의복의 가을을 보는 일 없이" 늘 영원한 봄 속에 산다. 18세기에 리옹의 비단장수들은 자신들의 생산물을 외국에 강요하고 경쟁을 배제시키기 위해서 프랑스 유행의 힘을 이용했다. 그들의 비단은 아주 훌륭했으나 이탈리아 수공업자들이 그것을 쉽사리 복제했고, 특히 견본을 보내는 관습 때문에 더욱 그러했다. 리옹의 비단장수들은 대응책을 발견했으니, "비단 도안사"라고 할 만한 사람들을 고용하여 매년 모델을 바꾸어갔던 것이다. 복제품이 시장에 도착할 때쯤이면 그것은 이미 유행이 지나간 뒤였다. 카를로 포니가 발간한 편지들을 보면 경쟁 중인 리옹 인들의 이 교활한 전략을 조금도 의심할 수 없다.

유행이란 이전의 언어를 낙오시키고 새로운 언어를 탐구하는 것이며, 각 세대가 이전 세대를 부인하고 그들로부터 스스로 구분되려는 방법이다(적어도 세대간의 갈등이 존재하는 사회에서는 그렇다). 1714년의 한 문서에 의하면 "재단사는 바느질보다 도안에 더 신경을 많이 쓴다." 아닌 게 아니라 유럽에서 문제는 발명하는 것, 그리고 이미 철 지난 언어를 전복시키는 것이다. 국가나 왕조 같은 확고한 가치를 주장하는 기구들은 같은 면모, 적어도 같은 외관을 지키려고 애쓴다. 수녀들은 중세의 여자 복장을 하고 있다. 베네딕트 파, 도미니크 파, 프란체스코 파 등은 그들의 옛날 복장에 충실하다. 영국 왕실의 의전은 적어도 장미전쟁까지 거슬러 올라간다. 이것은 일부러 시대의 흐름에 역행하려고 하는 일이다. 세바스티앙 메르시에가 다음과 같이 말하는 것이 틀린 것은 아니다(1782): "내가 교회지기들을 볼 때면 혼자 생각한다. 샤를 6세 통치하에서 모든 사람들은 저렇게 옷을 입었겠구나 하고."

(출전: 페르낭 브로델,
『물질문명과 자본주의 Ⅰ-1: 일상생활의 구조(上)』, 주경철 역, 까치, 1995, 454-460쪽(발췌))

생각해볼 문제

글의 도입부에서 독자의 호기심을 유발하기에 가장 좋은 글쓰기 방법은 무엇일까. 글 쓰는 이에게도, 글 읽는 이에게도, 그 해답은 아마 '예시'일 것이다. 중요한 것은 예시를 '어떤 방식으로' 사용할까 하는 문제이다. 이 글 또한 글의 도입부에서 '예시'를 통해 독자의 흥미를 끌어내고 있다. ①은 왕궁에서 일어난 발화 상황이라는 점을 활용하여 예시의 권위와 흥미를 살리고 있다. 또한 예시를 단순히 자신의 논지와 '일치'하는 사례로만 제시하는 것이 아니라 자신의 논지와 '반대'되는 방향으로도 사용함으로써 예시의 다양한 응용가능성을 펼쳐 보이고 있다. 예시는 자신의 논지를 확증하는 '증거'로도 사용될 수 있지만, 그와 동시에 논의를 확장하는 '반례'로도 사용될 수 있는 것이다. 글을 쓸 때 예시를 자유자재로 활용함으로써 읽는 이의 흥미뿐 아니라 논지의 탄탄함을 다져나갈 수 있는 방법을 모색해야 할 것이다.

②는 ‘유행이라는 제국’에서 볼 수 있듯이 적절한 은유를 사용하고 있다. 또한 ‘두 번째 젊음’, ‘전 세계를 휘저었다’라는 표현에서 볼 수 있듯 ‘유행’이라는 주체를 의인화하여 표현을 다양화함으로써 참신한 표현을 구사하고 있다. ③은 글의 서론부에서 주로 사용하는 ‘문제제기’의 연속적 사례라 할 수 있다. 예시를 들어 독자의 관심을 유발하고 연속되는 문제제기로 독자에게 적극적으로 다가감으로써 ‘유행의 역사’라는 흥미로운 주제를 더더욱 흥미롭게 만들고 있는 글이다.

일망 감시시설과 근대적 규율의 탄생 : 미셸 푸코

제시문

벤담(Bentham)의 '일망(一望) 감시시설'(Panopticon)은 이러한 조합의 건축적 형태이다. 그 원리는 잘 알려져 있다. ① 주위는 원형의 건물이 에워싸고 있고, 그 중심에는 탑이 하나 있다. 탑에는 원형건물의 안쪽으로 향해 있는 여러 개의 큰 창문들이 뚫려 있다. 주위의 건물은 독방들로 나누어져 있고, 독방 하나하나는 건물의 앞면에서부터 뒷면까지 내부의 공간을 모두 차지한다. 독방에는 두 개의 창문이 있는데, 하나는 안쪽을 향하여 탑의 창문에 대응하는 위치에 나 있고, 다른 하나는 바깥쪽에 면해 있어서 이를 통하여 빛이 독방에 구석구석 스며들어 갈 수 있다. 따라서 중앙의 탑 속에는 감시인을 한 명 배치하고, 각 독방 안에는 광인이나 병자, 죄수, 노동자, 학생 등 누구든지 한 사람씩 감금할 수 있게 되어 있다. 역광선의 효과를 이용하여 주위 건물의 독방 안에 있는 수감자의 윤곽이 정확하게 빛 속에 떠오르는 모습을 탑에서 파악할 수 있는 것이다. 그것은 바로 완전히 개체화되고, 항상 밖의 시선에 노출되어 있는 한 사람의 배우가 연기하고 있는 수많은 작은 무대들이자 수많은 감방이다. 일망 감시의 이 장치는 끊임없이 대상을 바라볼 수 있고, 즉각적으로 판별할 수 있는, 그러한 공간적 단위들을 구획 정리한다. 요컨대 이곳에서는 지하 감옥의 원리가 전도되어 있다. 아니 오히려 지하 감옥의 세 가지 기능—감금하고, 빛을 차단하고, 숨겨두는—중에서 첫 번째 것만 남겨 놓고 뒤의 두 가지를 없애버린 형태이다. 충분한 빛과 감시자의 시선이, 결국 보호의 구실을 하던 어둠의 상태보다 훨씬 수월하게 상대를 포착할 수 있다. 가시성의 상태가 바로 함정인 것이다.

이러한 형태는 무엇보다—소극적인 효과이긴 하지만—고야(Goya)가 그리고 하워드(Howard)가 기술한 바 있는 저 감금시설 속에 밀집해 있으면서 혼잡하고 소란스러운 대중의 모습을 보지 않게 해준다. ② 사람들은 저마다 감시인이 정면으로 바라볼 수 있는 독방 안에 감금된 채 자기 자리를 지키고 있다. 그러나 양쪽의 벽은 그가 동료들과 접촉하는 것을 차단시킨다. 그는 보이긴 해도 볼 수는 없다. 그는 정보의 대상이 되긴 해도, 정보 소통의 주체가 되지는 못한다. 중앙 탑과 마주하도록 방을 배치함으로써 일종의 축을 형성하는 가시성이 강요되는 반면, 원형건물의 분할된 부분들과 완전히 분리된 독방들은 측면에서의 불가시성을 의미하게 된다. 이러한 불가시성은 질서를 보장해 준다. 수감자가 죄인인 경우 음모나, 집단 탈옥의 시도, 출감 후의 새로운 범죄계획 등 상호간의 나쁜 영향의 염려가 없다. 병자라면, 전염의 위험이 없고, 광인이라면 상호 폭력을 행사할 위험도 없으며, 어린이일 경우, 남이 한 숙제를 베끼거나 시끄럽게 굴고, 수다를 떨며, 주위를 산만하게 하는 짓을 방지할 수 있는 것이다. 노동자일 경우에도 구타, 절도, 공모의 위험을 막아주고, 작업의 지연이나 불완전한 마감질, 우발적 사고가 발생할 부주의한 일도 일어나지 않게 한다. 밀접한 군중들, 다양한 교환이 이루어지는 장소, 집단적 효과로서 혼합되는 개인들, 이러한 군중형태가 소멸되고 대신 분리된 개인들의 집합이 들어선다. ③ 간수의 입장에서는 군중 대신에 숫자를 헤아릴 수 있고 통제가 가능한 다수로 바뀌어진 것이고, 죄수의 입장에서는 격리되고 주시되는 고립된 상태로 대체된 것이다.

이로부터 일망 감시시설의 주요한 효과가 생겨난다. 수감자는 권력의 자동적인 기능을 보장해주는 가시성의 지속적이고 의식적 상태로 이끌려 들어간다. 감시 작용에 중단이 있더라도 그 효과는 계속되도록 하며, 또한 권력의 완성이 그 행사의 현실성을 점차 약화시켜 가도록 한다. 이러한 건축적 장치는 권력을 행사하는 사람과 상관없는 어떤 권력관계를 창출하고, 유지하는 기계 장치가 되도록 해준다. 요컨대 수감된 자가 스스로 권력의 전달자가 되는 어떤 권력적 상황 속으로 편입되는 것이다. 그러기 위해서는, 죄수가 간수에 의해서 끊임없이 감시되는 방법은 매우 충분한 것이면서 동시에 불충분한 것이기도 하다. ④ 매우 불충분하다는 것은 중요한 점이 죄수가 감시당하고 있다는 것을 자각해야 하는 사실 때문이고, 매우 충분하다는 것은, 죄수가 실제로 감시될 필요가 없기 때문이다. 그 때문에 벤담은 권력이 가시적이고 확인할 수 없는 것이 되어야 한다는 원칙을 내세웠다. ⑤ 가시적이란, 감금된 자의 눈앞에 자신을 살펴보고 있는 중앙탑의 높은 형체가 항상 어른거린다는 뜻이다. 또한 확인할 수 없다는 것은 감금된 자가 자신이 현재 주시되고 있는지 어떤지를 결코 알아서는 안되지만, 자신이 항상 주목될 수 있다는 것을 확신하고 있어야 한다는 뜻이다. 벤담은 감시자가 탑에 있는지 어떤지를 판단할 수 없도록 하기 위해서, 또한 감금자들이 독방에서 어떤 사람의 그림자를 인지하거나, 어떤 역광이라도 포착할 수 없도록 다음과 같은 시설을 설계했다. 즉, 감시하는 중앙홀의 창문에 덧문을 씌울 뿐만 아니라, 내부에는 직각으로 구획되는 몇 개의 칸막이벽을 설치하고, 한 구역에서 다른 구역으로 통과하는 데에는 출입문이 아니라, 지그재그형 통로를 설치하는 것이다. 왜냐하면 아무리 사소한 소리거나, 어렴풋한 불빛이라도, 혹은 조금 열린 문들에 스며드는 빛이라도 간수의 존재를 드러낼 수 있기 때문이다. '일망 감시 장치'는 '봄-보임'의 결합을 분리시키는 장치이다. 즉, 주위를 둘러싼 원형의 건물 안에서는 아무것도 보지 못한 채 완전히 보이기만 하고 중앙부의 탑 속에서는 모든 것을 볼 수 있지만 결코 보이지는 않는다.

이것은 권력을 자동적인 것이며, 또한 비개성적인 것으로 만들기 때문에 중요한 장치이다. 그 권력의 근원은 어떤 인격 속에 있는 것이 아니라 신체, 표면, 빛, 시선 등의 신중한 구분 속에, 그리고 내적인 메커니즘이 만들어내는 관계 속에, 개개인들이 포착되는 그러한 장치 속에 존재한다. 그것에 의해 군주가 보다 큰 권력을 부여받게 되는 예식이나 의식, 표지 등은 쓸모없는 것으로 된다. 오직 비대칭과 불균형, 그리고 차이를 보장해 주는 장치가 있을 뿐이다. 따라서 누가 권력을 행사하느냐는 별로 중요하지 않다. 우연히 걸려든 그 누구라도 이 기계 장치를 작동시킬 수 있는 것이다. 따라서 그 관리책임자가 부재중이라면 그의 가족이나 측근, 친구, 내방객, 그리고 하인조차도 그 일을 대신할 수 있다. 마찬가지로 이 장치를 움직이는 동기가 무엇이건 상관이 없다. 그것이 경솔한 사람의 호기심이건 어린아이의 장난이건, 인간성의 박물관을 섭렵하려는 어느 철학자의 지적 호기심이건, 아니면 몰래 살피거나 처벌하는 데에서 기쁨을 찾는 인간의 짓궂은 장난이건 말이다. 이러한 익명적이고 일시적인 관찰자가 많으면 많을수록 감금자는 간파될 위험과 관찰된다는 불안한 의식이 더욱 증가하게 된다. '일망 감시시설'은 아주 다양한 욕망으로부터 권력의 동질적 효과를 만들어내는 경이로운 기계 장치이다.

현실적인 예속화는 허구적인 관계로부터 기계적으로 생겨난다. 따라서 죄인에게 선행을, 광인에게 안정을, 노동자에게 노동을, 학생에게 열성을, 병자에게 처방의 엄수를 강요하기 위해서 폭력적 수단에 의존할 필요는 없다. 벤담은 일망 감시시설이 그렇게 섬세한 것일 수 있다는 사실에 경탄했다. 쇠창살이나 쇠사슬, 그리고 묵직한 자물쇠도 필요 없는 것이다. 단지 구분을 명확히 하고, 출입구를 잘 배치만 하면 되는 것이다. 성채 형태의 건축으로 된, 육중한 옛날 '감옥' 대신에 단순하고, 경제적인 기하학적 구도의 빈틈없는 감옥이 들어선 것이다. 권력의 효과와 강제력은 말하자면 다른 쪽으로—권력의 적용면 쪽으로 옮겨가게 되었다. 즉, 가시성의 영역에 예속되어 있고, 또한 그 사실을 알고 있는 자는 스스로 권력이 강제력을 떠맡아서 자발적으로 자기 자신에게 작용시키도록 한다. 그는 권력관계를 내면화하여 1인 2역을 하는 셈이다. 그는 스스로 예속화의 원칙이 된다. 바로 이런 사실 때문에 외부의 권력은 물리적인 무게를 경감할 수 있게 되고 점차 무형적인 것으로 된다. 권력이 한계지점에 가까워질수록 그 효과는 더 지속적이고 심원해지며, 단 한 번에 획득되고, 끊임없이 갱신될 수 있다. 즉, 모든 물리적인 충돌을 피하고, 늘 앞서서 결정되는 영원한 승리인 것이다. (중략)

'일망 감시시설'은 인간에 관한 실험을 할 수 있고, 또한 인간에게 적용되는 변화를 확실하게 분석할 수 있는 가장 유리한 공간이다. '일망 감시시설'은 고유한 메커니즘을 바탕으로 통제장치를 만들 수도 있다. 중앙에 있는 탑 안에서 관리책임자는 자신이 지휘할 수 있는 모든 고용인들, 즉 간호원이나 의사, 직공장, 교사, 간수 등을 몰래 감시할 수 있다. 또한 그들을 부단히 평가하고, 그들의 행동을 변화시키며, 보다 좋다고 생각하는 방법들을 그들에게 강요할 수 있고, 또한 그의 모습도 쉽게 관찰할 수 있을 것이다. 가령 어떤 감독관이 '일망 감시시설'의 중앙부에 예고 없이 불쑥 나타나더라도, 그는 전체가 어떻게 돌아가고 있는지를 한눈에 판단하게 될 것이고, 아무것도 숨길 수가 없을 것이다. 하기야 이 건축적 배치의 한복판에 감금되어 있는 셈인 관리 책임자 역시 이 장치와 연결된 부분적 존재가 아닐까? 전염병이 확산되는 것을 방치해 두는 무능한 의사나, 서투른 관리를 하는 감옥이나 작업장의 책임자는 전염병이나 폭동이 발생할 경우, 첫 번째 희생자가 될 것이다. '일망 감시장치'의 경영자는 말한다. "나의 운명은 내가 고안할 수 있었던 모든 속박에 의해서 결국 그들(피구류자들)의 운명과 함께 묶여 있다." '일망 감시시설'은 일종의 권력 실험실로 운용된다. 그러한 관찰의 메커니즘을 통해서 그 시설은 모든 인간의 행동에 효율적으로, 그리고 광범위하게 침투해 들어가는 효과를 거둔다. 권력의 이러한 모든 진전과 더불어 지식의 확장이 이루어지고, 이와 같이 확장된 지식은 권력이 행사되는 모든 표면에서 앎의 대상들을 발견한다.

(출전: 미셸 푸코, 『감시와 처벌』, 오생근 옮김, 나남, 2003, 309-316쪽(발췌))

생각해볼 문제

①은 설명하고자 하는 대상을 구체적인 '묘사'의 방식으로 풀어내고 있는 글이다. '묘사'는 말 그대로 '그림을 그리듯이' 대상의 외양을 생생하게 재현하는 방식이다. 효과적인 묘사를 위해서는 유연한 표현 능력뿐 아니라 '상상력'이 필요하다. 대상을 현장감 있게 묘사하기 위해서는 지금 여기에 존재하지 않는 대상을 마치 바로 눈앞에 있는 것처럼 상상할 수 있는 능력이 필요하다. 이 글은 '일망 감시시설'이라는 공간으로 독자를 안내하기 위해 생생한 묘사의 기법을 동원하여 주제를 효과적으로 재현하고 있다.

②는 문법적으로나 의미적으로 대칭되는 문장들을 급박하게 병렬시키면서 긴장감을 유발하고 있다. "그는 보이긴 해도 볼 수는 없다. 그는 정보의 대상이 되긴 해도, 정보 소통의 주체가 되지는 못한다"는 문장 내에서 병렬적인 구조가 드러나게 함으로써 내용을 효과적으로

강조하고 있다. "중앙 탑과 마주하도록 방을 배치함으로써 일종의 축을 형성하는 가시성이 강요되는 반면, 원형건물의 분할된 부분들과 완전히 분리된 독방들은 측면에서의 불가시성을 의미하게 된다"와 같은 문장은 '~하는 반면'이라는 접속사를 효율적으로 활용함으로써 문법적/내용적 대칭구조를 잘 드러내고 있다.

③은 '죄수'와 '간수'라는 대조적 입장에서 '일망 감시시설'의 구조를 설명하고 있다. 각기 다른 입장에서 새로운 대상이 어떤 변화를 느끼게 되었는지를 보여줌으로써 독자의 이해를 돕고 있다. ④나 ⑤와 같은 문장도 문법적이고 내용적으로 대칭되는 문장을 병렬적으로 연결함으로써 제시할 주제를 효과적으로 드러내고 있다.

V. 문제의 핵심으로

“

다루고자 하는 문제의 배경과 역사를 구구절절이 설명할 필요는 없다. 문제의 배경과 역사를 어느 정도 파악하고 있는 사람을 상대로 글을 쓴다고 생각하는 것이 좋다. 흔히 초심자에게 배경과 역사를 설명하려는 식으로 서문을 구성하는데 글쓴이의 연구이력을 밝히려는 것이 아니라면 이것은 짧을수록 좋고 생략할 수도 있다. 사실 문제의 배경과 역사를 설명하는 일은 한 분야에서 오랜 시간 동안 연구업적을 쌓은 상당한 학식을 기초로 해야만 권위를 갖게 된다.

”

얘기꾼과 소설가 : 발터 벤야민

제시문

2

모든 이야기꾼들이 끄집어내는 이야기의 원천은 입에서 입으로 전해지는 경험이다. 이야기를 기록했던 이야기꾼들 중에서 위대했던 이야기꾼들은 이름도 없는 무명의 숱한 이야기꾼이 하는 이야기와 조금도 다를 바가 없는 이야기를 쓴 사람들이다. 그런데 이들 무명의 이야기꾼들 중에는 두 가지 유형의 그룹이 있는데, 이 두 그룹은 물론 여러 면에서 서로 중복된다. 그리고 이야기꾼의 상(像)이 완전히 그 구체적 모습을 띠게 되는 것도, 이 두 그룹의 특성을 생생하게 보여주고 있는 사람에 한해서이다. ① "누군가 여행길에 오르면 그는 무언가 이야기할 거리가 있다."라고 독일 속담은 말하고 있고, 또 이때 사람들은 으레 이야기꾼을 먼 곳으로부터 온 사람으로 생각하였다. 그러나 이에 못지않게 사람들은 또한 정직하게 생업을 꾸려가면서 고향에 눌러앉아 자기 고향의 이야기와 전설을 잘 알고 있는 사람의 이야기를 듣는 것도 좋아하였다. 이 두 그룹의 원초적 대표자를 생생하게 눈앞에 떠올리고 싶으면 우리는 그중의 한 대표자는 한곳에 정착해서 땅을 경작하는 농부에게서, 또 다른 대표자는 이리저리 옮겨 다니면서 장사를 하는 선원에게서 찾아볼 수 있다. 사실상 이 두 삶의 영역은 이를테면 그들 나름의 이야기꾼의 원조를 배출했던 것이다. 그리고 이 두 원조는 수세기가 지난 오늘날에도 본래부터 그들이 지녔던 몇 가지의 특성을 그대로 보존하고 있다. (중략)

5

이야기의 몰락의 마지막 단계를 나타내는 한 과정의 징후를 예고한 것은 근세가 시작되면서 대두되기 시작한 소설의 발흥이다. 소설을 이야기와, 또 보다 좁은 의미의 서사시적인 것과 구별 짓게 하는 것은, 소설이 근본적으로 책에 의존하고 있다는 점이다. 소설의 보급은 인쇄술의 발명과 함께 비로소 가능하게 되었다. 구전으로 전수될 수 있는 것, 즉 서사시의 자산은 소설을 형성하고 있는 내용물과는 그 성질을 달리하고 있다. 소설이 여타의 산문문학, 예컨대 동화, 전설, 심지어 소품소설(Novelle) 등과 구별되는 것은, 그것이 구전적 전통으로부터 생겨난 것도 아니고 또 그 속에 몰입되는 것도 아니라는 점이다. 하지만 소설이 무엇보다도 다른 산문문학과 구별되는 것은 이야기와의 대비를 통해서이다. ② **이야기를 쓰는 사람은 그가 이야기하는 내용을 경험—그것이 자기 자신의 경험이든 아니면 남이 보고하는 이야기든 간에—으로부터 얻고 있다. 그러고 난 후 그는 또 다시 그 내용을 그의 이야기를 듣는 사람들의 경험이 되도록 만들어 내는 것이다. 소설가는 자신을 남으로부터 고립시켰다. 소설의 산실은 고독한 개인, 즉 자신의 가장 중요한 관심사를 더 이상 표현할 수 없고 또 자기 자신이 남으로부터 조언을 받지 못했기 때문에 남에게도 아무런 조언을 해줄 수 없는 고독한 개인이다.** 소설을 쓴다는 것은, 다른 것과 전혀 비교도 할 수 없는 성질의 것을 인간적 삶의 묘사 속에서 극단적으로 끌고 가는 것을 의미한다. 소설은 삶의 풍부함과 또 이러한 풍부한 삶의 묘사를 통해서 살아감의 이루 말할 수 없는 복잡다단함을 여실히 보여주고 있는 것이다. 소설이라는 장르의 최초의 위대한 소설, 돈키호테를 보면 우리는 금방, 가장 고귀한 사람 중의 한사람, 즉 돈키호테의 정신적 위대성과 용감성 및 남을 도우려는 마음가짐이 일체의 조언을 결하고 있고 또 일말의 지혜도 내포하고 있지 않음을 알 수 있다. 세기가 지나면 이따금 소설 속에 지시적 사항을 삽입하려는 시도—아마 이러한 시도가 가장 지속적으로 행해졌던 것은 『빌헬름 마이스터의 편력시대』에서일 것이다—가 있었지만, 이러한 시도는 소설 형식 자체의 변화를 가져다줄 가능성을 항상 내포하고 있었던 것이다. 이에 반해 교양소설은 소설의 기본구조에서 한 치도 벗어나지 않고 있다. 사회의 발전과정을 한 인물의 발전과정 속에 동화시킴으로써 교양소설은, 그 인물의 발전과정을 규정하고 있는 질서에 정당성—그것이 비록 부서지기 쉬운 정당성이긴 하더라도—을 부여하고 있다. 교양소설이 부여하고 있는 정당성은 현실과는 정반대되는 입장에서 있다. 특히 교양소설에서 구체화되고 있는 것은 이러한 현실과 정당성 사이의 불협화음인 것이다. (중략)

7

레쓰코브는 고전을 통해 문학적 수업의 기초를 닦은 작가이다. 그리스의 최초의 이야기꾼은 헤로도토스이다. 그의 『역사(*Historien*)』의 3권 14장에는 다음과 같은 얘기가 있는데, 우리는 이 얘기로부터 많은 것을 배울 수가 있다. 이 얘기는 사메니트우스에 관한 얘기다. 이집트의 왕 사메니트우스가 페르시아의 왕 캄비세스에 패해서 붙잡혔을 때, 캄비세스는 이 포로에게 모욕을 주고자 하였다. 그는 페르시아의 개선행렬이 지나가는 거리에 사메니트우스를 세워둘 것을 명령하였다. 또 그는 계속해서, 포로로 하여금 그의 딸이 물동이를 가지고 우물로 가는 하녀의 모습을 하고 그의 앞을 지나가는 것을 보도록 하였다. 모든 이집트 사람들이 이러한 광경을 보고 울고 슬퍼하였지만 사메니트우스만은 혼자 눈을 땅 위에 떨어뜨리고 꿈쩍도 하지 않은 채 아무 말 없이 서 있었다. 그러고 난 후 곧 그의 아들이 처형을 당하기 위해 행렬 속에 함께 끌려가는 것을 보았을 때에도 그는 여전히 꿈쩍도 하지 않고 그대로 서 있었다. 그러나 그 후 그의 하인들 중의 한 사람인 늙고 불쌍한 남자가 포로행렬 중에 있다는 것을 알아차린 바로 그 순간, 그는 손으로 머리를 치면서 가장 깊은 슬픔을 나타내는 온갖 표식을 보내었다.

이 얘기에서 우리는 진정한 얘기의 본질이 과연 무엇인가를 알 수 있을 것이다. ③ 정보는, 그것이 새로웠던 바로 그 순간에 이미 그 가치를 상실한다. 그것은 오로지 그저 한순간 속에서만 생명력을 가진다. 또 정보는 스스로를 완전히 그 순간에 내맡겨야만 하고 또 한순간의 시간도 잃음이 없이 그 순간에 대해 설명을 하지 않으면 안 된다. 그러나 얘기의 경우는 사정이 다르다. 그것은 스스로를 완전히 소모하지 않는다. 얘기는 자신이 지닌 힘을 집중된 상태에서 그대로 유지하고 있을뿐더러 또 많은 시간이 지난 후에도 여전히 다시 펼칠 수 있는 능력을 가지고 있다. 그렇기 때문에 몽테뉴는 이 이집트 왕에 대해 다시 언급하면서 왜 그가 하인을 보자 비로소 슬퍼하였던가를 자신에게 묻고 있다. 이 물음에 대해 몽테뉴는 "그가 이미 너무나 슬픔에 가득 차 있었기 때문에, 그 슬픔이 조금만 더 커지더라도 그것은 걷잡을 수 없을 정도로 터질 수밖에 없었기 때문이다."라고 말하고 있다. 그러나 우리는 이를 또 "왕의 가족들의 운명이 왕의 마음을 움직이게 하지 못한 것은 그들의 운명이 바로 자신의 운명이었기 때문이다."라고 말할 수도 있을 것이다. 아니면 "우리는 삶에서 우리를 감동시키지 못하는 많은 것들이 무대 위에서는 우리를 감동시킨다. 따라서 이 하인은 왕에게는 단지 한 사람의 배우였을 뿐이다."라고 말할 수도 있을 것이다. 또 아니면 "커다란 슬픔은 정체되었다가 이완의 계기가 와야만 비로소 터진다. 이 하인을 보는 순간이 바로 이 이완의 순간이었다."라고 말할 수도 있을 것이다. 그러나 헤로도토스는 이에 대해서는 일언반구의 설명도 부가하지 않았다. 그의 보고는 건조하기 이를 데 없는 보고이다. 바로 그렇기 때문에 고대 이집트로부터 유래하는 이 얘기는 수천 년이 지난 오늘날에도 경탄과 깊은 명상을 불러일으키게 할 수가 있는 것이다. 그것은 마치, 수천 년 동안 밀폐된 피라미드의 방에 놓여 있으면서도 오늘날까지 그 맹아적 힘을 보존하고 있는 한 알의 씨앗을 방불케 한다.

(출전: 발터 벤야민, 「얘기꾼과 소설가」,
『발터 벤야민의 문예이론』, 반성완 옮김, 민음사, 1992, 167-174쪽(발췌))

생각해볼 문제

이 글은 이야기꾼과 소설가에 대한 벤야민의 글 가운데서 중요한 부분을 발췌한 것이다. 제시된 인용문들은 매우 짧고 독립적인 것처럼 보이지만 자세히 읽어보면 서로 밀접한 관련성을 유지하고 있다.

첫 번째 글은 선원과 농부라는 비유를 통해 이야기꾼의 두 가지 유형을 제시하고 있다. 유형분류는 개념과 논리에 따르는 것이 일반적이지만, 이 글에서처럼 비유를 통한 유형의 제시는 독자에게 독특한 영감을 제공해줄 수 있다. 먼 곳의 이야기를 가져오는 선원과 고향마을의 오래된 이야기를 들려주는 농부라는 이야기꾼의 유형이 머릿속에 자리를 잡는 순간, 벤야민이 말하고자 하는 이야기꾼의 모습을 상상할 수 있게 되며 그 과정에서 이야기꾼의 중요성을 이해하게 된다.

세 번째의 글 앞부분에서 벤야민은 헤로도토스의 『역사』에 등장하는 한 에피소드를 소개하고 있다. 인물의 서사가 담겨 있는 에피소드의 소개는 독자의 호기심을 자극하는 가장 일반적이면서도 효과적인 방식 중 하나다. 이야기는 설명이나 논증과 같은 과정을 거치지 않고서도, 그 자체만으로도 독자에게 흥미와 교훈을 모두 제공하는 방식이기 때문이다. 첫 번째 문단에서 벤야민은 제시된 일화 그 자체만으로도 충분히 의미 있는 이야기를 소개한다. 이야기를 소개하는 방식도 눈여겨볼 만하다. 어떤 문체적 장식도 동원하지 않고, 인물과 사건의 흐름만을 간결하게 요약하는 것이다. 헤로도토스의 『역사』에 배어 있는 고전적인 신뢰를 바탕으로 벤야민의 꾸밈없는 전달 태도가 어우러지면서, 이 글은 군더더기가 없으면서도 설득력 있게 독자에게 전달되고 있다.

첫 번째 문단에서 헤로도토스의 이야기를 소개한 후, 두 번째 문단의 ①에서 벤야민은 '정보'와 '얘기'의 차이를 설명한다. 곧바로 제시된 일화의 교훈을 '설명'하는 방식을 택하지 않고, '정보'와 '얘기'의 차이를 설명하는 우회로를 통해서 이 이야기가 제공하는 메시지를 향해 다가가는 것이다. 두 번째 문단은, 이야기를 제시하고 곧바로 그 이야기에 대한 해설을 첨부하는 식의 상투적인 글쓰기를 선택하지 않음으로써, 독자에게 또 한 번 궁금증을 유발한다. 벤야민이 설명하는 '정보'와 '얘기'의 차이는 이중적인 효과를 빚어낸다. 첫 번째는 말 그대로 정보와 얘기의 차이 자체를 설명하고 이해시키는 효과를 가진다. 두 번째는 헤로도토스의 에피소드를 좀 더 풍부하게 이해시키기 위한 도구의 역할을 한다. 소설가와 이야기꾼의 차이에 대해서 지적하고 있는 ②와 정보와 이야기의 차이를 설명하고 있는 ③은 글쓰기의 방식 중 '대조'의 적절한 사용법을 보여주는 훌륭한 모델이다.

한국의 근대와 문학사상 : 김윤식

제시문

20세기란 과연 어떤 세기였을까. 이 물음은 내가 살아온 20세기의 사상과 문학에 국한되는 만큼 군에게는 썩 낯설 것이다. 각 세대가 저마다의 하늘과 별을 이고 살아가는 것은 너무 당연한 사실이 아니겠는가. 이렇게 말해놓으면 각 세대의 공통점이랄까 세대 간의 공감대에 무게중심이 기울어지기 쉽다. 개개인의 감성적, 이성적 또는 기질적 차이에 비중을 둔다면 어떠할까. 내가 '물들인 군복'을 그렇게 소중히, 또 표 나게 내세웠음에 군은 주목했을 터이다. 내게 있어 그것은 단순한 메타포 이상이자 그 이하이다. 기묘한 표현이겠지만, '물질적 형이상학'이라 하면 어떠할까. 총천연색의, 혹은 초록색의 설계도[鳥瞰圖, 조감도]를 흑백 혹은 회색을 설계도[烏瞰圖, 오감도]로 바꾸어야 했듯, 순진무구한 어린아이[童孩]를 아이의 해골[童骸]로 인식해야 비로소 이상은 「오감도」(1934)도 「날개」(1936)도 쓸 수 있었다. 그를 이 지경으로 만든 것은 과연 무엇이었던가. 무엇이 식민지 수탈용 기능의 양성학교인 경성고등공업학교 출신의 한 인간을 이토록 살벌한 인식으로 휘몰았을까. 이 회색의 세계 속에서 고립무원으로 놓인 그가 전율한 것이 공포였다고 해서 무엇이 이상할까. 무서운 세계와 마주한 무서워하는 아이의 표정이 손에 잡힐 듯이 선연하지 않다면 군이나 나나 20세기의 사상 및 문학을 논의할 자격이 없거나 모자란다고 보아야 하리라 믿는다.

어째서 그러한가. 이 물음을 위해 내가 붓을 들었다고 처음에도 말했고, 지금도 그러하다. 악마와의 결탁 없이는 이 물음에 대응할 수 없다고 지금도 내가 믿고 있음을 군은 아마도 짐작하고 있을 터이다. 악마와의 결탁, 거기에서 생겨난 괴물의 명칭이 '근대'였다.

> 아무도 그에게 水深을 일러준 일이 없기에
> 흰 나비는 도무지 바다가 무섭지 않다.
>
> 청무우 밭인가 해서 나려갔다가는
> 어린 날개가 물결에 절어서
> 公主처럼 지쳐서 돌아온다.
>
> 3월 달 바다가 꽃이 피지 않아서 서글픈
> 나비 허리에 새파란 초생달이 시리다.
>
> \- 김기림, 「바다와 나비」, 1939

보다시피, 『기상도』(1936)의 시인은 여전히 초록색 속에 소요하고 있다. 아무도 '수심'을 일러주지 않았기에 멋도 모르고 바다로 향한 이 나비는, 수심의 정체를 조금 알아차리고 질겁해서 돌아오고 있지 않겠는가. 겨우 날개가 물결에 젖었으나 돌아올 수는 있었다. 공주였던 까닭이다. 아침마다 정말(丁末) 체조를 하며 사립대학을 마치고 사회인이 된 뒤에도 다시 제국대학에 나아가 미학을 공부한 이 시인의 신분이 공주였음은 그가 시인인 까닭에서 왔다. 여러 번의 구원 요청의 편지질(「사신」)에 단 한 번 「오감도」의 무서워하는 아이를 만난 적이 있다. 골고다의 예수상을 한 「오감도」의 작가를 만난 시인은 그가 죽자 「고 이상을 추억」(1937)을 썼다. 공주의 몸짓이고 목소리였다. 군은 이 장면에서 물을 수 있다. 「날개」의 작가의 죽음이란 새삼 무엇이었을까, 라고. 그리고 군은 이제 스스로의 힘으로 그 해답조차 찾아낼 수 있어야 한다.

근대란 무엇이뇨. 초록빛의 아이의 시선에서 보면 더도 덜도 아닌 괴물이었다. 초록빛이 있는 곳이면 세상 끝까지 찾아가며 그 날카로운 창살로, 그 불패의 무기로 학살해 마지않았다. 그 무기의 명칭이 기하학이었음은 새삼 말할 것도 없다. 유클리드 기하학의 제5공리와 비(非)유클리드 기하학의 성립 근거가 절대모순이기에 이 무기를 물리칠 방패란 실상 없었다. '평행선은 절대로 교차하지 않는다'와 '평행선은 어느 무한점에서는 교차한다'의 동시적 전개를 무슨 수로 감당할 수가 있었겠는가. 이를 본 아이들이 공포에 질려 거리를 질주하고 있는 장면을 보여주는 스크린이 「오감도」였다. 그리고 끝내 '공포에서의 질주'의 종언, 거기 죽음이 가로놓여 있음까지 우리에게 보여주었다. 그 괴물을 제어할 어떤 방도도 끝내 그는 찾아내지 못했는데 그 이유는 썩 간단했다. 괴물에 질려 도주함이 괴물에의 사랑(모방)이었던 까닭이다. 이 점에서 그는 저 마르크스주의자, 저 계몽주의자로 통칭되는 근대주의자 계보에 속할 터이다.

'네 칼로 너를 치리라!'의 명제로 요약되는 이 계몽주의자를 나는 한 번도 외면한 바 없다. 내가 살아온 20세기의 사상과 문학의 범주 속에서는 적어도 그러했다. 이 점에서 나는 이광수나 임화, 이상 모양 청맹과니였다.

(A) 학교가 폐쇄되자 이배에게는 곧 후원자가 나타났다. 이 후원자는 원조로써 그는 일본 동경으로 유학의 길을 떠났다. 오랜 숙망이었다. 그러나 제자 양성이 더 급선무이므로 아직껏 달하지 못하고 있었던 것이다.

'네 칼로 너를 치리라. 네게서 배워서 너를 둘러엎으리라'
이러한 포부로 적도(敵都) 동경으로 떠났다.

-「반역자」, 『김동인전집(5)』, 삼중당, 535쪽

(B) 예술, 학문, 움직일 수 없는 진리……
그의 꿈꾸는 사상이 높다랗게 굽이치는 東京
모든 것을 배워 모든 것을 익혀,
다시 이 바다 물결 위에 올랐을 때
나는 슬픈 고향의 한 밤,
홰보다도 밝게 타는 별이 되리라
청년의 가슴은 바다보다 더 설레었다.

-「해협의 로맨티시즘」, 『현해탄』, 동광당, 1938, 141-142쪽

(C) 東京이란 참 치사스런 도십디다. 예다 대면 京城이란 얼마나 인심 좋고 살기 좋은 '한적한 농촌'인지 모르겠습니다.(……) 나는 참 東京이 이 따위 비속 그것과 같은 시나모노(물건)인 줄은 그래도 몰랐소. 그래도 뭐이 있겠거니 했더니 과연 속빈 강정이요.

-「사신(7)」, 『이상문학전집(3)』, 문학사상사, 234쪽

외배(孤舟, 이광수의 초기 필명)를 오이배로 하여 쓴 단편 「반역자」에서 김동인이 계몽주의자의 결과론을 폈다면, 『현해탄』의 시인은 그가 택한 역사주의에 의해 1953년 8월 6일 사형선고에 처해졌으며, 「날개」의 작가 이상은 날개는커녕 번데기가 되어 적도 동경의 제국대학 병원에서 레몬을 달라고 절규하며 죽었다. 이 나라 근대문학사의 전개를 문학이나 문학사란 한갓 소문자이고 근대 및 근대사가 대문자로 군림한 시선에서 보면 저런 비극은 당연한 결과라고 군은 말하고 싶은가. 혹은 어떤 사회경제학자처럼 '역부족'론을 내세울 터인가. '그렇

다/아니다'로 뚝 부러지게 말할 수 있다면 얼마나 좋고도 편리하랴. 이런 물음 앞에 수많은 밤을 새하얗게 지새운 바 있는 사람이라면 조금은 겸허해질 수가 있으리라 나는 믿는다. 저러한 현상이 실패냐 성공이냐를 떠나 어째서 그러할 수밖에 없었는가에 대한 성찰이 그들의 무덤에까지 뻗어 있을까 나는 그게 오히려 두렵다.

한 번 더 근대란 무엇인가, 라고 묻기로 하자. 이번엔 군과 내가 서 있는 자리가 GDP 1만 불의 장소임에 주목해야 한다. 세계 무역고 12위의 나라를 두고 약소국가라 한다면 누가 보아도 거짓말일 터이다. '네 칼로 너를 치리라'의 명제가 그토록 잘못이었을까. 산업사회의 기원은 아직도 학문의 논쟁 대상으로 되고 있음을 군도 알 것이다. 앞이 보이지 않는 복잡한 변환, 다양하게 이루어진 거대한 사회 속에서 일어나는 이 산업사회는 어떤 후발의 모방산업화도 초발의 산업화와 동일한 종류의 사건으로 다룰 수는 없다. 초발 이외의 산업화는 모두 모방이라는 것, 따라서 일의 진행에서 이미 확립된 지식의 빛 아래 그것이 달성된다는 것, 그것은 일정한 이점이라는 것, 바로 이 때문에 초발과 후발은 동일하게 취급되지 않는다. 이 사건은 자기가 무엇을 하고 있는가를 모르는 사람들에 의해 행해진 것이며 이 무자각성이야말로 사건의 본질이다. 초기 근대의 서구의 환경을 깡그리 재현할 수 없다는 사실만으로 이 사정이 설명될 터이다. 그렇지만 산업주의의 원인론을 실제로는 확립해낼 수는 없다 해도 산업사회의 작용 일반 모델을 제출할 수는 있을 터이다. 군도 알다시피 M.베버의 기념비적 저술 『프로테스탄트의 윤리와 자본주의의 정신』의 참된 가치와 중요성은 자본주의 정신의 발생에 관한 매력적, 사변적 해명이기보다는 새로운 사회질서에 현저한 일반적 특징을 구성하고 있는 원리에 관해서인지도 모른다. 그것이 바로 합리성의 관념이다. 규칙성과 능률성으로 요약되는 이 합리성은 실상 D.흄과 칸트의 철학에 바탕을 두고 있었다. 18세기의 이 두 철학자는 인간 정신 그 자체를 보편성, 곧 어느 곳에서나 동일하다는, 그래서 그러한 전제하에 분석할 수 있다는, 그러니까 매우 막연한 '낙천적 망상'에 사로잡혀 있었지만 이런 생각이야말로 근대 그 시대를 특징짓는 새로운 정신의 일반적 논리이다. 베버는 이를 복창하여 사회학에 적용한 것이었다.(E. Gellner, *Nations and Nationalism*, 1983, 제3장)

'낙천적 망상'에 주목해보기로 하자. 오늘의 처지에서 보면 DNA에 해당될지도 모를 이 보편성에 대한 신념이야말로 모든 비극의 씨앗이 아니었을까. 지금도 나는 이 '낙천적 망상' 앞에 망연자실하고 있다. 현해탄 콤플렉스에 걸려 앓고 앓다가 마침내 그것이 현해탄 콤플렉스인지도 모른 채 현해탄에서 순사한 이광수, 임화, 이상 등 이들 삼총사의 운명적인 계보도의 그 좌표가 놓은 곳은 군도 이제 조금은 짐작되었을 터이다. '인류'라는 것, '인류사'라는 것, 저 '낙천적 망상'이라는 것, 이 망상의 설계도를 맨 먼저 보아버린 최초의 한국인이 이상이었고, 그 설계도의 투영이 「오감도」였다. 그것은 적도 동경엔 없었다. 식민지 수도 서울엔 물론 없었다. 뉴욕이나 파리에 가면 있었을까. 물론 있을 턱이 없다. 그렇다고 한적한 시골인 서울, 초록빛 가득한 그곳으로 되돌아갈 수도 없었다. 과연 그가 참으로 은화처럼 맑은 정신으로 본 것은 무엇이었던가. '인류', '인간' 그것의 보편성에 대한 신념이 얼마나 '순진한 망상' 인가에 대한 사실이 아니었을까.

(출전: 김윤식, 「캄캄한 뇌우 속에 얻은 몇 알의 붉은 열매—군을 기리면서」, 『내가 살아온 20세기 문학과 사상』, 문학사상사, 2005, 588-593쪽)

생각해볼 문제

이 글은 편지의 형식으로 이루어진 수필적 형태의 글쓰기다. '군'이라는 호칭으로 상대방을 불러내고 있는데, 그것은 어떤 특정한 대상을 명기하고 있지 않다. 이 글의 필자는 한국문학과 근대성, 한국문학의 사상적 계보에 대해 고민과 성찰을 공유할 수 있는 사람들을 '군'으로 설정하고 이 글을 쓴 것으로 보인다. 편지체 글쓰기는 명시적으로 독자의 시선을 텍스트에 붙들어둘 수 있는 글쓰기 전략 중 하나다. 편지의 수신자로 호명받은 독자는 쉽게 그 호명을 거부할 수 없기 때문이다. '~다' 체의 평서문과 문어체에 익숙해진 독자들은 자신이 호명당하고 누군가의 편지를 받는다는 느낌에 신선한 자극을 받을 수 있다.

또한 독자의 이성적 반응뿐 아니라 정서적 반응을 철저히 배려하지 않고서는 편지의 형식으로 글을 쓰기 어려울 것이다. 다루고자 하는 내용이 어렵고 심각할수록, 글쓰기의 전략은 좀 더 유연해질 필요가 있다. 즉 어려운 내용을 쉽고 간결하게 설명하기 위해서는 장황한 설명조나 강의투보다, 독자에게 친밀감을 제공하는 편지의 형식이 훨씬 효과적일 수 있을 것이다. 굳이 글쓰기의 형식을 명시적으로 제한받는 매체가 아니라면, 편지의 형식이든 일기의 형식이든 대화의 형식이든, 글쓰기의 형식과 시점 자체를 변환해보는 것도 훌륭한 글쓰기의 실험이다. 글쓰기의 시점과 문체를 바꿀 때, 내용의 질감 또한 함께 변화하게 되는 경험을 할 수 있을 것이다. 수사학이란 내용은 그대로 두고 형식만 바꾸는 것이 아니라 형식을 바꿈으로써 자연스럽게 내용 또한 승화시키는 일이기 때문이다. 수사학에 대한 고민, 글쓰기의 형식에 대한 진지한 고민을 하는 사람이라면 늘 새로운 글쓰기 방식을 다양한 실험을 통해 실천할 수 있어야 할 것이다.

소설의 모험, 또는 모험하는 소설 : 밀란 쿤데라

제시문

1

에드문트 후설(Edmund Husserl)은, 죽기 3년 전인 1935년, 비엔나와 프라하에서 유럽의 인문정신(humanité)의 위기에 관한 유명한 강연을 했다. 그에게 있어 '유럽의'라는 관형어는 고대 그리스 철학과 더불어 탄생하여 지리상의 유럽 바깥에까지 펼쳐져 있는 (가령 아메리카 대륙 같은) 정신적 동질성을 의미했다. 그에 따르면 고대 그리스 철학은 역사상 처음으로 세계(전체로서의 세계)를 풀어야 할 의문의 대상으로 파악했다는 것이다. 고대 그리스 철학이 세계를 의문의 대상으로 삼은 것은 이러저러한 실제적인 필요를 충족시키기 위해서가 아니라 '앎에의 열정이 사람들을 사로잡았기' 때문이었다.

후설에게 그 위기는, 유럽이 그것을 극복하고 계속 살아남을 수 있을지를 자문해보아야 할 정도로 심각한 것으로 보였다. 그는 그 위기의 뿌리를 근대 초기, 갈릴레오(Galileo Galilei)와 데카르트(René Descartes)가 세계를 단순히 기술적이고 수학적인 개발의 대상으로 축소시키고 그 지평에서 삶의 구체적인 세계, 그가 말하는 '삶의 세계(die Lebenswelt)'를 제거해버린 유럽 과학의 일방적인 성격에서 찾아볼 수 있다고 생각했다.

과학의 도약은 사람들을 전문화된 분야의 동굴로 몰아넣었다. 지식이 진보하면 할수록 사람들은 자신의 시야에서 세계와 자기 자신의 총체상을 잃어버렸고, 이리하여 후설의 제자인 하이데거(Martin Heidegger)

가 말한 '존재의 망각'이라는, 거의 마술적인 멋있는 표현 속으로 함몰되었다.

일찍이 데카르트가 말한 바처럼 "자연의 주인이자 소유자"로 성장했던 인간은, 이제 그를 초월하고 능가하며 소유하는 (기술과 정치, 역사의) 힘들에 쓰이는 단순한 사물이 되어버렸다. 이 힘들에 비해 인간의 구체적 존재, 그의 삶의 세계는 아무런 가치도 지니지 않으며 아무런 관심의 대상도 되지 않는다. 인간은 오래전부터 가려지고 잊혀져 있는 것이다.

2

(중략) 내가 말하고자 하는 것은, 철학과 과학이 인간의 존재를 망각한 것이 사실이라 하더라도, 바로 이 망각된 존재를 찾아내려는 유럽의 위대한 예술이 세르반테스와 더불어 형성되었다는 것이 더욱 명확하게 드러나 보인다는 것이다.

실제로 고대 유럽 철학 전부가 그것을 팽개쳐 놓았다는 판단하에 하이데거가 『존재와 시간(*Sein und Zeit*)』에서 분석하고 있는 모든 중요한 실존적 주제들은 4세기(소설이 유럽의 다른 몸에 깃드는 4세기) 동안 유럽 소설에 의해 노출되고 제시되고 조명되었던 것이다. 해를 거듭하면서 소설은 나름의 방식과 고유한 논리에 따라 존재의 상이한 면모들을 찾아냈다. ① 세르반테스의 동시대인들과 더불어 소설은 모험이 무엇인가를 묻는다. 새뮤얼 리처드슨(Samuel Richardson)과 더불어 소설은 "내면에서 무엇이 일어나고 있는가"를 검토하기 시작하고 감정의 은밀한 삶을 검토하기 시작한다. 발자크(Honoré de Balzac)와 더불어서는 역사에 뿌리내리는 인간을 발견한다. 플로베르(Gustave Flaubert)와 함께 그것은 그때까지 미지의 세계였던 일상의 지평을 탐사한다. 톨스토이(Lev N. Tolstoy)와는 사람들의 결정과 행위에 개입하는 비합리적인 것에 관심을 기울인다. 그리고 시간을 탐색한다. 마르셀 프루스트(Marcel Proust)와 더불어 붙잡을 수 없는 과거의 순간을, 제임스 조이스(James Joyce)와는 붙잡을 수 없는 현재의 시간을 탐색하는 것이다. 토마스 만(Thomas Mann)과 더불어서는 시간의 밑바닥에서 유래하여 우리의 발걸음을 원격 조정하는 신화의 역할을 묻는다.

소설은 근대의 시초부터 줄곧, 그리고 충실히 인간을 따라다니고 있다. 후설이 서구정신의 요체로 간주한 '앎에의 열정'이 이제 소설을 사로잡아 소설로 하여금 인간의 구체적인 삶을 살피게 하고 '존재의 망각'으로부터 그것을 지켜주는 것이다. 그리하여 '삶의 세계'를 영원한 빛 아래 보존하는 것이다. "오직 소설이 발견할 수 있는 것만을 발견하라. 그것만이 소설의 유일한 존재 이유다"라는 헤르만 브로흐의 말을 나는 이런 뜻으로 이해하고 있으며, 그가 거듭 되풀이하는 이 말에 담긴 그의 고집에 공감하는 것도 이런 이유에서이다. 이제껏 알려지지 않은 존재의 부분을 찾아내려 하지 않는 소설은 부도덕한 소설이다. 앎이야말로 소설의 유일한 모럴인 것이다. (중략)

3

② 돈키호테는 자신 앞에 넓게 열린 세상을 향해 떠났다. 그는 자유로이 세상으로 들어갈 수 있었고, 아무 때건 원하기만 하면 집으로 돌아올 수 있었다. 유럽 최초의 소설들은 무한해 보이는 세계를 편력하는 여행담들이다. 『운명론자 자크(*Jacques le fataliste*)』의 첫 장은 길을 가고 있는 두 주인공을 포착하고 있다. ③ 사람들은 그들이 어디서 오는지, 어디로 가는지 전혀 알지 못한다. 그들은 시작도 끝도 없는 시간 속에 있으며 아무런 경계도 없는 공간, 창창한 미래로 열린 유럽의 한

가운데에 있는 것이다.

디드로(Denis Diderot) 이후 반세기가 지난 후 발자크에게, 멀리 보이는 지평선은 경찰·법률·재정과 범죄의 세계, 군대·국가 등과 같은 사회 제도라고 하는 현대적 건축물들의 배후로 사라지고 말았다. 발자크의 시대는 더 이상 세르반테스나 디드로 시대의 행복한 여유를 누릴 수 없다. 그것은 ④ 사람들이 역사라고 부르는 기차에 실려 있다. 그것에 올라타기는 쉽지만 내리는 것은 쉽지 않다. 그러나 어쨌든 이 기차는 그때만 하더라도 무섭기는커녕 오히려 매력적이기까지 했다. 모든 승객들에게 그것은 모험을 약속한 것은 물론 원수의 지휘봉까지 약속한 것이었다.

이보다 훨씬 뒤, ⑤ 엠마 보바리에게 지평선은 마치 울타리처럼 보일 만큼 좁아들었다. 모험은 지평선 너머로 사라져버렸고 향수는 감당할 수 없게 되었다. 일상의 권태 속에서는 꿈과 몽상만이 중요하다. 잃어버린 외부 세계의 무한함은 영혼의 무한함으로 대치된다. 유럽의 가장 멋진 환상 가운데 하나인 대체할 수 없는 개인의 독자성이라는 환상이 피어나게 되는 것이다.

그러나 무한한 영혼에 대한 꿈은 역사, 혹은 이것에 담겨있는 전능한 사회의 초인간적인 힘이 인간을 장악하게 되면서 신통력을 잃게 된다. 사회는 더 이상 인간에게 원수의 지휘봉을 약속하지 않는다. 그것이 약속해주는 것은 겨우 측량 기사의 지위에 지나지 않는다. 법정 앞에서 K.가, 성(城) 앞에서의 K.가 과연 무엇을 할 수 있는가? 아무런 대단한 일도 아니다. 하다못해 그가 예전의 엠마 보바리처럼 꿈이라도 꿀 수 있는가? 아니다. 상황이라는 함정은 너무도 무시무시하고 마치 진공청소기처럼 그의 모든 생각과 감정을 빨아들인다. ⑥ 그가 생각할 수 있는 것은 오직 자신의 재판, 측량 기사로서의 자신의 지위일

따름이다. 무한한 영혼이라는 것은, 설혹 그것이 존재했다 하더라도, 이제는 인간에게 거의 아무 소용도 없는 부속품이 되어버린 것이다.

5

소설의 행로는 이에 대응하는 근대의 역사로 나타난다. 눈을 돌려 소설의 행로를 돌아보면 기이하게도 짧고 좁아 보인다. 돈키호테, 바로 그 자가 삼 세기 동안에 걸친 여행 끝에 측량 기사의 모습으로 변장하고 마을에 돌아온 것은 아닌가? 예전에 그는 스스로 모험을 택해 떠났지만, 이제 성 밑에 있는 마을에서 그가 선택할 수 있는 것은 더 이상 아무것도 없다. 그에게 모험은 '하달'된다. 고작 서류상의 잘못에 대해 관리와 벌이는 한심한 말다툼이 그의 모험일 뿐이다. 소설의 위대한 첫 번째 주제였던 모험은 삼 세기의 기간이 지난 후 어찌된 것인가? 그것은 자신의 패러디가 되어버린 것인가? 이것은 무엇을 의미하는가? 어째서 소설의 행로는 역설에 갇혀버리게 되었는가?

(출전: 밀란 쿤데라, 『소설의 기술』, 권오룡 옮김, 책세상, 1990, 17-20/21-23쪽(발췌))*

생각해볼 문제

이 글은 밀란 쿤데라의 관점에서 바라본 유럽문학사의 역사적 전개를 다루고 있다. 명시적으로 드러나 있지는 않지만 '앞으로 소설이 나아가야 할 길은 어디인가' 또는 '현대사회에서 소설만이 감당할 수 있고 또 감당해야 하는 임무는 무엇인가'라는 물음을 끊임없이 제기하고 있다. 그리스 문화부터 카프카에 이르기까지 유럽의 광범한 역사

---

* 밀란 쿤데라의 책은 한국어판 저작권을 가지고 있는 민음사에서 연내에 출판될 계획이다. 재수록을 허락해주었을 뿐만 아니라 새롭게 번역된 원고를 제공해준 권오룡 교수(한국교원대)에게 감사를 드린다.

를 다루고 있지만 글 전체에서 유기적인 통일성이 느껴지는 것은 자신이 제기하고자 하는 문제의식을 한순간도 놓지 않았기 때문이다.

①은 대단히 흥미로운 부분인데, 쿤데라의 관점에서 바라본 유럽문학사의 중요한 장면들이 제시되어 있다. 이 부분은 '한 소설가가 자신의 시대와 관련해서 묻고 검토하고 발견하고 탐색한 것은 무엇인가?'라는 물음에 대한 답변들이다. 세르반테스는 모험이 무엇인가라고 물었고, 리처드슨은 내면의 움직임에 대해서 물었고, 발자크는 역사 속의 인간을 발견한다. 소설이란 물음 또는 탐색의 한 방식이라는 쿤데라 자신의 관점을 유럽문학사를 장식한 중요한 작가들의 작품세계에 일관되게 적용하고 있는 것이다.

또한 ②~⑥을 보면 글의 구성이 점강적인 플롯으로 이루어져 있음을 알 수 있다. 어디로든지 가고 원하면 돌아올 수 있었던 세르반테스의 돈키호테에서, 어디서 오는지 어디로 가는지 알지 못하는 디드로의 운명론자 자크, 인간이 역사의 지평 속에 편입되는 발자크의 시대, 여성지로 대변되는 그렇고 그런 일상에 갇혀 있는 플로베르의 보바리부인, 그리고 사회적인 지위 말고는 존재감을 전혀 갖지 않는 카프카의 K에 이르는 과정이 그것이다. 달리 말하면 세르반테스에서 카프카에 이르는 유럽문학사는 존재의 지평을 잃어버리는 과정으로 제시된다. 한 편의 글이 갖는 설득력은 대상에 대한 방대한 지식에서만 주어지지 않는다. 알고 있는 지식을 어떻게 엮을 것인가와 관련된 플롯(구성)의 문제 역시 대단히 중요하다. 구슬이 서 말이라도 꿰어야 보배라는 말이 있듯이, 글의 흐름과 짜임을 만들어 가는 과정은 매우 중요한 의미를 갖는다.

게임 : 김영하

제시문

작년 언제였던가. 한 신문에서 게임 스토리 제작에 대해 한 면을 할애해 다룬 적이 있었다. 게임 스토리 작가라 불리는 일군의 직업군이 생겨나고 있다는 기사에 곁들여 게임 스토리도 문학이 아닐까, 하는 도발적인 문제 제기를 시도했었다. 그러면서 내게 그 문제에 대해 일견을 청해 와서 답한 적이 있었다. ① 결론부터 먼저 말하면 이렇다. 세월이 흐르면 게임 서사도 예술이 될 수는 있을 것이다. 그러나 문학이 되지는 않을 것이다. 다시 말해, 게임에서는 '햄릿'이 나올 수 없다는 것. 물론 '카라마조프의 형제들' 같은 작품도 무망하다는 것.

나는 첫 번째 이유를 방향이라는 측면에서 찾았다. 우선은 대화의 방향이다. 나는 게임 속의 자아에게 명령을 내린다. "밥을 먹어라." "공격하라." 내 명령은 즉각적인 피드백으로 돌아온다. "밥을 먹었더니 살이 쪘습니다." "병력이 부족한 채로 공격하다가 전멸당했습니다." 그리하여 서사는 매우 다양한 방향으로 전개될 수 있다. 똑같은 게임이라도 이야기는 날마다 달라질 수 있다. 이것은 스타크래프트 같은 실시간 전략 시뮬레이션 게임이나 프린세스 메이커 같은 롤플레잉 게임, 혹은 리니지와 같은 머드 게임 모두의 공통된 특성이다. 서사를 구성해나가는 측면에서 볼 때, 게임은 명백히 쌍방향 매체다. 그 틀은 과거의 소설이나 로망에서 가져왔지만 진행과정은 바둑이나 체스를 닮았다. 바둑은 수억 가지의 경우의 수를 창출해낼 수 있으나 반상 위엔 작가가 없다. 게이머가 곧 작가인 셈인데, 우리는 이런 바둑을 문학이라 부르지 않는다. 왜냐하면 문학은 본질적으로 고독하고 위대한 '개인'의 작업이기 때문이다. 아니, 판소리나 서사시는 문학이 아니란 말인가? 그것들도 오랜 세월 수많은 사람들의 상호작용으로 이루어진 일종의 집단 창작이 아니었던가? 그렇다. 그러나 판소리나 서사시가 실시간 쌍방향의 의사소통으로 만들어진 작품은 아니다. 그 작품은 매순간 새로 태어났으며 그 순간마다 위대한 개인들의 창조적 의지가 개입했다. 하나의 판본이 또 하나의 판본으로 재탄생할 때마다 그곳엔 고독하고 위대한 개인이 존재했던 것이다. 그럴 때, 그는 분명 '작가'였으며 '문학'이라는 욕조에 깊이 몸을 담그고 있었던 것이다.

이 쌍방향이라는 고유의 특성을 지닌 게임은 그러므로 기본적으로 문학의 반대편에 서 있다. 문학은 본질적으로 일방향이다. 고독하고 위대한 개인이 세상을 향해 던지는 메시지이다. 우리는 그 목소리를 듣기 위해 문학작품을 구매하는 것이다. 나는 셰익스피어의 발언을 듣고 싶은 것이지 내가 바꾸어놓은 셰익스피어를 보고 싶은 게 아니다. 우리가 소설을 보는 이유는 우리가 만들어낼 수 없는 어떤 놀라운 이야기가 있으리라 기대하기 때문이 아닌가. 그런 측면에서 나는 최근 신문 지면을 장식해온 몇몇 실험에 회의적이다. 예를 들어 독자가 줄거리를 바꿀 수 있다는 인터렉티브 서사 실험 따위, 죽을 로미오를 살리고 패배할 샤일록이 이기게 만들 수 있다 한들 그게 무슨 의미가 있단 말인가. 그 순간 그건 게임이지 더 이상 문학이 아니다. 재미는 있을지 모르겠으나 그 재미는 우리가 문학작품을 통해 추구해온 것과는 다르다. 게임에서 나는 조조를 유비의 부하로 만들 수 있으며 장비가 유비를 죽이도록 만들 수 있다. 그러나 그것에서 얻는 즐거움은 게임적 쾌락일 뿐이다. 내가 도스토예프스키의 작품에서 대면하게 되는 충격을 게임에서 얻게 되리라고는 생각할 수 없다. 왜? 내가 만든 스토리에 어찌 내가 놀랄 수 있단 말인가.

② 만약 셰익스피어가 살아와 게임 작가가 된다면 어떨까? 그는 대단히 아름다운 문장과 충격적인 상황을 만들어낼 수 있을 것이다. 그러나 그는 결코 햄릿을 지을 수 없을 것이다. 왜냐하면 게임이 가진 또 하나의 숙명을 제 아무리 그라도 극복할 수 없을 것이기 때문이다.

게임이 가진 또 하나의 숙명. 그것은 그 안에 내재된 시간의 단순성이다. 게임은 종말론을 닮았다. 게임 속에 내장된 시계는 앞으로만 흐른다. 게임을 시작하면 누구나 종국을 향해 돌진해갈 뿐이다. 게임은 그 게임이 무엇이든 그것이 게임인 한 목표를 가진다. 대부분의 경우 그것은 승리다. 물론 다른 목표를 가진 게임도 많다. 프린세스 메이커 같은 양육 게임은 딸을 훌륭하게 키워낸다는 목표를 내장하고 있고 심시티 같은 도시건설 시뮬레이션 게임은 살기 좋고 쾌적한 아름다운 도시를 건설한다는 목표를 가지고 있다. 어쨌든 목표가 있고 그것을 향해 일로매진한다는 점에서 게임은 게임이다. 게이머는 그 정해진 목표를 달성하기 위해 여러 가지 경로를 거치지만 그의 시간은 역전되지 않는다. 그는 돌아보지 않으며 멈추지도 않는다. 물론 저장 기능이 있으나 그것은 물리적 시간의 한계를 극복하기 위해, 즉 화장실에 가거나 잠을 자거나 하기 위해 잠시 휴지하는 것일 뿐, 궁극적으로 앞으로 나아간다는 점에서 같다. 때로 게이머는 과거의 어느 시점으로 돌아가 다시 게임을 시작하지만 이것을 회귀라 부를 수는 없다. 그것은 기본적으로 동일한 축에서 진행되는, 말하자면 비디오를 거꾸로 돌려보는 정도에 지나지 않는다.

반면에 문학작품 속의 시간은 다양한 방향을 가진다. 승리나 위대한 도시 건설 따위의 구체적 목적을 가지고 독서에 임하지 않는다. 우리는 멈추고 반성하고 상상하고 되돌아가고 거꾸로 읽고 다시 읽는다. 또 작품의 어떤 부분만을 반복적으로 다시 읽기도 하며 한 작가의 여러 작품을 섞어서 읽기도 하며 또 여러 작가의 여러 작품을 내 나름의 순서로 배열해 읽을 수 있다. 즉, 문학작품 속의 시간은 다양한 궤적으로 여러 개의 축 위를 운동하며 복합적으로 존재한다. ③ 게임에는 프로그래머가 내장해놓은 시계가 있지만 문학작품에는 그게 없다. 물론 스타크래프트를 하면서도 멈출 수 있다. 그러나 일단 게임이 시작되면 게이머는 게임 속에 내장된 시계에 맞춰 정신없이 움직여야 한다. 그것에는 반성적 사고과정이 개입할 여지도 없다. 문학은 오로지 나만의 속도로 나만의 방향으로 나만의 의지로 읽어나가는 것이나 게임은 그렇지 않다. 반성적이고 사색적인 축구가 가능하지 않듯이 그런 게임도 불가능하다.

김현이 그랬듯 『태백산맥』 5권을 먼저 읽고 4권을 읽는 일도 문학에서는 가능하다. 그것이 또 나름의 즐거움을 준다. 그것이 문학이다. 게임은 그것이 게임인 이상 그런 일은 가능하지도 않다. 혹시, 그런 기능을 부여해두었다 해도 그것은 어디까지나 프로그래머가 그렇게 프로그램했기에 가능한 일이다. 문학작품은 아무리 하찮은 것이라도 창조적 독서가 가능한 반면 게임은 아무리 훌륭한 게임이라도 프로그래머가 만들어놓은 한계 안에서 움직일 수 있을 뿐이다. 그게 게임이다.

그러므로 게임 서사도 문학이 될 수 있다는 주장의 이면에는 문학을 문장이나 스토리쯤으로 이해하는 인식이 자리 잡고 있음을 알 수 있다. 물론 이왕이면 게임 속에서 아름다운 문장과 인생에 대한 놀라운 통찰을 접할 날이 온다면 좋을 것이다. 기이하고 흥미로운 이야기가 더해진다면 더욱 재미있을 것이다. 그러나 그것만으로 문학이 되는 건 아니다. 영화가 문학이 될 수 없는 이유는 영화 속에 아름다운 문장과 흥미로운 이야기가 없기 때문이 아니라 멈출 수 없기 때문이다. 영화라는 장르는 기본적으로 한 방향으로 흐르도록 만들어졌고 또한 여러 사람이 함께 보도록 설계된 것이다. 반면에 독서는 (아주 특별한 경우가 아니라면) 혼자 하는 것이다. 물론 비디오에는 멈춤 버튼이 있지만 그것은 독서과정에서의 멈춤과는 다르다. 비디오의 멈춤은 부자연스럽지만 독서의 정지는 자연스럽다. 비디오의 멈춤은 화질의 열화를 가져오지만 독서의 정지는 사고를 풍부하게 한다. 여러 사람이 함께 볼 때 비디오의 멈춤은 비난을 가져오기 마련이며 영화의 중단은 환불소동을 빚는다. 게임 역시 멈춤은 부자연스럽다. 그것은 멈춤을 위해 설계된 것이 아니라 일로매진을 위해 만들어졌기 때문이다. 문학작품은 사람들을 사고하게 하려고 지어지지만 게임은 사람을 미치게 만들려고 제작된다. 게이머들이 게임하다 말고 사색하기 시작하면 그 게임을 만든 회사는 파산하고 말 것이다.

만약 누군가 이런 내 주장을 반박할 수 있는 게임을 만드는 상황을 가정해볼 수 있다. 이를테면 그 게임은 이렇게 설계된다. 편의상 게임 이름 '백 년 동안의 고독'이라 하자. 게임에는 아무런 목표도 없다(일방향성을 극복하기 위해서다). 단지 게이머는 게임 속에서 여러 상황을 만날 뿐이다. 우선 게임 초기화면에는 마콘도란 마을이 나타날 것이다. 그곳에서 그는 아무에게도 영향을 끼쳐서는 안 된다(쌍방향!). 그러니까 유령이면 좋겠다. 그렇게 돌아다니면서 가브리엘 가르시아 마르케스가 써놓은 대사를 본다. 등장인물들은 점차 성장해 게릴라가 되거나 죽거나 담요를 든 채 하늘로 승천한다. 다양한 시간의 방향을 게이머가 경험하게 하기 위해 게이머의 눈동자가 다른 곳으로 돌아가기라도 하면 게임은 즉각 중지된다. 또한 멋진 대사가 나오면 그것을 음미할 충분한 시간을 준다. 다른 게이머의 접속은 원천적으로 봉쇄된다(다른 사람이 끼어들면 멈출 수 없으니까). 게이머는 아름다운 문장을 보고 마르케스가 펼쳐놓은 환상적인 공간에서 벌어지는 기괴한 사건에 경탄한다. 그러다 어느 순간 게임이 끝나버린다. 아무 목표도 이룬 바 없이. 물론 이런 프로그램을 만들 수는 있다. 그러나, 이것이 만들어진 순간 사람들은 이것을 게임이 아니라 소설이라 부를 것이다. 단지 소설에 영상과 소리가 들어갔을 뿐이다.

(출전: 김영하, 『포스트잇』, 현대문학, 2002, 158-163쪽)

생각해볼 문제

①은 '결론부터 먼저 말하기'의 글쓰기 방식을 시도하고 있다. 결론을 먼저 말하는 것은 결론 자체의 중요성보다 결론에 이르는 '과정'에 대한 호기심을 유발하는 글쓰기다. 독자는 '예, 아니오' 식의 대답의 여부가 아니라 그 대답에 이르는 과정을 보기 위해 글읽기에 몰입하게 된다. ②는 보편적 상식으로는 일어날 수 없는 상황을 '가정'함으로써 독자의 상상력을 발동시키고 있다. 도저히 일어날 수 없는 일을 가정함으로써, 논의의 논리적 정당성을 더욱 확고하게 만드는 방식이다. '만약', '그러나', '결코', '왜냐하면' 등의 단어들을 효과적으로 배열함으로써 문장과 문장 사이의 논리적 연관관계를 더욱 명확히 제시하고 있는 대목이기도 하다.

이 글은 예상되는 반론을 아주 다양하게 설정해놓고, 예상 가능한 반론들을 하나씩 논리적으로 분석하고 그 부적합성을 드러냄으로써, 자신의 주장이 갖는 적합성과 타당성을 설득하는 구조를 취하고 있다. ③은 그러한 전체적 구성에서 핵심적인 역할을 하는 대목이다. 즉 게임과 문학을 비교하면서 게임이 결코 문학이 될 수 없는 이유를 설명하는 것이 이 글의 커다란 개요라면, 이 글의 필자에게는 '게임에는 없고, 문학에는 있는 것'을 설명하는 것이 중요한 관건이 될 것이다. ③은 '게임에는 없고, 문학에는 있는 것'을 설명하면서 대구를 이루는 문장구조들을 차분하게 나열하고 있다. 'A에는 있고, B에는 없다'는 식의 문장 구조는 문법적으로 대구를 이루기 때문에 시각적으로 독자의 시선을 강렬하게 끌어들이는 문장구조다. 이러한 문장 구조를 잘 활용한다면 윗글처럼 논리적이면서도 흥미와 긴장감을 갖춘 글을 쓰는 데 도움이 될 것이다.

광고 속의 숨겨진 전략들 - 로레알 전략과 베네통 전략 : 세르주 티스롱

제시문

우리는 광고의 영역에서 두 가지 분명한 사실을 배울 수 있다. 우선 광고는 소비자들이 무엇을 살 때 고려하는 유일한 요소는 아니라는 점이다. 가까운 사람들의 평판과 제품에 대한 소비자 자신의 실제적 체험 역시 중요한 역할을 한다. 또 전 세계에 공통적으로 효력을 발휘하는 광고는 존재하지 않는다. 모든 광고는 특별히 더 잘 어필할 수 있는 소비자 층을 두고 있다. 그러므로 나쁜 광고란 있을 수 없다. 만일 우리가 어떤 광고가 나쁘다고 말한다면, 그것은 단지 우리가 그 광고가 겨냥하고 있는 범주의 사람들에 속하지 않는다는 사실을 의미할 뿐이다. ① 그렇다면 광고의 근본적인 문제는 무엇인가? 그것은 광고 이미지들이 어떤 방식으로 작용하느냐의 문제이다. 수많은 이론들이 이에 대한 대답을 시도한 바 있다.

제2차 세계대전 이후, 통속화된 프로이트의 이론들이 광고 이론에까지 적용되었다. 그래서 사람들은 광고가 즉각적인 충족이 금지되는 욕망들, 특히 성적 욕망의 '우회적 충족'에 의해 작용하는 것이라고 생각했다. 광고는 광고를 통해서 소비자들의 욕망을 자극해놓은 후, 어떤 제품의 구매를 통해 이 욕망의 '대체적 충족'을 찾도록 유도한다고 사람들은 생각했다. 예를 들어 어떤 광고는 예쁘게 차려 입은 한 미녀가 자동차 옆에 서 있는 모습을 보여준다. 그 옆을 지나가는 남성은 그녀를 보고 흥분상태에 빠진다. 그러나 그 욕망을 충족하기 위해 여인을 살 수는 없기 때문에, 대신 자동차를 사게 된다는 것이다. ② 이런 점에서 볼 때, 광고란 우선 사람들의 집에다 불을 질러놓고는 (광고는 소비자의 마음과 정신에다 불을 지르는 것이지만) 곧 그 불을 꺼주겠다고 나서는 방화범 소방관처럼 움직인다고 할 수 있겠다. 그런데 이러한 식의 접근은 틀린 것이 아니나, 지나치게 환원적인 논리라고 할 수 있다.

왜냐하면 어떤 제품의 구매를 통해 '우회적으로 충족'되지 못하고 구매 자체에 의해 직접적으로 충족되는 욕망들도 분명히 존재하기 때문이다. 예를 들어 광고에서 수많은 성적 정복의 이미지들이 연결되는 것을 보고 자동차를 산 사람은 결국 쓰라린 좌절감을 맛보게 될 것이다. 그가 자동차를 샀다고 해서 광고 속의 여인들이 무조건 그를 따라올 것은 아니기 때문이다. 반면 '포르쉐 인'들의 클럽에 끼기 위해 포르쉐 스포츠카를 산 사람의 욕망은 이 구매에 의해 완전히 충족된다. 구매 행위만으로 그는 드디어 원하던 클럽의 일원이 되었기 때문이다.

이렇게 어떤 제품의 구입을 통해 우회적이 아니라, 직접적으로 충족되는 욕망에는 두 가지 유형이 있다. 하나는 자아도취적 욕구이며, 다른 하나는 귀속(歸屬)에 대한 욕구이다. 자아도취적 욕구는 자기 이미지에 관련된 것이고, 귀속의 욕구는 한 집단에 속하고자 하는 욕구이다. 여기서 우리는 광고가 세 개의 지렛대를 사용하고 있다는 사실을 확인할 수 있다. 광고는 우선은 자연적 대상들(섹시한 여성 혹은 남성)에 의해 촉발되고, 소비 대상들에게로 방향이 돌려지는 성적 욕망들을 이용하여 작동하고 있다. 그러나 광고는 소비자들이 갖는 여러 가지 자아 이미지들 역시 이용하고 있는데, 이러한 것은 특히 옷이나 가전제품 광고에서 많이 나타난다. 마지막으로 광고는 '선택된 사람들', '최신 유행을 선도하는 사람들', 혹은—좀 더 단순하게 요즘 유행하는 표현을 사용하자면—'미래를 향해 나아가고 있는' 사람들의 그룹에 속하고 싶어하는 욕구 또한 이용한다.

광고는 성적 욕망들을 점화시키며, 이 욕망을 팔고자 하는 물건으로 우회시킨다는 주장은 또 다른 비판을 받을 수 있다. 만약 광고가 억눌린 욕망들을 자극한 다음, 다른 물건의 구매를 통해 그것들에 대한 욕망을 충족시키게끔 만드는 것이라면, 광고가 자극하는 욕망들의 억눌린 정도가 크면 클수록, 이로 인한 광고적 효과 역시 더욱 커질 것이다. 왜냐하면 그럴 때 대리만족의 필요성이 더 커질 것이기 때문이다. 만일 이러한 가정이 옳다면 가장 격렬한 형태의—성적이면서도 공격적인—광고가 가장 효과적인 광고가 될 것이다. 하지만 실제 현실은 전혀 그렇지 않다. 격렬한 이미지들은 심리적으로 불편한 어떤 상태를 일으키는데, 이 상태는 그 순간에는 사람들의 주의를 끌지 몰라도, 사람들은 곧 이를 피하게 된다. 따라서 어떤 격렬한 이미지를 사용하는 광고는 그 이미지와 함께 소비자들로부터 곧 잊혀지게 될 가능성이 아주 크다. 그리고 요즘의 광고들은 유머, 시각적 효과, 혹은 이미지나 음향 간의 조화로운 일치 등을 통해 유쾌한 이미지들을 사용하는 추세이다. 물론 그렇다고 해서 광고가 단순히 예쁘기만 해서는 안 된다. ③ 자, 이제 우리의 출발점으로 되돌아와 보자. 광고 이미지들은 어떻게 작용하는가?

광고가 어떻게 작동하는지 이해하기 위해서는 정신적 삶에 대한 우리의 관념을 바꾸어야 한다. 만일 우리가 프로이트 시대에 그랬던 것처럼, 인간존재라는 것이 다만 억압된 성적 욕망들에 의해 자신도 모르게 움직여지는 존재에 불과하다고 믿는다면, 우리는 광고 역시 이

성적 욕망을 기반으로 하여 작동한다고 생각할 수밖에 없다. 하지만 오늘날 우리가 알고 있는 사실은, 인간존재의 본질적인 욕망은 의사소통의 욕망이며, 또 인간존재는 다양한 세계 경험들에 대한 재현을 얻고자 하는 욕망 또한 갖고 있다는 것이다. 우리가 의사소통을 하는 목적은 단지 의사소통 자체를 위한 것이 아니며, 단순히 다른 사람에게 무언가를 전달하기 위한 것은 더더욱 아니다. 우리가 의사소통을 하는 것은 우리의 세계 경험들에 대한 재현이 구축되기 위해서는 이 재현을 반드시 다른 대화상대자에게 공인받아야 하기 때문이다. 인간존재는 항상 세계에 대한 체험의 도정에 있고, 또 이 체험으로부터 그에 대한 재현을 이끌어내야 한다. 이 재현들은 언어적인 것일 수도 있고, 이미지에 의한 것일 수도 있다. 하지만 어떤 체험을 하고 있는 주체에 의해 지각된 감각들, 감동들, 혹은 신체의 상태들 역시 그가 얻은 재현의 일종이라고 할 수 있다. 따라서 인간존재는 재현을 얻는 상호보충적인 세 가지 방식을 가지고 있다고 할 수 있으니, 그것은 감각적, 정서적, 운동감각적 방식, 이미지적 방식, 그리고 언어적 방식이다.

이제 광고의 문제로 돌아와 보자. 광고가 우리 앞에 제시하는 것은 소비의 대상이 될 물건들로 '우회된' 욕망들이 아니다. 광고는 우리에게 상징화되어야 할 몸의 상태들, 감정들, 그리고 감각들을 제시한다. 하지만 우리는 이것들을 타인들과의 관계 속에서만 제대로 상징화할 수 있다. 그러므로 상징화의 욕구는 또한 동일한 이미지들을 받아들이는 어떤 그룹에 속하려는 욕구이기도 하다. 이러한 관점에서 볼 때 우리는 광고에서 어떤 집단에의 귀속 욕구가 차지하는 위치를 이해할 수 있게 된다. 광고에서 이용되는 욕망에는 세 가지가 있다. 첫째는 대상 자체에 대한 욕망(특히 성적 대상에 대한 욕망), 둘째는 자아도취적 욕망, 셋째는 집단 귀속에 대한 욕망이다. 그러나 이 세 욕망은 동일한 위치를 갖고 있지 않다. 성적 욕망들과 자아도취적 욕망들은 이것들을 직접적으로 이용하는 광고에서만 움직이는 반면, 집단 귀속의 욕망들은—그들을 직접적으로 사용하는 광고든, 혹은 그것들을 사용하지 않는 것처럼 보이는 광고든—모든 광고들에서 다 움직이고 있다.

어떤 광고가 공동체의 일원이 되고자 하는 욕망을 직접적으로 이용하는 경우, 문제는 매우 간단하다. 'X제품을 사용하는 사람들로 이루어진 공동체의 일원이 되십시오'라든지 '이미 수백만 명의 소비자가 Y제품을 사용하셨습니다. 당신은 아직도 주저하십니까?'라는 식의 광고 문구들은 두말할 것 없이 하나의 집단에 속할 것을 권유하고 있다. 이러한 광고들은 또한 유명배우들을 등장시킬 수도 있다. 많은 사람들이 이 유명배우를 닮기 위해 이 유명인들이 칭찬하는 제품을 소비할 것이다. 이러한 광고들이 말하고 있는 이야기들은 만일 그런 것이 있다면 오히려 평범하고 진부한 것들일 가능성이 크다. 어떤 제품을 소비한다는 것은 대개의 경우 대다수의 사람들이 이루는 집단에 귀속하는 것이기 때문이다. '왜냐하면 나는 그럴 만한 가치가 있으니까.'라는 슬로건을 중심으로 만들어지는 로레알사의 광고들이 이용하고 있는 것은 바로 이러한 동인(動因)이다. 그리고 바로 그 이유 때문에 우리는 이러한 광고전략을 '로레알 전략'이라고 부른다.

하지만 광고가 집단에 대한 귀속욕망을 직접적으로 이용하지 않을 때에도, 간접적인 방식으로 여전히 이용하고 있다. 어떤 광고에 의해 촉발된 감각, 감동, 그리고 신체적 상태들은 우리의 심리적 소화 작업에 의해 다듬어질 필요가 있으며, 그렇기 때문에 그 광고가 내세우는 제품을 사는 행위는 항상 그 제품을 소유한 집단에 귀속하는 방식의 하나라고 할 수 있다. 우리가 제품을 사는 이유는 '다른 사람들'처럼 그것을 소유하기 위해서가 아니다. 만일 그렇다면 우리는 모든 것을 다 사야 할 것이다. 우리가 사게 될 가능성이 많은 것은 우리에게 큰 충격을 주었거나, 우리를 매혹시켰던 제품들이다. 왜냐하면 이런 제품을 사는 행위는 우리가 그것들을 보았을 때 느꼈던 그 무언가를 사회화한다는 환상을 심어주기 때문이다. 이런 관점에서 볼 때, 광고가 우리를 매혹시키든 혹은 불편하게 만들든 그것은 아무 상관없다. 광고에 있어서 중요한 것은 그것이 우리에게 주는 어떤 충격, 단지 그것뿐이다. 왜냐하면 우리는 우리의 경험을 사회화함으로써만 이 충격 상태에서 벗어날 수 있다고 믿기 때문이다. 즉 광고에 대해 이야기하거나(이 경우 우리는 충격을 더 크게 만든다), 혹은 그 제품을 구매함으로써 말이다(이 경우 우리는 그 유혹에 넘어가는 것이다). 그러므로 이러한 종류의 광고 이미지들이 이용하고 있는 본질적 동인은 그들이 주는 정서적 충격이다. 우리는 이러한 광고 전략을 '베네통 전략'이라고 부를 수 있을 것이다. 소비자가 이미지에 의해 충격이 크면 클수록, 그가 이 불편한 상태를 벗어날 수 있도록 광고가 제시하는 길, 즉 광고가 제시하는 물건을 소비하고자 하는 유혹 역시 커진다. 이것은 어떤 광고가 우리 내부에 우리를 불편하게 하는 환상들과, 이에 동반된 기이한 신체적 상태를 촉발하면, 우리는 동일한 제품을 받아들이는 사람들의 집단에 편입함으로써 이 기이한 신체적 상태가 정상적인 것이라는 사실을 확인하고, 또 이를 통해 안도감을 얻으려 하기 때문이다. 이러한 사실은 광고업자들이 왜 항상 한 사회에서 허용될 수 있는 범위의 한계점에 위치한 재현들을 사용하는가를 설명해준다. 이 한계의 내부에 있으면 광고는 소비자들 내부에 불편한 감각, 감정, 혹은 신체적 상태들을 충분히 강력하게 촉발시키지 못하고, 자연히 소비자들에게 이 상태에서 벗어나기 위해 제품을 구매하고자 하는 욕망

또한 일으키지 못한다. 반대로 광고 이미지가 이 한계를 벗어나게 되면, 각자의 귀속 본능은 광고 자체를 향해 반감을 갖게 되고, 소비자들이 광고를 거부하는 다수의 편에 서게 된다. 이것이 바로 '베네통식' 시스템이 갖는 함정이며, 미국 사형수들을 이용한 지난번 베네통사 광고가 바로 이 함정에 떨어진 바 있다. 수많은 미국의 유통 체인들이 베네통사의 제품을 미국에 보급하기를 거부했던 것이다.

(출전: 세르주 티스롱, 『작은 물건들의 신화』, 임호경 옮김, 궁리, 2002, 228-236쪽)

생각해볼 문제

①은 일반적인 문제와 일반적인 해답을 미리 제시해 놓고, 자신은 이와 다른 견해를 내놓을 것임을 암시하는 글쓰기 전략을 보여주고 있다. 대중의 일반적 상식과 자신의 주장 사이의 차이를 부각시킬 필요성이 있을 때, 이러한 글쓰기 방식을 참고할 수 있을 것이다. ②는 효과적이고 창의적인 비유를 통해 자신이 설명하고자 하는 내용을 흥미롭게 구성하는 묘미를 보여주는 대목이다. ③은 청유형 어미를 제시하면서 독자와 자신을 묶어 '우리'라는 호명법으로 지칭하고 있다. 청유형 어미는 독자와 저자 간의 친밀감을 높이고, 명령형 어미보다는 유연한 설득의 뉘앙스를 준다. 여기서는 글의 논의가 광범위하게 확산되자, 확장된 글의 범위를 다시금 좁히고 처음의 주된 과제로 되돌아가기 위해 이러한 어법을 사용하고 있다.

이 글은 독자들이 언제 어디서나 쉽게 접근할 수 있는 광고라는 텍스트의 사례를 종횡무진으로 오가며, 독자의 흥미를 유발시키고 있다. 또한 정신분석이론이나 광고이론을 쉽게 풀어 설명하면서 예시와 정의(definition)가 자연스럽게 콤비를 이루어 작동하도록 서술하고 있다. 독자가 흔히 혼동하기 쉬운 개념이나 사례를 치밀하게 제시하면서 자신의 의도 속으로 독자가 진입할 수 있도록 다양한 입구를 마련하고 있는 글이라 할 수 있다. 독자에게 친밀한 자료들과 독자에게 생소한 이론들을 정교하게 매치시키면서 설명문과 논설문의 성격을 동시에 충족시키고 있는 글이다.

할인마트의 천일야화 : 김혜선

제시문

가끔 산책이 하고 싶어진다. 낮에 공원이나 거리를 산책하는 것도 좋겠지만 바쁘게 돌아가는 하루 일정이나 회사 생활을 생각하면 맘대로 그럴 수는 없다. 그래서 나는 '심야 산책족'이 됐다. 밤이슬을 맞고 돌아다니는 것도 나름의 운치가 있어 좋다. 그런데 아직은 추운 계절이다. 심야 영화관이 아닌 다음에야 늦은 밤 그리 돌아다닐 곳이 어디 있나. 고맙게도 이 편한 세상, 비가 오나 눈이 오나 여름이나 겨울이나 걸어 다닐 수 있는 심야의 세계가 존재한다. 바로 연중무휴 대형 할인 마트의 세계다. 해마다 그 수가 늘어나고 있는 할인 마트들이 우리의 주변을 둘러싸고 있다. 이마트, 홈플러스, 킴스클럽, 롯데마트, 월마트, 까르푸, 코스트코 등등 한국형 할인 마트와 외국에서 수입된 거대 기업 할인 마트들이 저마다 골라, 골라를 외치며 필사의 호객행위를 하는 시대. 연중 무휴 심야 영업을 거듭하며 24시간 내내 잠들지 않는 할인 마트엔 대한민국이 아닌 다른 곳에선 찾아보기 힘든 진풍경이 가득하다. 나만의 선택에 충실할 수 있는 할인 마트의 밤은 때때로 당신의 낮보다 훨씬 뜨겁다.

① 처음엔 그냥 갔었다. 정확하게는 부모님을 따라갔었다. 대한민국 최초의 대형 할인 마트인 이마트 1호점은 1993년 서울 창동에서 문을 열었지만 나의 할인 마트 첫 경험은 1994년에 문을 연 일산 이마트였다. 1년 후인 1995년에 국내 최초 24시간 창고형 할인 마트 킴스클럽이 생긴 이후 가끔 친척들과 구경을 가곤 했다. 97년 이후 나는 직

장 생활을 시작했고 할인 마트 업계는 성장을 거듭했다. 부모님에게서 독립한 이후인 21세기부터는 혼자 물건을 사러 가게 됐다. 냉장고, 주전자, 밥솥, 토스트기, 매트리스, 침대 커버, 컵, 접시 등등을 사러 이마트, 월마트, 까르푸, 킴스클럽, 홈플러스 등을 전전했다. 이땐 주로 낮에 갔었다. 2004년부터 대부분의 할인 마트들이 치열한 영업시간 연장 경쟁을 시작했다. 자정 12시까지 영업시간을 늘리고 원조 24시 할인 마트인 킴스클럽에 이어 월마트, 홈플러스 등 몇 군데 업체가 24시간 영업을 하기 시작하고부터는 주말마다 심지어 평일에도 자주 드나들게 됐다. 혼잡한 인파를 피해 혼자 가기도 하고, 떠들썩한 분위기를 즐기기 위해 친구들과 함께 가기도 했다. 그리고 점점 더 밤늦게 가기 시작했다. 이때부턴 굳이 뭘 사러 가는 건 아니었다. 뭔가를 사지 않아도 그만큼 밤의 할인 마트엔 볼 것이 많고 즐길 것도 많았기 때문이다. 할인 마트 밤 산책에 중독되고부턴 어느 순간엔 주위에 이런 말을 하고 다니게 됐다. "잠 못 드는 밤이면 할인 마트에 가야 한다."

할인 마트의 밤을 즐기기에 가장 좋은 때는 다름 아닌 토요일 새벽이다. 그때가 좋은 이유? 필요한 물건들을 사고 어슬렁거리며 새벽까지 노닐다 집에 가서 대낮까지 늦잠을 잘 수 있기 때문이다. 이건 주 5일 근무제가 불러일으킨 금요일 밤과 토요일 새벽의 열기가 할인 마트의 밤을 채우고 있다는 증거이기도 하다. 예전 같았으면 일요일 지키기도 피곤한 사회생활에 엄두도 못 낼 일이다. ② 보람찬 주말을 위해 스포츠 용품과 레저 용품을 사려고 몰려든 사람들의 대다수는 금요일 밤 10시부터 토요일 새벽 2시까지 할인 마트를 점령한다. 킴스클럽 강남점 이상욱 점장의 증언에 따르면 "주말 밤 10시부터 새벽 2시 사이 맥주 판매량이 급증"할 지경이다. 여름이면 주말뿐 아니라 평일도 비슷해진다. 토요일 여행을 준비하는 가족들, 밤 마실 나온 신혼 부부, 평일엔 직장에 시달리다 겨우 장을 보러 나온 맞벌이 부부, 갈 곳 없는 연인들, 의기투합하기 좋아하는 혈기 왕성 20대 무리들이 할인 마트의 심야를 한껏 즐긴다. 잠 못 들게 심심하던 일상은 잊혀지고, 밤을 잊은 그들이 도시의 새벽을 늘여간다.

그리고 새벽 2시를 넘어서면 드디어 지정한 밤 쇼핑의 고수들이 하나 둘씩 조용히 등장한다. ③ 고수들은 천천히 매장 안을 돌고 돈다. 낮과 저녁 시간대처럼 즐비한 음식 시식이나 음료 시음을 할 순 없다. 하지만 목욕 세제 용품 매장과 육류, 수산물 매장의 끔찍한 호객행위가 이때쯤엔 다 자취를 감춘다. 조용한 할인 마트 지하는 어느새 평온한 산책로가 된다. 많은 수의 심야족들이 물러간 시간대, 고수들이 마음껏 신어보고, 입어보고, 꺼내 보고, 만져 봐도 뭐라 하거나 말리는 사람이 없다. 꼬마들이 차지하고 있어 선뜻 나서서 해보지 못했던 게임기도 비로소 점령하고 실컷 놀 수 있다. 사람들에게 치이지 않는 만큼 새벽 2시 이후의 할인 마트에선 선택의 폭이 넓어진다. 이 때문에 낮에는 쉽게 쇼핑을 할 수 없는 배우나 가수 등 연예인들의 발걸음도 잦다. 강남의 어느 할인 마트에선 이 시간을 이용, 몇 달 전 새벽 갑작스런 영화 촬영이 있어 심야를 즐기던 사람들을 한층 즐겁게 한 일도 있다. 설 연휴 개봉한 영화 〈공공의 적 2〉의 촬영이었다. 미처 생각지도 못한 재미가 가득한 할인 마트의 밤은 국민들이 가장 늦게 자는 나라 리스트에서 대한민국이 세계 3위에 해당한다는 통계 발표를 실감나게 한다. 할인 마트의 밤은 도시의 블랙홀처럼 온갖 사람들을 빨아들이고 있다. 외국인들이 신기한 관광 명소로 생각할 정도다. 할인 마트의 심야는 그렇게 즐거운 기운을 전파하며 찾아온 이들이 심심할 겨를조차 없게 만든다. 새벽 무렵 매장을 거닐고 있을 때 학습지를 신청하면 선물로 증정되는 상품인 전자 피아노를 누군가 연주하는 소리도 들린다. 낮이라면 엄한 직원이 말릴 만도 하지만 새벽엔 그 소리마저 여유롭고 아름답다. 새벽 2시 이전과 이후, 어떤 시간대를 선택하든 할인 마트의 밤에 후회는 없다. 한 번이라도 심야의 할인 마트에 가본 사람이라면 그 활기를 기억할 것이고, 한 번이라도 새벽 2시 이후의 할인 마트에 가본 사람은 장을 볼 때마다 이때의 평온을 그리워하게 된다. 낮에는 미칠 것 같이 하기 힘든 주차마저 수월하니 할인 마트의 밤은 평온 그 자체다.

④ 심야 영화관 못지않게 인기를 끌고 있는 심야 할인 마트의 별난 풍경은 속속 발견된다. 생식품 코너가 특별히 잘되어 있는 모 할인 마트 일산점엔 그중에서도 소문난 코너가 있다. 바로 즉석 두부 코너다. 24시간 언제든 신선하고 따끈한 두부를 구입할 수 있을 뿐 아니라 넉넉한 마음과 몸매의 아주머니가 밤늦도록 기다렸다는 듯 반갑게 맞아준다. 이 두부를 사서 먹겠다고 행차하는 사람들이 꽤 많다. 이런 특별한 식품 말고도 구하면 얻을 수 있는 것들이 있다. 대다수 할인 마트 식품관에선 거의 매일 10시 이후 심야 시간대에 다음날로 넘길 수 없는 식품들을 반값 이하로 판매하는 행사가 벌어진다. 이 시간대만을 노리고 심야를 급습하는 맞벌이 부부와 아줌마 부대들을 보고 있자면 폐인들이 따로 없지만, 넓은 범위에서 보자면 이 또한 생활의 지혜를 배울 수 있는 체험, 삶의 현장이다.

늦은 시간 수산물, 농산물 사면 하나 더 주기 등 다양한 이벤트들이 마련된 한밤의 할인 마트들은 거의 다이내믹한 도시 속 유원지를 연상시킨다. 새벽이 되면 할인 매장 안에 입점해 있는 외부 브랜드 숍들은 대부분 문을 닫지만 웰빙 시대를 맞아 최근 여러 할인 마트들에 입점된 와인 숍만은 심야를 즐기는 사람들의 발길을 기다리고 있다. 마음 내키면 향긋한 기운을 품어내는 와인을 골라 새벽녘 시음도 즐길 수 있다. 새벽 2시 이후엔 거의 아무도 지키지 않는 판매대에서 음식을 꼼꼼하게 골라보는 재미도 만만치 않다. 이런 때 충동구매를 주의해야 한다. 어울리지 않는 소리일지 모르지만, 지키는 사람은 없는데 음식이 즐비한 광경은 어쩐지 〈센과 치히로의 행방불명〉의 한 장면을 떠올리게 한다. 출출한 배를 채우고 싶으면 방금 산 음식들을 들고 푸드 코트에 가면 된다. 대낮이나 저녁 시간대에 정신이 혼미해질 만큼 소음과 인파로 붐비던 푸드 코트는 조용한 음악이 흐르는 카페 분위기로 탈바꿈한다. 할인 마트 내의 서점에선 밤새도록 책을 읽고 음반 매장에선 원하는 만큼 음악을 들을 수 있다. 인파의 틈을 뚫고 경주하듯 급하게 뭔가를 사서 나가야 했던 낮 시간대의 쇼핑과는 비교도 되지 않는다. 동대문의 한 할인 마트에선 심야 시간에 입점해 있는 헤어숍에서 머리를 자르는 이들이 많다. 시간이 없어 머리를 자르지 못했던 직장인들에겐 심야 시간대의 할인 마트를 이용하는 김에 얻을 수 있는 남다른 혜택 중 하나다. 아주 드문 경우지만, 새벽 시간대의 광활한 복도에서 카트를 타고 경주를 벌이는 대담한 이들도 있다. 교복이라도 되는 듯 추리닝 차림을 공식 의상 코드로 삼은 밤을 잊은 사람들, 그들이 만들어 내는 이 희한한 세계는 알면 알수록 이용하면 할수록 그 씀씀이와 재미가 넓고도 깊다.

할인 마트의 밤은 남녀노소를 가리지 않는다. 특히 요즘은 여성들만큼 물건 고르는 재미에 푹 빠진 남성들이 많다. 이들은 1993년 이후 근 10여 년간 이 땅에 퍼져 나간 할인 마트들에 길들여진 세대다. 10년 전 부모를 따라 갓 생겨난 창고형 할인 마트를 구경 갔다가 어느새 성장한 10대, 20대, 30대에겐 이제 심야의 할인 마트가 심야의 PC방만큼이나 친숙하다.

⑤ 사는 입장이 아니라 파는 입장에서도 밤은 중요하다. 심야의 할

인 마트 판매대엔 일반 소비자들이 잘 모르는 노하우도 숨어 있다. 수많은 제품들이 차고 넘치는 가운데 직원들이 매대의 상품을 어떻게 장식해 놓느냐에 따라 해당 상품의 판매율이 크게 달라진다. 직접 고객과 대면하진 않지만 심야 고객의 성향을 파악해 그들의 눈길을 끌도록 상품을 진열해 놓고 판매량을 예측하며 퇴근하는 할인 마트 입점 업체 직원들의 두뇌 싸움. 심야의 할인 마트에서도 대박 상품을 향한 암투는 계속되고 있는 것이다. 그걸 들여다보는 한밤의 산책은 최근 식품에서 생활용품, 의류와 가전까지 유행의 흐름을 한눈에 파악할 수 있는 광대한 정보를 제공해 준다. 백화점의 고가 상품만으론 파악할 수 없는 서민 시대의 흐름이 여기 한밤의 할인 마트에 있다.

도심 속의 남다른 놀이터를 즐기는 이들에겐 할인 마트의 밤이 낭만적이긴 하지만 그렇게 느낄 수 없는 이들도 있다. 날이 갈수록 길어지는 할인 마트의 밤이 "지역 영세 상인들의 혈루를 쥐어짜는 것"이라며 심야 영업을 반대하는 목소리도 높다. 확실히 할인 마트의 심야 영업은 유통 업체들끼리의 출혈 경쟁에서 벌어진 일이기도 하다. 대형 할인 마트들이 점차 24시간 영업에 뛰어들고 있지만 24시간 영업은 이익보다는 오히려 지출이 더 크다. 전기료와 인건비만 따진다 해도 그 비용이 엄청날 것이다. 24시간 문을 여는 할인 마트들은 언제라도 와서 쇼핑을 하라고 외치고 있지만 알고 보면 타 업체와의 경쟁 때문에 심야 영업을 그만두지 못하고 있는 것도 사실이다. 최근엔 아예 이런 많은 할인 마트를 무시한 채 인터넷 쇼핑몰에서 장을 보는 이들이 점점 늘어나고 있다. 직접 인터넷 할인 마트를 운영하는 사람들도 생겨났다. 이 때문에 일부 네티즌들이나 유통업자들 가운데는 "대형 할인 마트의 시대가 저물어 간다"는 주장을 펼치는 이들도 있다. ⑥할인 마트에서 뭔가를 사기만 한다면 그건 정말 맞는 말이기도 하다. 하지만 생각을 바꿀 때도 됐다. 할인 마트의 밤이 도시인의 야간 라이프스타일을 바꾸어 놓는 데 영향을 미친 것은 분명하기 때문이다. 밤 산책을 부추길 만큼 양질의 다양한 상품들과 쾌적하고 현대적인 쇼핑 환경을 갖춰 놓은 할인 마트 매장이 나날이 늘어간다. 분위기를 높이 사는 야간족들의 눈높이에 맞춰 창고같이 살벌하기만 하던 할인 마트 매장의 인테리어도 달라져 가고 있다. 놀이 문화를 만들었다고 하면 조금 과장이겠지만, 할인 마트는 현대인들에게 밤 문화를 즐기는 또 다른 차원의 긍정적인 방법과 공간을 제공해 준다. 이제 모든 물건이 싸기 때문에 할인 마트에 가진 않는다. 한밤의 할인 마트에 무언가를 사러 가는 동시에 놀러 가고, 사러 가지 않아도 놀러 간다. 자본의 공격에 흔들리지 않으면서도 즐거운 할인 마트의 밤을 누리기 위해 오늘도 나는 할인 마트를 산책한다.

(출전: 김혜선, 「할인 마트의 천일야화」, 『Film 2.0』 219호, 2005년 3월)

생각해볼 문제

①은 자신의 개인적 경험을 수필 형식으로 나열하면서 독자의 보편적 동의를 이끌어내는 대목이다. ①은 개인적이고 주관적인 체험이지만 이 특수한 체험은 대형 할인마트의 대중적 확산과 독자들 각자의 주관적 체험과도 많은 교집합을 가지고 있을 것이다. 개인의 이야기로 시작해 보편적 논리로 나아가는 이러한 서술 방식은 적극적으로 참조할 만하다. 무엇보다도 유하의 시 「바람부는 날이면 압구정동에 가야 한다」를 패러디한 "잠 못 드는 밤이면 할인 마트에 가야 한다"라는 구절이 매우 효과적으로 배치되어 있어서 정서적 흥미를 배가시켜 준다. ②는 전형적인 신문 기사의 어법으로서 관계자의 짧은 인터뷰 인용과 객관적이고 통계적인 데이터를 효율적으로 활용한 사례이다.

개인적 경험의 고백에서 시작하여 보편적 경험의 서술로 나아가는 글쓰기 기법의 모델이라 할 수 있다.

③은 대다수의 독자들이 미처 경험하지 못했을 독특한 경험과 인정세태를 생생한 현장감으로 전달하고 있다. 전형적인 묘사의 기법과 다양한 경험적 데이터를 활용하는 전략을 통해 독자에게 다양한 사유의 재료를 제공하고 있다. 가보지 못한 시공간에 대한 상상적 경험이야말로 글을 통해 독자가 얻을 수 있는 소중한 체험이 될 것이다. ④는 점층적 기법을 활용해 독자의 긴장감과 몰입의 정도를 강화시키는 기법을 활용하고 있다. '~은 속속 발견된다'는 식으로 다음에 전개될 내용에 대한 궁금증을 유발시키고 있으며, '이것이 전부가 아니다. 이후에는 더욱 흥미로운 사례가 펼쳐진다'는 뉘앙스를 담고 있는 것이다. ⑤와 ⑥은 지금까지의 세태 묘사적 서술 전략을 한 단계 뛰어 넘어 사회학적/경제학적 시선을 동시에 갖춘 사유의 깊이를 보여주고 있다. 이 글의 미덕은 ①에서 ⑥에 이르는 역동적이고 변화무쌍한 글쓰기 전략이 어떤 이음새나 돌출부 없이 매끄럽게 흘러가도록 글쓰기를 전개해간, 그 '자연스러움'에 있다. 또한 다채로운 풍속사적 관찰에서 깊이 있는 철학적 성찰로 나아가는 형식과 내용 모두가 독자에게 깊은 인상을 남긴다.

아름다운 다리와 바꾼 여성의 발언권 : 한정숙

제시문

아름답고도 슬픈 인어공주의 이야기를 모르는 사람은 없을 것이다. 왕자의 사랑을 얻기 위해 마귀할멈에게 자신의 낭랑한 목소리를 내주고 그 대신 미끈한 인간의 두 다리를 가지게 되었으나 왕자의 사랑을 차지하는 데 실패하고 끝내 바다에 몸을 던져 공기방울이 되어버린 바닷속 나라 공주 말이다.

많은 사람들이 어린 시절 인어공주가 너무 불쌍해서 잠 못 이룬 경험을 했을 것이다. 타인을 위한 헌신과 자기희생으로도 끝내 사랑을 얻지 못했을 뿐 아니라 원래의 자기 삶으로도 되돌아가지 못한 채 하염없는 세월 동안 중천을 떠돌아다녀야 하는 것은 누구에게나 너무나 가혹한 운명으로 보일 것이다.

그러나 인어공주의 불행한 운명은 곧 그녀 자신의 선택의 결과였다. 인어공주는 왕자의 사랑을 구하기 위해 목소리를 포기하고 아름다운 다리라고 하는 성적 매력을 얻었다. 그런데 깊은 바닷속에서 순진하게만 살던 그녀가 몰랐던 사실이 한 가지 있다. ① **호모 사피엔스라고 불리기도 하는 인간은 곧 말을 하는 존재라는 사실, 인간이 인간다울 수 있는 것은 진실을 밝히고 자신의 의견을 전달해줄 목소리를 가졌기 때문이라는 사실이**다. 이를 알지 못했던 인어공주는 아름다운 몸을 가지는 대신 말할 권리를 기꺼이 포기했던 것이다.

인어공주가 바닷속 마녀를 찾아갔을 때 마녀는 그녀에게 약을 만들어주는 대가로 그녀의 아름다운 목소리를 달라고 하였다. 인어공주는 묻는다. "내 목소리를 가져가시면 나에게 남는 것은 무엇이지요?" 그러자 마녀는 이렇게 대답한다. "너의 아름다운 모습, 너의 우아한 걸음걸이, 감정 풍부한 너의 두 눈, 이런 것들로 너는 분명히 남자의 마음을 사로잡을 수 있다."

마녀가 인어공주의 목소리를 얻기 위해서는 인어공주의 혀를 잘라야 했다. 그런데 그러한 마녀의 요구에 인어공주는 서슴지 않고 그렇게 하겠노라고 답했다.

여기서 목소리는 단순히 성대에서 나오는 청각적 울림만을 뜻하는 것은 아니다. 자기의 의사를 표현하고 서로 간의 의견 교환을 통해 이 세상과 소통할 수 있는 능력을 뜻한다. 그런데 인어공주는 그것을 포기하고도 자신의 성적 매력만으로 왕자의 마음을 사로잡을 수 있고 왕자와 결혼할 수 있으리라고 믿었을 것이다. ㉠ 만약 인어공주가 처음부터 그 같은 희망도 없이 단지 왕자의 모습을 보고 싶다는 일념 때문에만 인간의 다리를 얻고자 했다면 그것은 상호성이 없는 소외된 사랑에 불과하다. 이런 사랑을 추구했다면 그 또한 주체적이지 못한 존재의 자발적 자기소외에 불과하다. 그런데 인어공주는 로고스적인 존재가 되기를 포기하고 자신이 왕자의 목숨을 구해주었음에도 불구하고 목소리를 잃은 까닭에 그 사실을 밝힐 수 없었다. 그러고는 왕자가 다른 공주와 결혼해버리자 자살의 길을 택하고 말았다. 그녀는 한 남자의 아내가 되는 것과 불멸의 영혼을 얻는 것을 동일시했으나, 남자의 사랑은 표면적인 것이었을 뿐이고 그녀는 결국 모든 것을 잃고 만 것이다.

인어공주 이야기를 볼 때 허무하기 짝이 없는 것은 그녀가 목표했던 바를 달성하지 못했기 때문만이 아니라, 그녀가 모든 것을 바치고도 왕자에게서 끝내 아무 것도 인정을 받지 못했기 때문이다. 물론 사람은 다른 사람을 위해 자기를 희생할 수도 있고 심지어 목숨을 버릴 수도 있다. 개인적으로 사랑하는 사람을 위한 희생도 있으나, 모르는 사람, 혹은 다중을 위해 자신의 삶을 바치는 일도 있다. 의인(義人) 이수현의 죽음에서 보듯 그 지극한 자기희생이 의로움의 경지에서 이루어지는 때도 있고, 그 차원이 성스러움의 경지에 이르는 때도 있다. 이와 같은 희생은 아무에게서나 아무 때나 가능한 것은 아닐 터이고 가장 찬란하게 빛나는 순간에 가장 아름다운 영혼이 자기 내부의 가장 고귀한 요청에 응하여 이룩되는 것이다. 그런데 그러한 희생이 가치를 가지는 것은 그 같은 희생을 통해 구원받는 사람, 혹은 그 사실을 아는 다른 누군가가 그 희생의 의미를 알고 기억하며 그의 삶도 그에 상응하는 고귀한 정신을 향해 더 높이 올라갈 수 있을 때이다. 타인을 살리고 자기를 희생한 사람이 그 희생을 인정받지 못하고 희생이 있었다는 사실조차 알려지지 않는다면 사후의 기억이라는 보상조차도 얻을 수 없다.

물론 인간이 이러한 것을 따지는 것조차 초월하여 타인을 위해 자기를 희생하는 일을 가장 거룩하다 이를 수 있다. 예를 들어 오스카 와일드의 동화 속에 나오는 행복한 왕자와 그의 제비는 성스러움의 경지에서 자기희생을 감수하는 존재들이다. 그리고 행복한 왕자는 이 세상의 약자들, 소외된 자들, 그의 도움 없이는 살아갈 수 없는 사람들을 위해 기꺼이 자기의 보석 옷들을 내어준다. 한 생명이 다른 생명들을 살리는 것이다. 그리고 행복한 왕자의 자기희생은 보편적 감동을 얻고, 행복한 왕자는 그의 도움을 받은 사람들의 감사 속에서—도움을 받은 사람들은 설령 행복한 왕자를 모른다고 할지라도 다른 누구에게서 도움을 받았다는 것을 기억하고 그에게 감사할 것이다—영원히 살 수 있다. 왕자의 행위는 일방적 '희생'이라기보다 '나눔'의 원리에 바탕을 둔 것이다.

② 그러나 어떤 사람이 자기의 희생이 인정되고 기억되지도 않으리라는 것을 알면서, 이 세상의 권력자요 강자인 타인을 위해 맹목적으로 헌신하다가 목숨을 버린다면 그것은 자기를 위한 것도 타인을 위한 것도 아니고, 그냥 허무주의이자 자살일 뿐이다. 그것은 소통을 배제한 행위이고 자기의 목숨을 타인의 목숨보다 값싼 것으로 여기는 자존감 낮은 인간의 자기방기일 뿐이다.

인어공주가 애초에 왕자를 살린 것도 고귀한 인명을 살린다는 보편적 가치에 입각한 것이 아니다. 인어공주는 생일잔치를 하는 왕자를 보고 그의 아름다움에 반했는데 그의 배가 난파하자 난파선에서 함께 위기에 빠진 다른 사람들은 전혀 고려하지 않고 처음부터 오로지 왕자만을 구출하는 데 전념했다. 즉 인어공주가 왕자를 구한 것은 왕자의 생명이 고귀하기 때문이 아니라 왕자의 아름다움과 찬란한 젊음이라는 특수한 기준이 그녀에게 더 중요했기 때문이다. 따라서 인어공주가 왕자를 구한 것은 그녀가 오스카 와일드의 행복한 왕자와는 달리 강한 것, 권력 있는 것 그리고 외적 아름다움을 선택의 기준으로 하고 있음을 말한다. 그리고 그 강자에게 배우자로 선택되지 못하자 인어공주는 결국 자기 포기에 이르렀고 그녀가 그토록 지극한 헌신의 태도로 대했던 왕자와의 관계에서는 아무것도 남지 않게 되었다. 아무것도 모르는 왕자는 자기 부인이 생명의 은인인 줄로만 알고 그녀와 함께 행복하게 살았을 것이니 말이다.

마조히즘도 이런 마조히즘이 있을 수 없는데, 이것이 모두 인어공주 자신이 자초한 결과이다. 왜냐하면 인어공주는 애초에 마녀와의 계약에 따라 왕자의 사랑을 얻지 못하면 자기가 물거품이 되어야 한다는 것을 알고 있었기 때문이다. 인어공주는 왜 처음부터 왕자의 사랑이냐 물거품이 되는 운명이냐의 양자 선택을 받아들였는가? 왕자의 사랑을 얻지 못하더라도 인간의 다리를 가진 인간 여성으로 살 가능성은 왜 미리 마련하지 않았는가? 마녀와의 계약에서 인어공주는 목소리를 포기하고, 왕자의 사랑 없이도 살 수 있는 가능성마저 포기함으로써, 스스로 허무하게 물거품이 되는 길을 택했다.

물론 한 가지 위안은 있다. 그것은 인어공주가 마지막 순간에 자기의 선택과는 별도로 물거품으로 사라지는 대신 공기의 딸들 가운데 받아들여짐으로써 삼백 년이라는 오랜 시간이 지난 후에는 그녀도 불멸의 영혼을 얻을 가능성을 가지게 되었기 때문이다. 그것은 인어공주가 왕자를 죽이지 않고 자기 목숨을 버리기를 택한 데 대한 보상이다. 아마도 하늘로부터 주어진 보상일 것이다. 그녀가 왕자의 사랑도 얻지 못하고 물거품이 될 운명이라는 것을 슬퍼한 언니들이 찾아와 칼을 건네주면서 왕자의 가슴을 칼로 찔러 그 피를 다리에 묻히면 그녀가 다시 인어 꼬리를 얻고 바닷속 생활로 돌아갈 수 있다고 말하지만 인어공주는 이를 받아들이지 않았던 것이다. 즉 마지막 순간에 타인을 죽이고 자기의 현세적 삶을 얻는 길을 택하지는 않은 것에서 그녀는 분명히 고귀한 정신을 발휘하였다.

㉡ 그러나 그 전까지의 과정에서 그녀가 침묵과 무조건적 헌신으로 일관하지 않고 의사소통을 통해 진실을 밝힐 수 있었더라면 그와 같은 극단적 양자택일 자체가 불필요했을 것이다. (인어공주는 자신의 목소리를 마녀에게 내 주어서 말을 할 수는 없었다 하더라도 글이나 다른 수단을 통해 진실을 알릴 수도 있었을 텐데 왜 그녀는 끝까지 문맹으로 남아 있었을까?)

③ 인간은 사적 영역에서건 공적 영역에서건 자신의 목소리를 내고 발언권을 가짐으로써 곧 주체로 선다. 자신의 목소리를 낸다는 것은

독립적인 인격의 표상이다. 인어공주는 자기 삶의 주인이 되기를 포기하고 타인의 시선 속에 투영되는 성적 매력에만 모든 것을 걸었다. ㉢ 그렇다면 설령 왕자의 사랑을 얻어 결혼을 했더라도 자신의 의견을 전혀 표현하지 못한 채 처음부터 철저하게 남편의 의사에 복종하는 삶을 영위할 수밖에 없었을 것이다. 그리고 그러한 태도를 계속 견지했다면 그녀는 자신이 새로 택한 세계인 인간 세상에서 인간의 삶에 기여하는 바가 전혀 없었을 것이다. 그녀와 같이 종속적 삶을 사는 인간은 다른 사람들에게도 종속적 삶의 태도를 전염시키기 때문이다.

인어공주는 이 세상에 나와서 왕자에게 매인 삶 말고 다른 삶의 가능성을 두루 살펴보고 새로운 삶을 택했어야 한다. 그것만이 그녀가 목소리를 내주면서까지 인간이 되고자 했던 그 치열한 노력을 가치 있는 것으로 만들 수 있었을 것이다.

(출전: 한정숙, 「아름다운 다리와 바꾼 여성의 발언권」, 『여성은 이렇게 말했다』, 길, 2008, 708-713쪽)

생각해볼 문제

너무도 익숙하고 당연한 것에 대해서도, 생각을 조금만 깊이 하거나 관점을 달리하여 보면 논쟁적인 주제를 이끌어낼 수 있다. 인어공주 이야기에서 비(非)주체적이고 종속적인 삶의 태도를 읽어내고 그것을 비판적으로 평가하는 이 글이 좋은 예가 된다. 당연시되는 것을 새롭게 재해석하여 새로운 의미를 찾아내는 이러한 글쓰기를 하려면, 글쓴이 자신의 주관과 관점이 분명하게 서 있어야 한다. 예컨대 이 글에서는 ①, ②, ③ 등이 그러한 관점에 해당한다.

또한 이 글의 특징으로 가정법의 적절한 활용을 들 수 있다. ㉠, ㉡, ㉢에서 볼 수 있듯이 글쓴이는 인어공주의 마음이나 선택에 대해 '만일 이러이러했다면'이라는 식의 가정법을 사용하여 글을 전개한다. 이러한 가정법은 글을 읽는 독자들의 생각을 보다 다양하고 풍부하게 자극해준다. 또한 글쓴이 자신의 주장을 보다 설득력 있게 강화시켜 주는 구실도 할 수 있다.

한 가지 주의할 점은 이 글이 인어공주 이야기 자체에 대한 비판이 아니라는 점이다. 다시 말해서 인어공주 이야기 자체가 잘못되었다거나 올바르지 못하다는 식의 비판이 결코 아니다. 그보다는 인어공주 이야기를 통해 오늘날의 우리가 생각해볼 수 있는 의미 있는 시사점을 밝혀내려는 것이 글쓴이의 의도다.

인용서 목록

I

게오르그 루카치(György Lukács), 『소설의 이론(*Die Theorie Des Romans*)』, 반성완 역, 심설당, 1998.

주경철, 『역사의 기억, 역사의 상상』, 문학과지성사, 1999.

필립 아리에스(Philippe Ariés), 『아동의 탄생(*L'enfant et la vie familiale sous l'ancien regime*)』, 문지영 옮김, 새물결, 2003.

수전 손택(Susan Sontag), 『은유로서의 질병(*Illness as Metaphor*)』, 이재원 역, 이후, 2002.

서울대학교 정치학과 독립신문강독회, 『독립신문, 다시 읽기』, 김홍우 감수, 전인권 편집·교열, 푸른역사, 2004.

볼프강 쉬벨부쉬(Wolfgang Schivelbusch), 『철도여행의 역사(*Geschichite der Eisenbahnreise*)』, 박진희 역, 궁리, 1999.

박천홍, 『매혹의 질주, 근대의 횡단』, 산처럼, 2003.

II

롤랑 바르트(Roland Barthes), 모리스 나도(Maurice Nadeau) 대담, 『문학은 어디로 가고 있는가?(*Sur la littérature*)』, 유기환 옮김, 강, 1998.

페르디낭 드 소쉬르(F. de Saussure), 『일반언어학강의(*Cours de Linguistique Generale*)』, 최승언 역, 민음사, 1990.

정진홍, 『M. 엘리아데—종교와 신화』, 살림, 2003.

임형택, 「18·9세기 '이야기꾼'과 소설의 발달」, 『고전문학을 찾아서』, 김열규 외 편, 문학과지성사, 1976.

야나부 아키라(柳父章), 『번역어 성립사정(飜譯語成立事情)』, 서혜영 옮김, 일빛, 2003.

장경렬, 「아동 문학과 이데올로기」, 『서평문화』 42집, 한국간행물윤리위원회 편, 2001.

김성곤, 「SF문학, 어떻게 볼 것인가」, 『외국문학』 49, 1996.

III

김상환, 「주체에 대하여」, 『니체, 프로이트, 맑스 이후』, 창비, 2002.

김치수, 「르네 지라르의 삼각형의 욕망」, 르네 지라르(Rene Girard), 『낭만적 거짓과 소설적 진실(*Mensonge romantique et vérité romanesque*)』, 김치수, 송의경 옮김, 한길사, 2001.

이기백, 「한국사학과 현실 인식」, 『한국사시민강좌』 제20집, 1997.

정명환, 「민족문화를 위하여」, 『이성의 언어를 위하여』, 현대문학, 2003.

위잉스(余英時), 『동양적 가치의 재발견』, 김병환 옮김, 동아시아, 2007.

수잔 벅 모스(Susan Buck-Morss), 『발터 벤야민과 아케이드 프로젝트(*Dialectics of Seeing: Walter Benjamin and the Arcades Project*)』, 김정아 옮김, 문학동네, 2004.

울리히 벡(Ulrich Beck), 엘리자베트 벡-게른하임(Elizabeth Beck-Gernsheim), 『사랑은 지독한 그러나 너무나 정상적인 혼란(*Das ganz normale Chaos der Liebe*)』, 강수영 외 옮김, 새물결, 1999.

IV

안휘준, 『한국의 미술과 문화』, 시공아트, 2000.

전형준, 『무협소설의 문화적 의미』, 서울대학교 출판부, 2003.

요시카와 고지로·미요시 타쓰지, 『당시 읽기』, 심경호 옮김, 창작과비평사, 1998.

지그문트 프로이트(Sigmund Freud), 『꿈의 해석(*Die Traumdeutung*)』, 김인순 옮김, 열린책들, 1997/2005.

브루노 베텔하임(Bruno Bettelheim), 『옛이야기의 매력 1(*The Uses of Enchantment*)』, 김옥순 외 역, 시공주니어, 1998/2002.

페르낭 브로델(Fernand Braudel), 『물질문명과 자본주의 I-1: 일상생활의 구조(上)(*Civilisation Materielle, Economie et Capitalisme*)』, 주경철 역, 까치, 1995.

미셸 푸코(Michel Foucault), 『감시와 처벌(*Surveiller et punir: Naissance de la prison*)』, 오생근 옮김, 나남, 2003.

V
발터 벤야민(Walter Benjamin), 「얘기꾼과 소설가」, 『발터 벤야민의 문예이론』, 반성완 옮김, 민음사, 1992.

김윤식, 「캄캄한 뇌우 속에 얻은 몇 알의 붉은 열매—군을 기리면서」, 『내가 살아온 20세기 문학과 사상』, 문학사상사, 2005.

밀란 쿤데라(Milan Kundera), 『소설의 기술(*L'art du Roman*)』, 권오룡 옮김, 책세상, 1990.

김영하, 『포스트잇』, 현대문학, 2002.

세르주 티스롱(Serge Tisseron), 『작은 물건들의 신화(*Petites mythologies d'aujourd'hui*)』, 임호경 옮김, 궁리, 2002.

김혜선, 「할인마트의 천일야화」, 『Film 2.0』 219호, 2005년 3월.

한정숙, 「아름다운 다리와 바꾼 여성의 발언권」, 『여성은 이렇게 말했다』, 길, 2008.

인용서 저자 소개(글 게재 순)

게오르그 루카치 (György Lukács)

헝가리 출생의 20세기 대표적인 마르크스주의 문예이론가. 18세기 이후 서구 문학의 가장 중요한 장르가 된 소설을 이론화했다. 1915년에는 『소설의 이론』으로 문학이론가로서 명성과 위치를 확고히 하게 된다. 그 밖의 저서로 『역사소설론』, 『역사와 계급의식』 등이 있다.

주경철

서울대 서양사학과 교수. 서울대학교 대학원 서양사학과에서 역사학 석사학위를, 파리 사회과학고등연구원에서 역사학 박사학위를 받았다. 주요 저서로 『테이레시아스의 역사』, 『역사의 기억 역사의 상상』, 『문화로 읽는 세계사』, 『대항해시대』 등이 있다.

필립 아리에스 (Philippe Ariés)

프랑스의 역사학자. 소르본 대학 졸업 후 여러 직업에 종사하면서 '일요 역사가'로 활동했다. 1978년에는 프랑스 사회과학고등연구원 연구주임 교수로 선출되었다. 주요 저서로 『아동의 탄생』, 『죽음 앞의 인간』, 『사생활의 역사』 등이 있다.

수전 손택 (Susan Sontag)

미국의 소설가이자 평론가. 하버드 대학, 파리 대학, 옥스퍼드 대학, 소르본 대학에서 수학했다. 첫 번째 소설 『은인』을 발표하면서 서서히 문단과 학계의 주목을 받게 되었다. 주요 저서로 평론집 『해석에 반대한다』, 『은유로서의 질병』, 『타인의 고통』 등이 있다.

전인권

정치학자이자 미술평론가. 서울대학교 정치학과에서 박사학위를 받았다. 주요 저서로 『편견 없는 김대중 이야기』, 『아름다운 사람 이중섭』과 대한출판문화협회가 수여하는 2003년 '올해의 책 올해의 저자상' 수상작인 『남자의 탄생』이 있다.

볼프강 쉬벨부쉬 (Wolfgang Schivelbusch)

독일 출생. 프랑크푸르트와 베를린에서 문학, 철학, 사회학을 공부했고, 뉴욕에서 자유기고가로 활동하고 있다. 『철도 여행의 역사』로 독일 실용서상을 받았다. 주요 저서로 『기호와 이성의 천국, 기호품의 역사』, 『지적 황혼』, 『사자들의 도서관』 등이 있다.

박천홍

문학평론가. 『출판저널』 편집장을 지냈고, 현재 (재)아단문고에서 학예연구실장으로 일한다. 지은 책으로 『매혹의 질주, 근대의 횡단』, 『여행하며 읽는 우리 고전』 시리즈, 『책으로 읽는 21세기』 등이 있다.

롤랑 바르트 (Roland Barthes)

프랑스의 철학자이자 비평가. 구조주의적 기호학의 개척자 중 한 사람이었으나 나중에는 문학으로서의 기호학으로 방향을 전환하였다. 주요 저서에 『글쓰기의 영도』, 『모드의 체계』, 『문학의 기호학』, 『신화론』, 『사랑의 단상』 등이 있다.

페르디낭 드 소쉬르 (Ferdinand de Saussure)

스위스의 언어학자. 독일에서 인도유럽어학을 배우고 파리와 제네바에서 비교언어학을 강의하였다. 그가 죽은 뒤 기술언어학의 출발점이 된 『일반언어학 강의』가 제자들에 의해 출판되어 언어이론에 큰 영향을 주었다. 또 비교문법의 분야에서도 탁월한 업적을 남겼다.

정진홍

서울대학교 종교학과 명예교수, 대한민국 학술원 회원, 한국종교문화연구소 이사장. 주요 저서로 『종교학 서설』, 『기독교와 타종교와의 대화』, 『한국종교문화의 전개』, 『신을 찾아 인간을 찾아』, 『죽음과의 만남』 등이 있다.

임형택

한국문학사가. 서울대학교 국어국문학과 및 동 대학원에서 수학하고, 성균관대학교 한문교육과의 교수로 2009년까지 재직하였다. 민족문학사연구소 공동대표, 성균관대학교 대동문화연구원장 및 동아시아학술원장을 역임했으며, 한국학의 진흥과 동아시아학의 수립을 위해 노력했다. 저서로는 『한국문학사의 시각』, 『우리 고전을 찾아서』, 『문명의식과 실학』 등이 있다.

야나부 아키라 (柳父章)

일본의 비교문화학자. 일본에서 번역을 둘러싼 여러 문제에 주목하고 비교문화론의 새로운 국면을 개척했다고 평가받고 있다. 주요 저서로 『번역의 논리』, 『번역이란 무엇인가』, 『번역문화를 생각한다』, 『비교 일본어론』, 『번역의 사상』 등이 있다.

장경렬

서울대 영어영문학과 교수. 서울대학교 영문과를 졸업하고 미국 오스틴 소재 텍사스 대학교 영문과에서 박사학위를 받았다. 비평집으로 『미로에서 길 찾기』, 『신비의 거울을 찾아서』, 『응시와 성찰』, 문학연구서로 『코울리지』, 『매혹과 저항』 등이 있다.

김성곤

문학평론가. 서울대 영어영문학과 명예교수. 한국 아메리카학회 회장을 역임하였고 『21세기 문학』 편집위원으로 활동하였다. 제18회 김환태평론

문학상과 제13회 오늘의 책을 수상했다. 주요 저서로 『포스트모던 시대의 작가들』, 『영화 에세이-영상시대의 문화론』, 『뉴 미디어시대의 문학』 등이 있다.

김상환

서울대학교 철학과 교수. 연세대학교 철학과를 졸업하고 프랑스 파리 4대학에서 철학박사학위를 받았다. 지은 책으로 『예술가를 위한 형이상학』, 『니체가 뒤흔든 철학 100년』, 『니체, 프로이트, 마르크스 이후』 등이 있고, 엮은 책으로 『라캉의 재탄생』이 있다

르네 지라르 (Rene Girard)

프랑스 출생의 철학자이자 사상가. 미국 인디애나 대학에서 역사학 박사학위를 받았다. 인간의 욕망의 구조를 밝혀내려는 작업에 몰두했고, 주요 저서로 『낭만적 거짓과 소설적 진실』, 『폭력과 성스러움』이 있다. 『폭력과 성스러움』은 프랑스 아카데미상을 수상했다.

김치수

문학평론가. 이화여자대학교 불어불문학과 명예교수. 서울대학교 문리대 불문과를 졸업한 후 프랑스 프로방스 대학에서 「소설의 구조」로 박사학위를 받았다. 저서로는 『문학사회학을 위하여』, 『문학과 비평의 구조』, 『공감의 비평을 위하여』, 『삶의 허상과 소설의 진실』, 『누보 로망 연구』, 『현대 기호학의 발전』 등이 있다.

이기백

사학자. 일제 식민사관을 극복하고자 노력했고, 한국사 시민강좌를 여는 등 한국사의 대중화에 힘썼다. 주요 저서로 『국사신론』, 『한국사신론』, 『민족과 역사』, 『한국사학의 방향』, 『한국사상의 재구성』, 『신라정치사회사 연구』, 『한국사시민강좌』 등이 있다.

정명환

문학평론가. 서울대 불문과와 동 대학원을 졸업했으며, 서울대 불문과, 가톨릭대 불문과 교수를 지냈다. 주요 저서로 『한국 작가와 지성』, 『졸라와 자연주의』, 『문학을 찾아서』, 『이성의 언어를 위하여』, 『문학을 생각하다』, 『젊은이를 위한 문학이야기』 등이 있다.

위잉스 (余英時)

중국 태생의 철학자. 하버드 대학에서 박사학위를 받고 하버드, 예일, 프린스턴 등 3개 대학에서 교수를 역임했다. 2006년 인문학의 노벨상인 '클러지(Kluge)상'을 수상해 그 학문적 권위를 공인받았다. 주요 저서로 『주희적 역사세계』, 『동양적 가치의 재발견』 등이 있다.

수잔 벅 모스 (Susan Buck-Morss)

미국 발터 벤야민, 프랑크푸르트학파 연구가. 발터 벤야민이 아도르노와 프랑크푸르트학파에 미친 영향력을 연구했고, 2003년에는 9.11 테러를 화두로 공격적인 세계화 정책에 대한 비판이론을 담은 『테러를 돌이켜 생각하다: 이슬람교와 우파 비평이론』을 출간했다.

울리히 벡 (Ulrich Beck)

독일의 사회학자. 뮌헨대학교 사회학 연구소 소장이면서 런던경제학교 교수. 1986년 출간된 그의 저서 『위험사회』는 제도 사회과학에 충격을 안겨준 책이라 평가 받았다. 그 밖의 저서로 『정치적 재발견』, 『성찰적 근대화』, 『아름답고 새로운 노동 세계』 등이 있다.

엘리자베트 벡-게른스하임 (Elizabeth Beck-Gernsheim)

독일의 사회학자. 뮌헨 대학교에서 사회학, 심리학, 철학을 전공했다. 함부르크 대학교 사회학 교수를 거쳐 1994년부터 에를랑겐-뉘른베르크 대학교 사회학 교수로 재직 중이다. 주요 저서로 『사랑은 지독한, 그러나 너무나 정상적인 혼란』, 『아이 문제』 등이 있다.

안휘준

미술사가. 서울대학교 인문대학 고고미술사학과 명예교수. 한국미술사학회 회장, 문화재청 문화재위원회 위원장 등을 역임했다. 주요 저서로 『한국 회화사』, 『한국 미술의 역사』, 『한국 회화사 연구』, 『미술사로 본 한국의 현대 미술』, 『한국의 해외문화재』 등이 있다.

전형준

서울대 중문과 교수. 1982년 『경향신문』 신춘문예 문학 평론이 당선되어 평론가로 활동해왔다. 문학평론가로 활동할 때는 '성민엽'이란 필명을 쓴다. 주요 저서로 『지성과 실천』, 『문학의 빈곤』, 『변하는 것과 변하지 않는 것』, 『현대 중국 문화의 이해』 등이 있다.

요시카와 고지로 (吉川幸次郎)

일본의 문학가. 교토대학 문학부를 졸업하였고 일본예술원 회원이다. 교토대학 교수를 역임하였다. 중국 고전에 조예가 깊어 실증적 학풍으로 뛰어난 업적을 남겼다. 주요 저서로 『신당시선 속편』,『한 무제』, 『두보사기』, 『송시개설』 등이 있다.

미요시 다쓰지 (三好達治)

일본의 시인. 도쿄대학 문학부를 졸업하였고 일본예술원 회원을 역임하였다. 쇼와 시기의 대표적인 시인이다. 근대 일본어의 전통을 되살린 시정시풍을 추구하였다. 시집으로 『봄의 곶』, 『풀 천리』 등이 있다.

지그문트 프로이트 (Sigmund Freud)

오스트리아 출생의 정신분석학자이자 의사. 신경질환 환자 치료를 하면서 1896년 정신분석이라는 말을 처음 썼다. 주요 저서로 『꿈의 해석』, 『정신분석 강의』, 『히스테리 연구』, 『성욕에 관한 세 편의 에세이』, 『농담과 무의식의 관계』 등이 있다.

브루노 베텔하임 (Bruno Bettelheim)

오스트리아의 심리학자. 정서장애 어린이, 특히 자폐아의 지도와 교육으로 유명하다. 주요 저서로 『사랑만으로는 충분하지 않다』, 『삶의 게으름』, 『텅빈 요새』, 『꿈꾸는 아이들』, 『옛이야기의 매력』 등이 있다.

페르낭 브로델 (Fernand Braudel)

프랑스의 역사학자. 인간과학 연구소의 소장을 역임. 『아날』지의 편집위원으로 일했다. 이 잡지는 오늘날까지도 세계 역사학계에 지대한 영향을 미치고 있다. 주요 저서로 『펠리페 2세 시대의 지중해와 지중해 세계』, 『물질문명과 자본주의』가 있다.

미셸 푸코 (Michel Foucault)

프랑스의 철학자. 20세기 지성 중에서 가장 독보적인 존재로 추앙받고 있다. 그의 저서는 철학 역사학을 비롯해 문학비평, 언어학, 정신병리학, 임상의학, 경제학사 등 광범위한 영역을 포괄한다. 주요 저서로 『감시와 처벌』, 『성의 역사』, 『광기의 역사』 등이 있다.

발터 벤야민 (Walter Benjamin)

독일 출신의 유태계 언어철학자, 번역가, 좌파 지식인. 오늘날 매체 미학의 선구자 중 한사람으로 알려져 있다. 브레히트, 프랑크푸르트 학파와 깊이 교류하며 유물론적 예술이론을 펼쳤다. 주요 저서로 『기술복제시대의 예술작품』, 『생산자로서의 작가』 등이 있다.

김윤식

문학사가이자 문학평론가. 서울대 명예교수. 문학의 광범위한 영역에서 거대한 학문적, 문학적 성과를 이룩하면서 독보적인 위치를 차지하고 있다. 주요 저서로 『한국근대문예비평사연구』, 『이광수와 그의 시대』, 『한국현대 현실주의 소설 연구』 등이 있다.

밀란 쿤데라 (Milan Kundera)

체코 태생의 소설가. 1975년 프랑스로 망명했다. 시, 소설, 희곡, 평론 등의 거의 모든 문학 장르에서 다양한 창작활동을 하고 있으며 포스트모더니즘 계열의 작가로서 세계적인 명성을 떨치고 있다. 주요 저서로 『농담』,『참을 수 없는 존재의 가벼움』 등이 있다.

김영하

소설가. 1995년 계간지 『리뷰』에 단편 「거울에 대한 명상」으로 등단했다. 문학동네 신인작가상, 현대문학상, 동인문학상, 황순원문학상, 이산문학상을 수상했다. 주요 저서로 『나는 나를 파괴할 권리가 있다』, 『아랑은 왜』, 『검은꽃』, 『빛의 제국』 등이 있다.

세르주 티스롱 (Serge Tisseron)

프랑스의 정신과 의사이자 정신분석학자. 프랑스문화성 등의 위촉을 받아 이미지가 아동과 청소년들에게 미치는 영향에 대한 연구 프로젝트를 진행하기도 했다. 주요 저서로 『정신분석학자가 보는 탱탱』, 『이미지 안에는 조종사가 타고 있나요?』 등이 있다.

김혜선

영화전문기자. 영화 주간지 『Film 2.0』의 기자로 활동했으며 영화에 관한 많은 글을 발표한 바 있다.

한정숙

서울대학교 서양사학과 교수. 서울대학교 대학원 서양사학과를 졸업한 뒤, 독일 튀빙겐 대학교에서 「혁명기 러시아의 경제사상사연구」로 박사학위를 받았다. 지은 책으로 『여성은 이렇게 말했다』와 옮긴 책으로 『노동의 역사』, 『비잔티움 제국사』 등이 있다.

김동식(金東植)

서울대학교 국어국문학과 및 동 대학원에서 한국근대문예비평사를 공부했고, 논문 「한국의 근대적 문학 개념 형성과정 연구」로 박사학위를 받았다. 계간 『문학과 사회』의 편집동인으로 활동하였으며, 현재 인하대학교 한국어문학과 교수로 재직 중이다. 저서로는 『냉소와 매혹』, 『소설에 관한 작은 이야기』, 『기억과 흔적』, 『한국근대문학의 풍경들』 등이 있다.

인문학 글쓰기를 위하여

2009년 5월 25일 초판 1쇄 발행
2020년 4월 1일 초판 4쇄 발행

편저자 김동식
펴낸이 오세정
펴낸곳 서울대학교출판문화원

출판등록 제15-3호

주소 08826 서울시 관악구 관악로 1
대표전화 02-880-5252 팩스 02-889-0785
도서주문 02-889-4424, 02-880-7995
이메일 snubook@snu.ac.kr
홈페이지 www.snupress.com

ISBN 978-89-521-1997-1 03810